U0732944

复旦谈译录 第二辑

TRANSLOGOPOEIA:
A FUDAN JOURNAL
OF TRANSLATION STUDIES II

范若恩 戴从容　主编

复旦大学文学翻译研究中心　主办

上海三聯書店

目　录

跨学科视野中的翻译

译者雅言与雅集

Translogopoeia—a la Mina 3.0

Kyoo Lee*

Translogopoeia (trans + logos + poesis) explores and expresses poetic bodies in transition including translation, the idea it*self* in transit.

Translogopoeia is a word I made up drawing on the word "logopoeia" Ezra Pound made up to characterize the experimental genius of Mina Loy（1882—1966）, "a new woman," a fin-de-siècle British painter cum transatlantic modernist poet, also a lamp-designing bohemian:

the poetry of ideas … a dance of the intelligence

* Kyoo Lee（李圭）: CUNY/PEN America Translation Committee/Poetry Translation Center, London.

I

among words and ideas.[1]

Logopoeia, as Pound expounds further, "employs words not only for their direct meaning, but it takes count in a special way of habits of usage, of the context we sexpect to find with the words, its usual concomitants, of its known acceptances, and of ironical play." [2]Through the intricate tapestries of "ideas" and "words," through the synaesthetic exposition of sense seasoned with sensibility, this intellectual dancer, Mina Loy, weaved her way through the artistic and literary world of the first half of the twentieth century, which itself became part of the flesh of her *translogos* in action, her logos in transit—as vividly illustrated in one of her masterpieces, still something of a hidden gem, "Anglo-Mongrels and the Rose," a long poem that at once embodies and enacts such linguo-cultural code mixing and switching, twitching included. Translogopoeia envisaged here, in turn, literalizes such entanglements in the style and spirit of the twenty-first century on a more global, transcontinental scale.

Contemporaneous with Gertrude Stein (1874—1946) and Marianne Moore (1887—1972) , yet lesser-known to

---

[1]　Ezra Pound, "A List of Books," *The Little Review*, March 1918, pp.57—58.

[2]　Ezra Pound, "How to Read" , 1928, in Literary Essays of Ezra Pound, ed. T. S. Eliot, London: Faber and Faber, 1954, p.25. Cited in Marjorie Perloff, English as a "Second" Language: Mina Loy's "Anglo-Mongrels and the Rose," Jacket2 #5: http://jacketmagazine.com/05/mina-anglo.html.

the wider world outside the mostly Transatlantic avant-garde circle then, Mina Loy who distinguished herself for her daringly "free," mixed style of writing as well as loving, inspired a host of the second generation modernist poets, many men among them including William Carlos Williams, Hart Crane and E. E. Cummings, all of whom later also influenced Language Poets in the United States. I too remain nourished by such gestural generativity of the "Transatlantic" "body" of Loy's work, and what I sense coming today is a sort of *translan*guage poetics, translogopoetic acts that explore and chart novel cartographies of languages on a now more specifically glocal scale, where readers, writers and translators not only deal with the standard issues in translation from "foreign to native," "a second to the first," but develop translingual insights and idioms from within the supposedly one and the same language too; what would it mean to translate from "English" to English as Mina did or from "Chinese" to Chinese ? For instance, where would one find the calligraphic resonance of Chinese literature today, its gestural irreducibility, in the age of computational transliteration and transactional semiocapitalism ? How do linguistic bodies stay corporeal when transferred to and fro ? The idea itself continues to dance.

序

为《复旦谈译录》而作 *

陈思和

巍巍学府，焕焕文章。
中西学术，兼并相长。
语言做媒，经纬八荒。
其源严子，严译煌煌。

---

* 《复旦谈译录》为复旦大学文学翻译研究中心出版的不定期刊物，复旦师生切磋翻译之学术论坛。主编戴从容嘱我为之作序，特写三十二句赞词，叙述复旦谈译历史。上追复旦公学第二任校长严复，中述陈望道译马恩《共产党宣言》、贾植芳译恩格斯《住宅问题》的历史功勋，再赞杨必、孙大雨、伍蠡甫、陆谷孙等翻译大家的煌煌成就，以励当下青年俊杰弘扬前贤筚路蓝缕之精神，光大复旦译介经典之传统，在学校"双一流"建设中努力形成自己的品牌。戴从容还告诉我，"谈译录"的英文名另定为"Translogopoeia"。其中 Logopoeia 为诗人艾兹拉·庞德自造之词，意思为思想的诗意，在语词和思想之间起舞的智性。"谈译录"译为"Translogopoeia"也有在讨论翻译的过程中感受到思想诗意的意思。所以我用了佛典故事：拈花谈译，天女散香，表示祝贺与称颂。

马恩新说，远涉重洋。
仰天望道，俯首植芳。
宣言初版，星斗导航。
住宅三论，暗夜爝光。

杨家有女，名利曰场。
莎翁有孙，藜琊为王。
传承伍译，文论西方。
汉英大典，陆氏担纲。

巴比建塔，人类梦乡。
前贤之路，后辈弘扬。
拈花谈译，天女散香。
旦兮复旦，世纪永昌。

翻译模式与理论的构建

论翻译研究 *

让－雷内·拉德米埃尔

张香筠 译 **

一

有一句话我总是在说：翻译是世界上最古老的职业！那就该怎么做怎么做吧……这么一来，《翻译与创新》这样的标题是不是有点不大对头呢？也就是说，谁能找出什么真正的新东西来呢？

这里涉及的问题，正是一般人文科学性质中特有的一种模

* 译者经作者许可，根据他在以"翻译与创新"为题的国际研讨会上（巴黎，2012年12月）的同名主旨发言编译整理而来。法文原稿（Sur la recherche en traduction）已发表于论文集中，参见 P.Phillips-Batoma & F. Zhang（ed.），*Translation as Innovation—Bridging the Science and the Humanities*, Dalkey Archives Press, Victoria/McLean/London/Dublin, 2016, pp.393—407。

** 让－雷内·拉德米埃尔（Jean-René Ladmiral）为当代日耳曼语学者、翻译家和哲学家。他曾为巴黎第十大学教授，现任教于巴黎跨文化传播管理学院。他翻译过康德、哈贝马斯、阿多诺的作品，并著有《翻译定理》《直译和意译》。发表过多篇具有里程碑意义的论文，为当代翻译研究奠基人之一。

张香筠（Florence Xiangyun Zhang），巴黎狄德罗大学（巴黎第七大学）东亚学院中文系副教授，翻译研究中心（CET）负责人之一，法国东亚文明研究中心（CRCAO）成员，主要研究领域为翻译理论、文学翻译、戏剧翻译、中国现当代翻译思潮。

棱两可。硬科学，例如化学，的确可以发现一种新的元素，迄今从未发现的元素，而人文科学只能是把已知的人类经验的某个方面重新认识或是加以深入，把原来不清楚的地方展现出来。如何解释这种性质上的不同呢，我认为，人文科学的研究对象是人们不了解的事物，而不是从未发现的事物。从这个角度来看，我们认为精神分析学作为一种思维模式，或多或少能够有助于解释人文科学中的逻辑，列维－斯特劳斯在《忧郁的热带》（1955）一书中就已经明确指出了这一点。这对于翻译学这门刚刚起步的学科当然也适用。

　　不过，翻译活动的确存在已久，而且似乎一直被束缚在实践范围内，所以我们可以理解为什么有人怀疑翻译学研究能否存在，或者对这门学科的内容有疑问。问题不仅仅在于人文科学学科本身性质的弱点，而是研究对象不明。

　　不可否认，翻译活动的核心是不会变化的，那么研究的目的就是在翻译活动的边缘及四围寻找新的东西。信息技术的发展给译者带来了极大的便利，使他们可以在极短的时间内找到无限的参考资料。总体上，翻译与信息通讯新科技应用之间的联系非常密切。文字处理的技术也大大方便了翻译活动，但却不能改变翻译的本质。近年来自动翻译的发展对翻译未来的影响是积极还是消极，这还难以预料，但是已经触及了翻译工作的方式。这些因素，再加上市场的变化，使得译者工作的范围扩大，内容也变得多样。翻译的文化转向理论也对翻译工作产生了很大的影响。

　　这些问题我并不打算在此探讨，一方面有跑题之嫌，另一方面还是我刚才说的，这并不影响翻译活动的核心。不过，如果从上面提到的认识论上的模糊性角度来看，发生变化的显然不是翻译原则本身，而是以翻译为客体的翻译学科所做的描述和理论分析。

在几十年中，翻译学研究曾一直受限于一种纯语言学的方法论。翻译被认为是语言问题，是"互相接触的语言"的问题；于是，翻译学一直作为应用语言学的一个分支（在德国尤其如此）。后来人们才开始把注意力集中到译者和译者对意义的捕捉方面来。当时这就意味着需要打破围绕"一切抛开精神"的认知禁区[1]。现在回头来看，这是一种研究范式的转变，一些翻译研究者认识到需要把精神活动和脑力（认知）工作置于翻译行为的出发点。

这一认识论方面的巨变在我看来就是根本。另外，我曾经给翻译学研究的发展演变总结出四个时期：规范性翻译学，描述性翻译学，生产性翻译学和科学性或归纳性翻译学四个时期。在此基础上还应补充翻译学的文化转向和最近的社会学转向，以及普遍波及人文科学的意识形态潮流，这尤其对北美的翻译学研究产生了很大的影响。

二

接下来谈谈跨学科翻译研究的问题，为什么说，翻译是科学与人文之间的桥梁。我们可以区分两种形式的跨学科：内部的跨学科与外部的跨学科。

---

[1] 作者这里强调的是过去的语言学研究方法中追求客观，把语言作为物质而故意回避人的精神活动因素的做法。——译注

翻译学的内部跨学科包括什么？一般来说，大家都认同翻译学是跨学科的。正因为这一学科出现较晚，它自然是处于人文科学中的几大学科之下。它正是汲取了几大学科的方法论和概念方面的养分才得以发展的。我把这几大学科叫作翻译学的跨学科三角。

尽管我在上文中提到翻译学不能被简单地看作应用语言学的一支，但是翻译学显然是从语言学那里获取了奠基石，因为语言、词汇、文本等基本概念的确存在。而且，语言学近年来也突破了原有的限制，进行了不少创新，引入了实践的方法，更新了语义学、陈述理论和社会语言学等。

翻译是从意义出发的，翻译的主要功能是对意义进行跨语言和跨文化的"管理"。但是尽管语义学发生了很大的变化，它还是无法给翻译实践带来适用的概念工具。我认为以后有必要开发一种有实际效用的描述性语义学，不同于纯"学术"的语言语义学。

这种实用语义学，我也称之为"野生语义学"，原因就在于它不是被封闭在定义某一学科（如语言学）的方法论限制当中。这一点可以说是翻译学与哲学的共同之处。同时，哲学传统中的理论思考给翻译学提供了一系列宝贵的概念工具，使翻译学得以对意义进行探索。从更根本上说，哲学赠给年轻的翻译学的，是诠释学的遗产，而诠释学正是海德格尔和伽德默尔等哲学家从神学那里发展而来的。其实翻译就是要诠释文本——从不同意义上予以诠释。

在心理学的众多分支学科中，翻译学也从个性心理学研究中汲取养分。但精神分析学显然是对翻译学最为重要的学科，其他分支学科也有一定的影响。首先，跟哲学一样，心理学基础可以为我们提供一套概念系统，用来表述翻译问题。的确，心理学的很大一部分都来源于哲学，但是心理学正试图摆脱哲学的影响。临床学也同样进行一种诠释，它的诠释工作的对象不是语言符号，而是一系列症状，语言符号在症状中获取意义。因此，从精神分析学中，我们可以看到一种"最深层的阐释"。

另外，心理学视角可以帮助译者对自己的工作和遇到的困难进行反思。有时，各种来自外界的压力在译者身上引起某种心理阻滞，双语运作带来的精神紧张会使他产生暂时性的表达方式缺失焦虑。翻译学话语能够使主体将其经历的困难进行表述和归纳，从而帮助他摆脱此类阻滞。

不过，翻译学的内部跨学科伙伴并不仅限于语言学、哲学和心理学三个学科。我认为翻译活动主要分为两个阶段，一是阅读和阐释原文，二是生产译文。一方面，译者是一个特殊的读者；另一方面，译文也是写作的过程。因此，译者的文学功底是非常重要的，所以翻译一直也是比较文学的一个内容，比较文学便成为翻译学的第四个内部跨学科伙伴。

当然，以上四学科并非全部。翻译学能够借助所有的人文科学，以及文学与文化研究的成果，成为一门起步的跨学科的翻译人类学。

三

除了内部跨学科伙伴为翻译学提供方法论和概念理论方面的基础之外，也存在翻译的外部跨学科伙伴。这里我们所讨论的就是翻译学与其他学科的关系问题。

首先，从深层的问题来看，还有精神分析学。最近法国重新大规模翻译弗洛伊德的著作，使得素来就很有争议的翻译问题成为焦点问题，不仅促进了对翻译研究的思考，更对精神分析研究带来影响。

翻译与精神分析学之间的学科互动是双向的。这一点非常明显。弗洛伊德把梦的解析比作翻译，潜在的内容为原文，显在的内容为译文。反过来，弗洛伊德的"转移"概念可以看作翻译的同义词，作为一种理论概念，让翻译学能够处理非常微妙的引申意义的翻译问题，以及跨文化交流中出现的其他缺憾问题。我认为在不同学科之间有些概念是可能迁徙的。比方说一些哲学概念的迁徙。在教学传授过程中，康德的"先验性"概念就可以当作笛卡尔的"先天论"的发展，而"先天论"的概念也可以认为是柏拉图的"回忆说"的解读。甚至莱布尼茨的"微知觉"概念也可以看作精神分析学中无意识概念的超前解读。

总的说来，我们应该寻找翻译在干预别的学科过程中可能给这些学科带来的思维方式的影响。通过翻译，我们能够思考民族社会学、跨文化关系、人类学的某些不变因素、交流问题，甚至两性问题……外部跨学科，就是纯粹的跨学科！因而，研究的范围是无穷无尽的。

在此有必要对这两种不同的跨学科方式予以说明。第一种是把翻译当作研究的对象。也就是说为了翻译而研究翻译，这是翻译学的范畴。内部跨学科伙伴正如我上文所说，是翻译学的组成部分。这些学科的思考融入翻译学研究思考中，成为内部跨学科研究的内容。我本人就是这样的研究角度。

第二种是把翻译当作研究的手段，也就是说翻译的用途在别处。翻译可以作为语言学研究中的调查工具使用。翻译也可能被当作哲学研究的一种思考范式，或是精神分析中的类似模式。其实，翻译在很多领域都可能以某种隐喻的方式出现。因此外部跨学科研究是完全开放的，能够根据不同的轴心围绕不同主题展开。

四

作为结尾，我首先重申已经在数篇文章中谈到的这一认识论的基本问题，即人文科学与硬科学之间的区别。这直接关系到大家所关心的翻译学的学科定位。

我们的研究是有临床效应的。因为心理学，心理治疗，精神分析学都有医学基础，而我们关心的翻译问题其实也与心理治疗有类似之处。临床学在人文科学中有着最根本的认识论依据，因为人文科学的基础范式就来自心理学的历史。心理学的临床专家与实验主义者在方法论方面的分歧演变成为认识论的两大分支，即我一再强调的人文科学与硬科学的不同性质。

我上述观点都归结到一个非常重要的原则，即对实证主义的批评。实证主义是在现代社会占据主导地位但是极为有害的一种思想，其对于翻译学一类的人文科学的危害远比它在认识论方面的不足更严重。

此外，我也希望主体论能够回到思考活动的中心，无论是哲学思考、翻译学思考，还是心理学方面的思考。对于翻译来说，我们应该把译者置于研究的核心，由此研究的成果自然可以对实践产生积极的影响。

参考书目

1. LADMIRAL, Jean-René, 2011: 《Approche méta-théorique》, La traduction : philosophie et tradition. Interpréter/traduire, éd. Christian Berner & Tatiana Milliaressi, Villeneuve d' Ascq, Presses Universitaires du Septentrion : 23—40.

2. LADMIRAL, Jean-René, 2010a: *Traduire : théorèmes pour la traduction*, Paris, Gallimard (collection "Tel", n° 246) rééd.

3. LADMIRAL, Jean-René, 1997 : 《Les quatre âges de la traductologie — Réflexions sur une diachronie de la théorie de la traduction》, *L'histoire et les théories de la traduction*. Les actes (colloque de Genève : 3—5 octobre 1996) : 11—42.

4. LADMIRAL, Jean-René, 1998 : 《Le prisme interculturel de la traduction》, in *Traduire la culture = Palimpsestes*, N° 11 : 15—30.

5. LADMIRAL, Jean-René & Edmond Marc LIPIANSKY, 1995:*La Communication interculturelle*, Paris, Armand Colin (rééd.) .

6. ZINS, Céline, Jean-René LADMIRAL et Marc de LAUNAY (dir.) , 1989 : *Traduire Freud : la langue, le style, pensée.* Actes des *Cinquièmes Assises de la Traduction littéraire* (Arles 1988) , Arles, Actes Sud-ATLAS, 1989.

自由主义、自由化和新自由主义的全球传播和若干问题 *

瑞姬娜·加尼尔

庞瑞琪 译

　　马克·沃勒格（Mark Wollaeger）在与马特·埃斯福德
（Matt Eatough）编纂《牛津全球现代主义手册》（*The Oxford
Handbook of Global Modernisms*，2012）这部里程碑式的文
集时曾提出一个问题，"全球的"这一概念与"全球化"是否
结合得过于紧密。[1] 类似地，如果将"自由的"这一概念理解
为自由、包容和多样性，将"自由化"理解为文化开放，那么
我们也会问，这两者的联系是否过于紧密；或者更糟的是，"自
由的"这一概念是否和把所有价值观都缩减到和市场相关价值
观的"新自由主义"紧密相连。在《人类需求的不可满足性：
市场社会的经济学与美学》（*The Insatiability of Human Wants:
Economics and Aesthetics in Market Society*，2000）中，我追
溯了自19世纪70年代之后从实际的政治经济学向"边际革命"

---

* 瑞姬娜·加尼尔 (Regenia Gagnier) 为英国埃克塞特大学教授。

[1]　Mark Wollaeger with Matt Eatough, *The Oxford Handbook of Global Moderni-sms*, Oxford: Oxford Unversity Press, 2012. Introduction, pp.3—5.

012　　　　　　　　　　　　　　　　　　复旦谈译录（第二辑）

或新古典主义经济学的转向，这一转向从社会生产关系（土地，劳工和资本）转到更为个体化的消费模型。[1] 在政治经济学中，市场只是人类进步的阶段之一，其本身不是目的；而从长远来看，人们期望自由贸易能促进世界和平。一旦生产达到一定水平，世界的分配就可以更加均衡；而社会生产力得到发展后，社会成员将得以解放而能够在道德和政治层面上获得进步。市场以信任和责任为基础塑造。人们的品位和喜好一度被认为是由社会塑造的而且可被教化，同时还被按照与一些良好生活观念的协调性加以评判。用亚当·斯密的话来说，政府是为了满足人民的需要和愿望而存在的。

边际革命之后，经济增长在20世纪下半叶尤为猛烈，在永不停歇的国际竞争中，经济增长本身逐渐被视为目的；而社会生产关系也让位于更偏向于心理层面的个体模型。个人利益的最大化被视作人的本性，而这一概念本身也被缩小，即更紧密地与消费相结合。由此，品味成为经济模型的外源因素，而通过品味、选择和偏好表现出的竞争性个人主义和审美个性化则成为营销中的数学问题。奥斯卡·王尔德预见性地将玩世不恭的现代人描述为"知道每一件东西的价格，却不知道任何东西的价值的人"（《温夫人的扇子》，1893），而商品化及可替代性几乎成为普遍现象，从水到交通到教育再到健康均是如此。19世纪的自由主义自由化文化转变为20世纪最后四分之

---

[1] Regenia Gagnier, *The Insatiability of Human Wants: Economics and Aesthetics in Market Society*, Chicago: University of Chicago Press, 2000。欧洲个人主义在密尔的《论自由》出版到第一次世界大战之间达到顶峰，其文化史参见 Gagnier, *Individualism, Decadence, and Globalization: On the Relationship of Part to Whole*, Basingstoke: Palgrave Macmillan, 2010。

一的新自由主义文化，再转变为21世纪初几乎风靡全球的新自由主义文化，而这一转变正是本文的主题。

我们可以从最近的两个术语混用的例子开始。[1]2015年2月13日，《卫报》发表一篇新闻题为"第二修正案鼓励宗教憎恶者谋杀三名穆斯林学生：图为憎恨所有宗教的持枪自由主义者"。[2]据推测，这些"自由主义者"憎恶宗教的教条主义，通过谋杀来摆脱教条主义对自由的限制。"对自由州的安全是必要的"民兵，在约翰·密尔的理论和美国宪法中是国家防卫力量，在这里却成了个人侵害本国民众的情绪发泄武器。第二个有关身体残疾妄想症（Transableism）的例子则更为微妙。英国医学研究主要资助机构——惠康基金——一直在研究身体完整认同障碍症（BIID）病例，该症患者因为肢体健全、视力、听力正常而遭受极度疼痛和焦虑，因此希望截肢、失明或耳聋。[3]尽管大多数心理学家认为该病症与性别焦虑症一样，会带给患者真实的痛苦，但医生却不愿意进行手术。这个问题可以从两方角度来考虑，一方是把选择截肢作为自己对身体的

---

[1] 英美文化中"liberal"这一词不同的常见用法参见 Edmund Fawcett, *Liberalism: The Life of an Idea*, Princeton: Princeton University Press, 2014。

[2] "Second-Amendment Advocate Who Hated Religions Murders Three Muslim Students," *Guardian*, 13 February 2015, p.26. 文中所引美国宪法第二修正案原文为："纪律优良的民兵部队对自由州的安全是必要的，因此，人民持有并携带武器的权利不可受侵害。"（《权利法案》，1791）

[3] Dan O'Connor, "Thinking with Transsexuality: Gender, Disability and the Ethics of Transableism,", Centre for Medical Humanities, University of Exeter, 2015. See Carl Elliott, *Better Than Well: American Medicine Meets the American Drea*, New York: Norton, 2003. Gregg M. Furth and and Robert Smith, *Apo-temnophilia: Information, Questions, Answers and Recommendations About Self-Demand Amputation*, New York: 1st Books, 2000.

自主权利的自由个体，而另一方则是家庭成员，保险公司或者医疗卫生机构等社会支持者，他们也同样关心患者个人决定对他人的影响。如果依据自由主义宽容和多样性的追求，那么自愿残疾者像跨性别者一样表达自主选择和偏好是自由主义吗？而他们如果认为四肢健全是否只是个人选择的问题，就像消费选择一样，只取决于他们是否能够支付医疗和护理费用，那么这是新自由主义吗？这就是自由主义和新自由主义的选择和偏好之间，以及和自由化的市场或福利关怀形式等之间所产生的转化问题。

我们可以从历史角度来探讨这样的问题：在任何特定的历史时刻，自由主义或自由化是什么意思？谁使用了这些术语，又有着怎样有意和无意的后果？本文将展示一个全球性的跨文化视角以帮助我们理解在一个杂糅和不平衡发展的世界中"自由主义""自由化"和"新自由主义"之间令人忧虑的关系本质。本文将首先考察与经典的19世纪自由主义相关的行为和思想的跨文化价值重估，然后以当今新自由主义的一些具体问题作为结束。19世纪的自由主义表现为自由主义的个人主义以及集体主义的自由主义形式，如世界主义（对其他文化的开放）和社会主义国际主义。同时也出现了推动文化自由的具体运动，如中国的"五四"和"新文化运动"，日本的"明治维新"以及土耳其的"坦齐马特"等，他们在程序上用现代的和现代化的规范取代了古代的传统。世界语是为了进一步开展国际交流而提出的，旨在开放狭隘的地区性语言并使其现代化。[1]神智学的发展是为了融合全球宗教，并用科学和科学的

---

[1]　Lu Jiande and Regenia Gagnier, "China in the 21st Century: On Borrowing,

方法使其现代化。自由主义政府，自由贸易和自由（通识）教育的地缘政治体系通过自由（不受限和自愿）渠道以及后殖民研究重视的统治和剥削形式在全球传播。我所探讨的例子包括被视作意识形态的自由主义，被看作把传统文化变成现代文化的现代化物质过程的自由化，以及市场意识形态优先于其他价值观的新自由主义。以下第一部分探讨了密尔的自由主义如何译入中国；第二部分涉及印度的自由化问题；第三部分则涉及拉美和伊斯兰教的新自由主义。

一、自由主义

1911年，清朝统治瓦解，并于1912年正式终结。当时的改革派文人多与"五四"以及"新文化运动"有关，他们广泛地尝试西方和其他模式试图改变国家现状。用鲁迅的提法"拿来主义"来说，他们翻译、"攫取"或者说借用了西方作品中自己所需要的东西，并且去除了不能使用的东西。他们翻译了托马斯·赫胥黎的《天演论》（译于1898年），斯密的《原富》（译于1902年），穆勒（密尔）的《群己权界论》（译于1903年）和斯宾塞尔（斯宾塞）的《群学肄言》（译于1903年），并由此激烈地讨论了达尔文的进化论。当他们忧心中国与日益扩张和崛起的英美日帝国的关系时，他们更多地强调斯宾塞的社会达尔文主义，而不是达尔文的进化论。弗洛伊德的理论于

Translation, and Mixed Economies," in "Chinoiserie," Global Circulation Project special issue on *China in the Twenty-first Century in Literature Compass* 12, 2015.

1907年译入，到1900年"个人"这个类似西方个人主义的术语进入了中国。[1]当今汉学家有时将这一主要采用缘起英国的外来模式的实验阶段称为"现代批判意识史"。[2]而改革派文人常常批判西方的唯物主义和对其他文化的统治，他们对密尔开创的自由主义个人主义形式很感兴趣，同时也关注弗洛伊德和尼采对密尔进步主义的挑战，这一挑战对自由主义价值观产生了无意识推动以及批判性的价值重估。他们也关注批判人类例外主义（这一点与道教有共同之处）的达尔文主义，[3]还有讨论稀缺自然资源竞争的马尔萨斯人口论，以及上文提到的强调国家竞争适者生存的社会达尔文主义。最重要的是，他们关注科学技术进步的模式及其对人的主体性的影响，就像马克思与恩格斯从对劳动和技术入手阐释人的自由，并从生产的异化阐释人的不自由。

跨文化专家经常强调文化接触中双方，甚至是三方之间的交流本质。当我们讨论具体作品的文化翻译时，我们不是在做文学鉴赏，不会集中于这些杰作的本体和杰作创造性的以及浑然一体的表现方式。相反，我们研究的是一个作品发行传播的现象，包括国际文化交流领域的结构，以及任何政治或经济因

---

[1]　Lydia Liu, *Translingual Practice: Literature, National Culture, and Translated Modernity—China, 1900—1937*, Palo Alto: Stanford University Press, 1995. Shu-mei Shih, *The Lure of the Modern: Writing Modernism in Semicolonial China 1917—1937*, Berkeley: University of California Press, 2001.

[2]　Max Ko-wu Huang, *The Meaning of Freedom: Yan Fu and the Origins of Chinese Liberalism*, Hong Kong: The Chinese University Press, 2008.

[3]　See Haiyan Yang, "Knowledge across Borders: The Early Communication of Evolution in China," in *The Circulation of Knowledge between Britain, India and China: The Early-Modern World to the Twentieth Century ed.* Bernard Lightman, Gordon McOuat and Larry Stewart, Leiden: Brill 2013.

素对这种交流的影响，中介代理人或推动者，以及进出口的过程。[1] 相比起作品的天才和原创性，我们更关注其流通，挪换，使用，跨文本性，重新表达，重新阐释，本土化，和调整等方面。

曾在格林尼治接受海军工程师训练的严复翻译了《群己权界论》（*On Liberty*，1859），其中我们可以看到这些作品的跨文化过程。密尔的作品是西方自由主义传统的典范。其写作目的在于让个人不仅得以免受强大国家的压迫，而且还能反抗日益强大的商业媒体下不断增长的"思想市场"。密尔强调在不伤害他人的前提下不惜代价地在大众社会中包容个人多样性；保护绝对的思想和言论自由；并批判教条主义，专制主义和不容忍行为。密尔重视批判、辩论和包容，因为对于他来说，在现代社会的众多利益冲突中寻找真相是困难的，只有尽可能广泛地关注不同的观点，才能够找到适合大多数人的最佳途径。这一方式可以使我们最接近于功利主义者所理解的真理。

当严复把《群己权界论》译为文言文这种只有受过良好教育的人士才能读懂的文字时，他所关注的不是认识论和个人的权利，而是个人的责任与集体的关系，这也是困扰中国改革者的一个基本问题。严复翻译的《群己权界论》（1903），不同于密尔原作，保留了客观的社会规范，其中大部分都来源于悠久的儒家教育，包括个人与群体的清晰界限以及明确的道德规

---

[1]　Bruno Latour, *The Politics of Nature*, trans. Catherine Porte,（Cambridge, Mass: Harvard University Press, 2004. "On Actor-Network Theory: A Few Clarifications," *CSI-Paris*，1997．At http://www.bruno-latour.fr/sites/default/files/P-67%20ACTOR-NETWORK.pdf; *Reassembling the Social: An Introduction to Actor-Network-Theory*, New York: Oxford University Press, 2005.

范和社会秩序。在严复的翻译中，密尔的认识论悲观主义被弱化了。严复写道：

> 但自入群而后，我自繇者人亦自繇，使无限制约束，便入强权世界，而相冲突。故曰人得自繇，而必以他人之自繇为界，此则《大学》絜矩之道，君子所恃以平天下者矣。穆勒此书，即为人分别何者必宜自繇，何者不可自繇也。[1]

黄克武（Max Ko-wu Huang）详细研究了《群己权界论》的翻译与传播。在民国初年的动乱时期，严复一度遗失了译稿，就像传闻中密尔的女仆烧掉了卡莱尔托付给他的《法国大革命》手稿一样。当遗失的译稿回到严复手上时，他写道："将四百兆同胞待命于此者深，而天不忍塞其一隙之明欤"（*The Meaning of Freedom*，94—95）。严复死于鸦片成瘾，鸦片也可以说是英国的贸易政策与无力抵抗的中国政府之间的充满争议的一项跨文化产物。严复在他的遗言中提到了自我和群体的界限。虽然认可密尔思想的意义，但他的重点却不再是这些思想。严复在1921年写下的遗嘱中嘱咐他的儿子对传统和变革要同样尊重，并且不要把个人放在群体之前：

> 须知中国不灭，旧法可损益，必不可叛。须知人要乐生，以身体健康为第一要义。须勤于所业，知

---

[1] Max Ko-wu Huang, *The Meaning of Freedom：Yan Fu and the Origins of Chinese Liberalism*，Hong Kong：The Chinese University Press，2008，p.92.

光阴时日机会之不复更来。须勤思，而加条理。须学问，增知能，知做人分量，不易圆满。*事遇群己对待之时，须念己轻群重，更切勿造孽。*（*The Meaning of Freedom*，107）

　　严复担心的是西方哲学的个人自由与道德秩序和社会公正之间无法完全平衡。儒家的"君子求诸己""止于至善""求在我者"，道家的"道法自然"，杨朱的"贵己为我"等思想使他将密尔对个人的信仰理解为一个独特的道德主体，它被赋予自由特性，但是依然蕴含在自我和群体之间的平衡之中，而不是很多西方文献中的浮士德—普罗米修斯式的个人主义。[1] 然而，密尔的《群己权界论》在中国的来世生命远远超出严复预期。1961年，毛子水写道："密尔的书是自有文字书写以来最宝贵的作品之一"，它积极地描述自由，把自由与为他人考虑的道德联系在一起（*The Meaning of Freedom*，94—95）。而后世对密尔理论的回响更接近他的原意。

　　密尔自由主义另一个深远的转世生命则是现代主义大家老舍（1899—1966）在《骆驼祥子》中进行的西方个人主义在中国现代化中适用性的思想实验。这部现代文学经典在中国文学中引入方言、白话文和普通人的生活。该小说已翻译成30种语言，仅俄文版就售出7000万册；华语语系的销售量则尚

---

[1]　See also David Kelly and Anthony Reid, ed. *Asian Freedoms: The Idea of Freedom in East and Southeast Asia*, Cambridge: Cambridge University Press, 1998. David S. Nivison, "Communist Ethics and Chinese Tradition", in *China: Enduring Scholarship Selected from the Far Eastern Quarterly—the Journal of Asian Studies, 1941—1971*, ed. John A. Harrison, Tucson: The University of Arizona Press, 1972, pp.207—230.

未计算。[1] 小说主要情节是讲一个乡下孤儿从农村来到北京，（时称北平）想要闯出一番事业。他是一个能自力更生，具有竞争力的典型人物："（祥子）不吃烟，不喝酒，不赌钱，没有任何嗜好，没有家庭的累赘，只要他自己肯咬牙，事儿就没有个不成。"[2] 他健康，强壮，聪明，有能力，愿意努力工作提升自己，而他也达成目标买下了人力车谋生：

> 祥子的手哆嗦得更厉害了，揣起保单，拉起车，几乎要哭出来。拉到个僻静地方，细细端详自己的车，在漆板上试着照照自己的脸！……他忽然想起来，今年是二十二岁。因为父母死得早，他忘了生日是在哪一天。自从到城里来，他没过一次生日。好吧，今天买上了新车，就算是生日吧，人的也是车的，好记，而且车既是自己的心血，简直没什么不可以把人与车算在一块的地方。（Lao she, *Rickshaw Boy* ,12）

起初，因为传统的劳动价值论和自由主义的占有性个人主义，他将自己等同于他的人力车，并且通过他的人力车找到了自己（"在漆板上试着照照自己的脸"）。他的身体几乎与人力车合为一体，两者互为对方力量的延伸：

> 天是越来越冷了，祥子似乎没觉到。心中有了一

---

[1] Yi Shu, "Interview with Lao She's Son Shu Yi," accessed 22 March 2011 a.t www.ruiwen.com/news/55072.htm.

[2] Lao She, *Rickshaw Boy*, trans. Howard Goldblatt, London: Harper Collins, 2010, p.9.

自由主义、自由化和新自由主义的全球传播和若干问题　　　　021

定的主意，眼前便增多了光明……有时候起了狂风，
把他打得出不来气，可是他低着头，咬着牙，向前钻，
像一条浮着逆水的大鱼；风越大，他的抵抗也越大，
似乎是和狂风决一死战。……等到放下车，直一直腰，
吐出一口长气，抹去嘴角的黄沙，他觉得他是无敌的。

祥子看到了老人力车夫的绝望境地，但他的个人能力依然
鼓励他追求着自己的目标。

然而，经过一再的挫折和不幸，祥子开始适应挣扎求生
的日常生活，越来越没有雄心壮志。他与劳动相异化，人力
车仅是满足他必需品消费的一种商品工具："对于车，他不再
那么爱惜了。买车的心既已冷淡，对别人家的车就漠不关心。
车只是辆车，拉着它呢，可以挣出嚼谷与车份便算完结了一
切；不拉着它呢，便不用交车份……人与车的关系不过如此。"
（Lao she, *Rickshaw Boy*, 259）。别人由此看他顺眼了一些，
他也变得合群。然而，遭受了更多不幸之后，他开始犯罪，变
得暴力、冷漠和没有道德底线。他越发木然、沉默，愈发异化
和孤立。小说最后一章展现了美丽的夏日北平，充满生命和色
彩；但同样也充满残酷、背叛和施虐，人们从观看游街和处
决中取乐。老舍称小说的寓意是"个人主义在腐败的社会中是
无用的"（摘自葛浩文的序言）。个人与集体的发展是相互依存
的。小说的最后一句是：

> 体面的，要强的，好梦想的，利己的，个人的，
> 健壮的，伟大的，祥子，不知陪着人家送了多少回
> 殡；不知道何时何地会埋起他自己来，埋起这堕落的，

自私的，不幸的，社会病胎里的产儿，个人主义的末路鬼！

像老舍这样的自由主义现代主义者通过引入普通民众和方言白话来改变小说的风格，并且指向更社群化的自由主义形式。我们也可以考察故事发生的自由化市场。以《骆驼祥子》为例，我们可以追溯人力车本身作为主体的自由化过程。它来自日本的人力车（人力车）。1868年，东京出现了人力车。截至1874年，300辆人力车进口到上海。到1879年为止，上海已有2500辆；到了20世纪20年代，北京六分之一的男性人口都是人力车夫。到小说所描写的时期，人力车已经成为农民进城独立的一大方法。到1949年，手拉人力车被新中国视为不体面的工作，由此废弃。到20世纪90年代，不需手拉的脚踏人力车成了旅游特色，而在孟加拉达卡，手工装饰的"艺术人力车"（expressive rickshaws）则将他们的主人打造为个人表演者和运输者。2006年，出身印度共产党的加尔各答市长宣称："我们无法想象一个人大汗淋漓地拉车送另一个人。"[1] 而在最近的绿色革命中，纽约市的脚踏人力车，现名为三轮车，已成为可持续交通的选择，其持有人是通勤族和消费者，而不是劳动者。

---

[1] Lisa Banu, "The Rickshaw: Transport of Oppression or Expression？", *South Asian Arts: An Online Journal of Cultural Expressions in South Asia* no. 1 November, 2011；David Strand, *Rickshaw Beijing: City People and Politics in the 1920s*, Berkeley and Los Angeles: University of California Press, 1989.

二、自由主义和自由化

　　19世纪的拿破仑入侵之后，如果我们将目光转向印度，就会发现全球自由主义者都涉足自由话语的跨区域或全球领域。从19世纪20年代的拉姆·莫汗·罗伊（Ram Mohan Roy）起，19世纪70年代的罗梅什·琼德尔·杜特（Romesh Chunder Dutt），19世纪80年代达达艾·纳奥罗吉（Dadabhai Naoroji），20世纪初 G.K. 戈卡勒（G. K. Gokhale），再到20世纪20年代的 B.R. 安贝德卡尔（B. R. Ambedkar）均从内部批判英国统治下的印度，而泰戈尔、甘地、尼赫鲁的自由民主社会主义著作以及小说家班金·查特吉（Bankim Chatterjee）和马尔克·拉杰·安纳德（Mulk Raj Anand）则使得这场争论一直持续到独立战争爆发直至最终印度独立。[1] 他们同情英国宪章派，马志尼的共和激进主义，美国和爱尔兰与英国之间的斗争，以及其他经历过奴役和种族偏见的人。他们从《汤姆叔叔的小屋》，拜伦，密尔，狄更斯和罗斯金那里得来一些论据。尽管他们的声音被设想中的这些欧洲对话者所忽略，但却在备受剥削和羞辱的印度国内引起了注意。（马尔克·拉杰·安纳德稍后会指出这种羞辱正是印度民族主义的成因。）印度的自由主义者发展了一套复杂的统计学数学修辞以反抗统治者提出的话语系统。[2] 他们参照了印度传统吠檀多学派的连续性思想

---

[1]　C. A. Bayly, *Recovering Liberties: Indian Thought in the Age of Liberalism and Empire*, Cambridge: Cambridge University Press, 2012.

[2]　例如，纳奥罗吉和杜特的"排水论"就是对英国在印度帝国主义统治的一个具体的经济批判。到了20世纪，印度和英国之间自由主义和民主社会主义的共同的跨文化影响是显而易见的。 纳奥罗吉在英国担任芬斯伯里的自由党议员，而在印度英国政府很少对这些知识分子做出回应的同时，英国工党内的一些人，如亨利·诺埃

（即强调国家和个人层面自我实现的启示）；而随着时间推移，多元文化下的印度揭示了个人权利与群体信念之间的关系，对自由主义的核心提出问题。

马尔克·拉杰·安纳德的小说《不可接触的贱民》（*Untouchable*，1935）与《骆驼祥子》诞生于同一时期。安纳德在书中也开始讨论个人主义问题，并且通过在公厕内劳动的不可接触者将这一问题与种姓制相关联。老舍时常提及狄更斯对他的影响，而安纳德也是有"印度狄更斯"之名的社会小说家；更具传奇色彩的是，这部小说由甘地亲自编辑，成为他对种姓攻击的一部分。与祥子一样，书中年轻的男主角巴克哈是一个身强体壮，能自力更生且充满自信的个体典范：

> （巴克哈）他打扫得又快又起劲，一点儿也不懈怠。他手边一有了活儿，就干得又灵活又沉着，那股积攒的劲儿真像是一泓流不完的泉水。他身上的每一块筋肉都像岩石一般地结实，活动起来就像玻璃一般地闪闪发亮。他那身体的最深处一定潜藏着无穷尽的精力，你且看他那么熟练、那么灵巧地挨着一个个露天茅坑奔过去，扫啊，擦啊，倒石炭酸啊，处处显得那么轻松自在，就好像一个浪头从一个河床很深的河面上掠过一样……虽然他干的是肮脏活儿，他还是相当干净。尽管要对付那么多只便桶，又是打扫，又是洗涤，他甚至连衣袖也没弄脏。……也许是由于他专

尔·布雷斯福德，芭芭拉·卡斯尔，斯塔福德·克里普斯和政治理论家哈罗德·拉斯基听到了他们的声音。我很感谢同事弗洛里安·斯塔德勒博士就这些跨国交流对我提供的帮助。

心干活，才显得与众不同吧。[1]

祥子的劫难来自社会腐败，而巴克哈的劫难以及小说的高潮则是一次灾难性的接触（Anand，*Untouchable*，47—48），当时巴克哈不小心碰到了一个高等种姓商人，在街头引起围观成了众矢之的："他开头一股冲动，想要逃跑，想要冲过人群，飞也似的跑得远远的，远远的，避开这一场活受罪。可是他马上认识到有一重障碍物挡住了他，这并不是说这些人体障碍了他——老实说，他只要用他那结实的肩膀撞一下，那个骨瘦如柴的印度教富商便支持不住；他现在这重障碍是属于道义上的。他知道，要是他冲出去，那么，多少人经他一碰，都会被玷污了"。（Anand，*Untouchable*，47—48）巴克哈由此顿悟，从过去混沌的生活中有所觉悟。小说的最后一个场景中，他在反省自己不小心接触玷污了别人时遇到了正在向公众演讲的甘地。在圣雄的指引下，巴克哈旁边的一些人开始讨论该如何处理种姓制度和不可接触者的问题。

第一种方法是借助基督教以及其灵魂个体神圣性的前提。其蕴含的平等主义较有吸引力，但基督教不能由小说中那样的传教士来传播，这一角色在推广《圣经》时十分傲慢且自鸣得意。第二种方法则是甘地自己提出的 Swaraj（意为自由，自治，在当时新兴非洲国家被称为 Uhuru，独立）和保守派提出的 Swadeshi（意为经济自给自足）抵制英货运动。最后一个解决方案则是开放革新技术：普及抽水马桶和卫生设施。在

---

[1] 安纳德（Mulk Raj Anand）著，王科一译：《不可接触的贱民》（*Untouc-hable*），上海：平明出版社，1954 。

小说中这仰仗于《新时代》的编辑、诗人伊卡巴尔·纳特·萨沙（Iqbal Nath Sarshar），在历史上则是贾瓦哈拉尔·尼赫鲁。

马尔克·拉杰·安纳德曾与伦敦自由主义者和民主社会主义者 E. M. 福斯特和乔治·奥威尔一起在《标准》杂志办公室、伦敦大学学院、布卢姆斯伯里和剑桥大学学习和工作过。1974 年 7 月，安纳德在联合国教科文组织（联合国教育、科学及文化组织）国际化进程组织举办于奥地利因斯布鲁克的"世界各国文化自我理解"（The Cultural Self-comprehension of Nations）国际会议上发表讲话并提交文章"印度国家认同之探寻（The Search for National Identity in India）"。在他的文章中，安纳德通过一些关键人物追溯了印度多元文化和现代化的历史：在 16 世纪，阿克巴大帝希望团结印度教徒，穆斯林，基督徒，琐罗亚斯德教徒和土著。而他的孙子奥朗则布则只推崇一个宗教——伊斯兰教，于是一个印度斯坦的伟大梦想就此终结。而直到 19 世纪末，印度文化的自我理解才开始涌现，这也正是安纳德所宣称的，英国统治下的"屈辱成为民族主义的成因"。拉姆·莫汉·罗伊（Raja Ram Mohan Roy）等学者认为西方和印度可以互利共赢，并对英国的艺术、科学持欢迎态度。身处精英阶级的泰戈尔一直心系农民，他也更关注当下的现代世界而不是超越的时空；他强调西方思想和婆罗门自治思想中的个人自由。他的民族主义观点是将自己的国家作为一个和谐世界的一员，就像他著名的"世界文学"（孟加拉语为"vishwa sahitya"）提议一样，与全球对国际主义的期望产生共鸣。他的友人甘地试图通过非暴力不合作运动和在棉花产业等领域的抵制英货运动（Swadeshi）统一印度，实现政治自由（即 Purna Swaraj，意为完全政治自由）。尼赫鲁推进了印度的现代经济，将实用的科学技术与甘地的愿景相结合。尼赫鲁借鉴印度历史中曾出现过的多种统一模式，设立了议会民主制度，抛弃了东西方的两极方式。他接受巴基斯坦的穆斯林神权政治，但不接受两国论。《不可接触的贱民》的结局便是甘地以自由主义方式对包容性进行创新和尼赫鲁推出具有自由化能力的科学技术。

　　此前印度庶民群体（Dalitbahujans）不仅包括不可接触者，达利特人（马拉地语意为"破碎"，被分裂或分离，被压迫），还有部落土著，妇女和所谓的 OBC 族群（其他落后群体），他们的发言人康查·伊莱亚（Kancha Ilaiah）指出，种姓制度的顽固性可归咎于一点，即印度自由主义者（除了低等种姓出身的安贝德卡尔外）皆是抽象的自由主义者，在他们自己的婆罗门（种姓）形象内部构建了民族主义，因此不能将种姓制从国家宗教（印度教）层面去除。[1] 伊莱亚还提到《吠陀》中描述的景象——"他口中生出婆罗门（祭司或学者）；从肩部生出战士（刹帝利），从大腿生出民众（吠舍，商人），从足部生出仆人（首陀罗）"[2]——并声称"婆罗门种姓与自然的互动是反生产的，因为婆罗门的力量与自然界的力量相互作用只会消耗或毁灭后者"（*The Weapon of the Other*，503—504）。他认为，

---

[1]　比姆拉奥·安贝德卡尔对印度传统种姓制度对印度宪法影响的批判广受推崇，除了伊莱亚（2010）的支持，他在达利特和首陀罗群体中几乎享有守护神的地位。参见 "41: Ambedkar: Building Palaces on Dung Heaps 1891—1956," pp.468—481 in Sunil Khilnani, *Incarnations: India in 50 Lives*, London: Allen Lane, 2016。还可参见 Clarke, Sathianathan and Manchala Deenabandhu, eds. *Dalit Theology in the Twenty-First Century: Discordant Voices, Discerning Pathways*, Oxford: Oxford University Press, 2010。

[2]　Kancha Ilaiah, *The Weapon of the Other: Dalitbahujan Writings and the Remaking of Indian Nationalist Thought*, Delhi: Pearson, 2010. Loc. 545—547.

婆罗门的文献知识是"唯心的",庶民阶层的技术经济知识则偏重以经验为导向,比如应用科学家和工程师,他认为两者必须在他们自己特定的领域或环境中相互平衡:

> 面对自然时,庶民阶层展现出了巨大的勇气和信心;但在面对看起来与他们不一样,自称更加优越的(高等种姓的)人时,庶民却被历史遗留的自卑所困扰。而这由来已久,长达几个世纪。他们非常仔细地研究自然界中可为他们所用的资源。他们习惯于照料禽畜,鸟类,而且他们的人性本质也一直通过饲养、驯养动物得以表现。他们更擅长偏向于调查,而不是像婆罗门一样想象。例如,大部分庶民都知道地下和地上的全部矿产资源。他们能够知晓土壤和动物的气味,知道如何检测金属,石头,树木,植被,树叶等等。(*The Weapon of the Other*,438—446)

伊莱亚得出结论,"庶民阶层称他们的手为 matti chetulu(用于接触土壤),而婆罗门则称他们的手为 pooja chetulu(用于崇拜神明)"(*The Weapon of the Other*,544—545),并且"庶民阶层……逐渐形成了'劳动为生'的文化,而不是婆罗门的'饮食与崇拜',后者实际上意味着休闲的生活"(*The Weapon of the Other*,3452—3454)。

伊莱亚将印度种姓制度溯源至《吠陀》,并将其与西方哲学对比,"欧洲思想家……回归自然和生产性社会力量,而不是像印度民族主义者求诸《吠陀》一样求诸《圣经》"(*The Weapon of the Other*,380)。印度的这种内部争论显示出任何个人主义背后的社群主义。"社会科学界是否会有人写一篇论文讨论在孟加拉（与西方相对比）的个人主义崛起如何摧毁而非激励创业；而在印度，种姓和社群是如何推动资本和自由市场发展的？"阿米特·乔杜里（Amit Chaudhuri）在《加尔各答：城中两年》（*Calcutta: Two Years in the City*，2013）中这样写道，这本书是他对出生地城市剧烈变化的反思。[1] 印度历史学家拉玛昌德拉·古哈（Ramachandra Guha）在其著作《甘地之后的印度》中写到了英国和印度个人主义之间的区别，这一区别是由英国确立的：

> 在英格兰，自由主义价值观的壮大促进了个人主权；但在殖民地，个人始终被视为社群的从属。在政府聘用中，这体现为穆斯林和印度教的工作人员的数量平衡；而在政治上，英国引入了分别选举制度，使穆斯林只为穆斯林投票。大多数英国官员倾向于穆斯林，因为与印度教徒相比，他们的信仰形式和生活方式不那么陌生。总的来说，殖民政策加深了宗教分裂，由此巩固了白人的统治。[2]

种姓在当今印度民主中继续发挥着作用，相比社群主义政治，印度民主更远未达到"一人一票"。

伊莱亚在批评印度伟大的自由主义者甘地、尼赫鲁、泰

---

[1] Amit Chaudhuri, *Calcutta: Two Years in the City*, London: Union Books, 2013, p.118.

[2] Ramachandra Guha, *India after Gandhi: The History of the World's Largest Democracy*, London: Pan Macmillan, 2007. Loc. 804—809.

戈尔等的理想主义时，却也提出了一个反抗梵文《吠陀》的自由主义现代化例子。印度教从《吠陀》《奥义书》《罗摩衍那》《摩诃婆罗多》和《薄伽梵歌》中吸收种姓偏见。理想主义者"未能建构一个社会精神意义和政治意义的强大理论，而后者已经举世公认存在于卢梭、黑格尔和马克思的民族主义理论话语中"：

> 尽管圣经是世界宗教领域最伟大的精神民主文本，但是没有一个伟大的思想家再三地回到这个文本中来构建民族主义。霍布斯回归"自然状态"，研究了他同时代人的心理。洛克、卢梭、黑格尔和马克思在自然研究中寻找他们的哲学基础……一个思想家把自己定位于特定的生产性社会力量中，由此他的自然研究也就有了意义。研究一个特定的人与自然的斗争时，人的思想会变得富有创造性和建设性。人们直接与自然资源打交道，由此得以理解他们特有的用途和应用……人与自然的这种关系具有时空特性。（*The Weapon of the Other*, 370—392）

如果伊莱亚是对的，那么独立的印度就是一个理想状态下运行的自由主义国家，放任不平等的社群在现代化进程中争斗。从殖民地时代和后殖民时代的抽象自由主义到现在的种姓和身份政治，自由主义和自由化的印度体现出混合且不平衡的发展，在政治和经济领域均是如此。自由和自治的自由主义理念以及基于劳动的社群身份，随着统计技术现代化、卫生系统和人们亲近自然而得来的专业知识而发展。社会主义独立运动规划者和之后的90年代的市场自由化之后，现在的印度右翼和印度人民党已经将经济自由化与排他性的民族主义形式相结合。[1]我接下来将提到一些理论家，他们和伊莱亚一起揭示了自由主义态度和新自由主义的独特背景下自由化举措的复杂性和代价。

三、自由化和新自由主义

在《局限性的自由主义：拉丁美洲的犯罪和恐怖》(*Liberalism at its Limits : Crime and Terror in Latin America Cultral Text*, 2009)中，伊莲娜·罗德里格斯 (Ileana Rodriguez) 引用危地马拉活动家和诺贝尔和平奖获得者里戈伯塔·门楚 (Rigoberto Menchú) 对土著人民的描述，并将其与伊莱亚对庶民阶层的描述相比较。他们已经和所处环境的物质条件发展出公共群体关系以及

> 一个关于地球的思想体系阐述。一个古老的文明构筑了与宇宙有关的思想：地球，海洋，天空，宇宙。它的存在依托于社群，而社群保证其思想代代相传……在地球上均衡共存的可能性已经遭到破坏。考古发现，古代文明和第一批国家都曾持有这种价值观。在生活的各个方面，这种平衡都必须存在，而其的最

---

[1] See also Amartya Sen, *The Argumentative Indian: Writings on Indian History, Culture, and Identity*, London: Allen Lane, 2005.

重要的来源之一就是社群。[1]

　　正是这种传统的社群意识使得危地马拉和秘鲁的土著人民似乎对北美所关切的"发展"产生了威胁。罗德里格斯和后来写出《残酷的现代性》(*Cruel Modernity*，2013)的让·弗朗哥(Jean-Franco)记录了美国的反共政策是如何针对土著从而扫清发展障碍。[2] 他们展示了被征服以来危地马拉和墨西哥的玛雅人以及秘鲁的克丘亚人遭受种族歧视的历史，他们在1954年被美国定为"共产主义者"，然后在1994年的"北美自由贸易协定"影响下因其农业经济崩溃而最终陷入穷困。[3] "北美自由贸易协定"用廉价的美国玉米淹没了墨西哥市场，造成大批失业的男孩和男人无路可走只能加入贩毒集团，也造成大批贫穷的女孩和妇女只能给边境加工厂工作。而随着毒品和其他非法交易渗透腐败的政府，一些关于死亡圣神(Sante Muerte，一个传统的神圣形象，现在被贩毒集团等崇拜)、死亡政治(necropolitics)、屠杀女性(feminicidio)的文学开始崛起；而好莱坞也受其影响，从《野蛮人》(2012)到《真探》(2015)均展现了边境的暴力事件，充斥各种形式的极具表达力的暴力，表现了能力卓著、逍遥法外的杀手。这就是自由化和文化开放到新自由主义的转变，其中全球经济政

---

[1] Ilena Rodriguez, *Liberalism at Its Limits: Crime and Terror in the Latin American Cultural Text*, Pittsburgh: U Pittsburgh P, 2009. Loc. 753—756.

[2] 参见 Rodriguez (2009) and Jean Franco, *Cruel Modernity*, Durham: Duke UP, 2013.

[3] Arthur Scarritt, *Racial Spoils from Native Soils: How Neoliberalism Steals Indigenous Lands in Highland Peru*, Lanham, MD: Lexington Books, 2014.

策在当地产生了意想不到的暴力和残酷的后果。回顾过往，我们会发现其现代形式始于冷战和预想中共产主义带来的威胁。

约瑟夫·马萨德（Joseph Massad）的《自由主义伊斯兰教》（*Islam in Liberalism*，2015）展示了伊斯兰文化中类似的内容，同样从十字军东征开始，但是在20世纪中叶的反共政策下全面发展。相比爱德华·萨义德的经典《东方学》（1978），马萨德的著作更为详尽且时代更近，他追溯了伊斯兰教在西方意识形态中是如何被建构为暴政和压迫性的宗教并与基督教所展示的自由民主相对立。他记载了欧洲人从不同的民族和文化中创造泛伊斯兰主义，以证明占领奥斯曼帝国领土的正当性；把伊斯兰教和穆斯林社会描绘成"与共产主义的撒旦联盟"；他还一再揭示出，西方意识形态坚称受国家保护的自由个人主义和私人财产将西方的"我们"和伊斯兰教的"他们"区分开来。自由主义的言辞掩盖了实际历史上的统治和剥削，而这正在助长宗教战争紧张局势，直追产生它们的冷战时期。马萨德，伊兰·帕佩（Ilan Pappe）等人的著作详细展现了直至冷战时期伊斯兰文化的自由化和现代化以及经济新自由主义所引发的有组织的现代抵抗。[1]

国家可以成为消除偏见和歧视的力量，但如果国家只是为营利机构服务，其自由主义就会变得狭隘，而成为新自由主义。随着全球新自由主义政策紧缩了国家对经济和社会服务的支持，颠覆了发展中国家和福利国家的自由主义承诺，使全球

---

[1] Ilan Pappe, *The Biggest Prison on Earth: A History of the Israeli Occupation* of Palestine, London: Oneworld Pubns Ltd, 2015; The Idea of Israel, London: Verso, 2014; The Modern Middle East: a Social and Cultural History, London: Routledge, 2014.

贫困人口失去庇护，对当地阿拉伯传统的自由主义价值观、社群主义和性自由一无所知的西方自由主义者，开始兜售对穆斯林妇女和性少数群体的拯救。马萨德指出，伊斯兰教法一直以来的吸引力在于它在保护穷人和受剥削者时始终凌驾于国家层面。[1] 美国福音派似乎也是如此，因为基督教基要主义而拒绝了自由主义。[2] 我们知道今天在西方而且越来越多是在全世界的新自由主义政权治下，能够提供自由主义保护，抵制歧视的进步国家，渐渐变成只保护富人，混淆公民社会和公司统治，以及放任后者对国家法律法规程序性、公正性的侵蚀。自由主义微妙地隐含着对多样性的包容和尊重，自由化暗含着对文化现代化和开放的推动，新自由主义暗含着在存在多方合力和不平衡的全球相互依存状态中对人民的影响以及将"增长""发展"和"国内生产总值"等观念的抽象化。伊莱亚、罗德里，佛朗哥和马萨德等人的研究展现出这三大思潮的微言大义。我们需要更多的诸如此类的细致研究。总体来看他们细致的研究中令人震惊的是，冷战的全球效应以及与他们认为可疑的任何社区产生矛盾冲突的资本利益在很大程度产生了我们目前这个人心惶惶、证券化的新自由主义世界。

与此同时，我们为研究自由主义，自由化和新自由主义的文化主义者提出了一些结论性的思想实验：

---

[1] Joseph A. Massad, *Islam in Liberalism*, Chicago: U Chicago P, 2015. On gender in the Arab world, see also Joseph A. Massad, *Desiring Arabs*, Chicago: U Chicago Press, 2008.

[2] Hardt and Negri also understand fundamentalisms to be postmodern reconstructions deriving from resentment. See Michael Hardt and Antonio Negri, *Empire*, Cambridge MA: Harvard University Press, 2001.

◎ 不要假设孤立的认知层面、政治层面或神学层面的社群。[1]

◎ 不要反对平等自由。

◎ 不要只讨论共性，而要从本地开始，然后是国家、国际和全球。

◎ 实现宽容、多样、自由，接纳情绪表达；解决不平等问题。

◎ 公共领域应包含反公共领域、社会差异，以及多种交流方式。

◎ 拒绝标签，比如"进步"，"前"——或"现代"。

◎ 认识到每个人都是现代人，并以自己的方式与现代化斗争。

四、解放

通过这些思想实验，我们可以回到近来被市场意识形态所掩盖的另一种自由主义的同源词——解放。解放哲学包括在新自由主义发展过程中付诸东流的现代性的"另类"面貌。潘恩的 *Rights of Man*（《人的权利》，1791）的论调间接为门楚的 *derecho de gentes*（《人的权利》）一脉相承（参见罗德里格斯，776），但提出的要求仍然没有实现。[2] 英国剧作家大卫·黑

---

[1]　文化整合进程之复杂性的精彩论述参见 Marwa Elshakry, *Reading Darwin in Arabic 1860—1950*, Chicago: University of Chicago Press, 2014.

[2]　"Teaching Human Rights: An International Student-Teacher Collaboratory," http://www.teachinghumanrights.org/.

尔（David Hare）在自传《蓝色硝纸》（*The Blue Touch Paper*，2015）中写到他这一代人曾认为不可思议的东西：

> 在所有可能发生的事情中，至少我们没有预见到资本主义有可能从内部重新振作起来，开放市场以转动齿轮，并且剥夺工人的权利。我的成长经历以及所有证据都让我根深蒂固地相信，20世纪40年代在免费教育、医疗和体面的福利标准方面所取得的成果是永久的，是持续性的改善，多数派最终同化了少数派……我们根本无法想象国家会自愿回到自由放任的野蛮的战前年代。[1]

在上文提到的例子中，与自由主义相关的情绪有：乐观，希望，自由，勇气，尊重，自信，以及当自由主义期望相关行为受限而我们却无能为力时产生的消极情绪，如仇富、怨恨等典型的现代情绪。与新自由主义相关的情绪也是积极和消极两者皆有。约翰·梅纳德·凯恩斯（John Maynard Keynes）指出了企业家有益的"动物本能"，即精力充沛地为自身的利益而创新——尽管凯恩斯所设想的创新者、发明家和投资者罕有全球化背景下的会计师和银行家。[2] 新自由主义引发的情绪对处于顶端的人来说是两极化的，冒险和风险，繁荣和萧条。然而，对于大多数人来说，不断的竞争带来的更多是持续的焦虑和不安、恐惧和脆弱。对于那些处于底层的人来说，

---

[1] David Hare, "Rebel, Rebel," *Guardian*, 22 August 2015, pp.2—4.

[2] John Maynard Keynes, *The General Theory of Employment, Interest and Money*, London: Macmillan, 1936, pp.161—162.

新自由主义甚至引出了一个词来界定那些不再有安全保障的人——不稳定型无产者（Precariat）。[1]1892年，一位极具天赋但生活穷困潦倒的下层中产阶级作家轻蔑地将市场社会形容为"一个由警察调节的商业竞争体制，而我们欣然称之为社会秩序"。[2]乔治·吉辛（George Gissing）把他的文章称为"悲观主义的希望"（The Hope of Pessimism）。

新自由主义意识形态及其物质和制度化的国家机器正在阻碍通往自由主义的包容和体面的福利标准之路。社会主义者杰里米·科尔宾（Jeremy Corbyn）当选英国工党领袖的惊人胜利，也受到媒体连日的猛烈抨击，其中包括英国广播公司（BBC）这一马力全开的意识形态国家机器。作为教育工作者和学生，我们要维护目前遭受滥用和抹杀的自由主义传统和情感的活力，后者才能支撑起一个名副其实的社会秩序。[3]

---

[1] Guy Standing, *The Precariat: The New Dangerous Class*, London: Bloomsbury Academic, 2011.

[2] George Gissing, *Essays and Fiction*, Baltimore: Johns Hopkins Press, 1970, pp.75—97, 90.

[3] 值得庆幸的是，目前经济学家和社会理论家均在研究创建取代新自由主义的理论，参见 Thomas Piketty, *Capital in the Twenty-First Century*, Cambridge, MA: Harvard University Press, 2014。*The Economics of Inequality*, Cambridge, MA: Harvard University Press, 2015。Yanis Varoufakis, *And the Weak Suffer What They Must ?: Europe, Austerity, and the Threat to Global Stability*, London: Vintage, 2016。Paul Mason, *Postcapitalism*, London: Penguin, 2015。Mark Fisher, *Capitalist Realism: Is There No Alternative?*, Zero Books, 2009。Nick Srnicek and Alex Williams, *Inventing the Future: Postcapitalism and a World without Work*, vol. 2015, London: Verso, 2015。

翻译文学与批评新进展

摆渡者的工作

——趋向游牧性的翻译实践

皮埃尔·乔瑞斯[*]

周静宜 译

　　那么我们最初都是译者；并且在将自身经验翻译为语言的过程中创造了所谓的母语。从这个角度来说，我们都来自另一个世界。而翻译的问题重要性并不亚于我们的本土身份。

　　国界的不同带来了语言的差异。海关对于走私品的检查相当随意，但是我们的海关申报表是实事求是的：我们确实什么都没带。对此我们略感自责。然而我们甚至对这点都不确信。

——罗伯特·邓肯

作为诗人，罗伯特·邓肯（Robert Duncan）对衍生有着

---

*　皮埃尔·乔瑞斯（Pierre Joris），美国著名先锋派诗人和翻译家，纽约州立大学奥尔巴尼分校教授。

坚定愿望，即他不希望以一种固定的身份来创作，也不试图去简化这个世界所存在的复杂性。我20世纪60年代末开始阅读并研究他的作品，当时尚年轻的我对这一点留下了非常深刻的印象，那时候，我决心在任何本国（仿佛你可以拥有而不是"属于"一个国家，而后者显然是两者当中更危险的想法）以外的国家生活。同时，我希望成为一个以第四种语言而不是所谓的"母语"为创作载体的作家和诗人。这时候身份问题便随之而来，关于这类问题，曾经很多采访者和学生都问过我，现在依旧如此。

但是，早期从诗人兰波开始，我已经学到了一些东西，正如他在19世纪后半期写下的诗句"Je est un autre"—I is another。不知为何，我从很早的时候便对这种与"我"或者说自我、我的身份这种疏远有了清晰的认知。几年来，我漫游世界各地，畅游文学的海洋，经过多年的写作实践和游牧性流浪，我决定（有点宣告的色彩）在20世纪后期以及我们所在的21世纪，应当对兰波的句子进行重新书写，建议改写为："I is many others."我曾经跟叙利亚诗人阿多尼斯提过这个建议，他回答道："'other'本来就是复数词。"我在一首诗中引用了他的回答，并紧跟着解释道，我同意他的说法，但还是希望在后面加上"s"，一方面将它改造成复数形式，另一方面希望增加这个单词的语法特性，使其不仅仅是名词（"The others"），同时还可以做动词（比如在例子"she others"中）。以上这一切都说明我从来不会被身份问题所困扰，反而一直为身份存在的多样性感到欣喜。

这使得我开始对艺术作品的本质以及翻译的本质这些核心

概念进行重新思考，这些之所以成问题是因为"身份"往往被看作是"源语言"（这个单词总是被打上引号）诗歌中所固有的。我们先回顾一下欧洲的历史，至少回到文艺复兴时期，看看当时的一些核心反思。我们先来看一个拗口的句子：

在翻译的帮助下，所有科学都有了自己的后代（产物）。

据报道，15世纪80年代意大利哲学家／诗人／魔法师／翻译家乔丹诺·布鲁诺（Giordano Bruno）在牛津大学讲授哥白尼主义及其多重世界理论时，首次提出这个句子。那次演讲让人印象深刻：布鲁诺的观点并未被他所谓的"语法人"所接受。几年后，他因传播异端邪说被捕入狱。他在梵蒂冈监狱度过了九个不见天日的岁月之后，被罗马教皇以异端为由残酷地谋杀：他遭受酷刑，被堵住嘴巴，并于1600年在罗马的坎波·迪奥菲奥里被活活烧死。对我而言，布鲁诺一直是翻译界的守护神，即使使他葬身火海的所谓异端信仰不过是与罗马教会的神学与宇宙学理念存在分歧，这种分歧不过是另一个版本的：在翻译的帮助下，所有科学都有了自己的后代（产物），或者说所有的科学都起源于翻译。

后中世纪宇宙观为地球中心论，天主中心论，单中心论；布鲁诺对它进行了激烈地去中心化，这对希腊—基督教思想是一种激进的质疑，在当时就好像是声称宇宙中有一千个太阳却没有一个中心点，我们所想的一个中心、一个身份只存在于想象中，如今早已过时了。因此，就知识领域而言，我们可以有一千种翻译，而不存在单一原始文本。这个结论使得布鲁诺得以与同时代最伟大的思想家们为伍——例如，米歇尔·蒙塔涅对自我的重心偏移观念——还涉及一系列当代理论研究，在这里我不打算做过多的延伸，只是提出来，如果有人想要去诺兰探讨翻译和跨界的问题，那这一点是值得深入思考的。

在这里，我想举出一些范例来阐述翻译这个概念的重要性以及我为什么把翻译看作一种游牧过程。今天，有个问题像幽灵一样困扰着这个世界：通过美帝国主义来进行英语翻译。这一点不仅仅在麦当劳的菜单——甚至于麦当劳（MCDonald's）这个名字本身就深有体现。这个单词被翻译成阿拉伯语为makdwnaldz，非常字面化的翻译，因为译文自然而然地省略了单词最后的"d"和"s"之间的所有格符号，从而"s"似乎成了名称的一部分，而不是作为一种独立的语法标记。这一点阿拉伯语我至少还能看懂，而我在位于古老的紫禁城（即北京）中心的一家星巴克（Starbucks，这个名字作为一种跨文字跨文化的图标被保留了下来）看到的菜单上的翻译却完全看不懂，因为他们都是由中文书写的，而且只有中文。

这种英文化还常见于思想辩论中，那些著名人士能看懂多种语言但在进行哲学探讨时却一致使用一种或两种固定的"死语"（在这里，我将"死语"定义为人们不再进行翻译的语言）。我听说法国哲学家德里达与德国哲学家哈贝马斯在德国讨论欧洲政治问题时，整整三天，全程使用英语进行交谈，对此我既觉得有意思又颇感沮丧。可以说英语已经征服了全世界，像以往所有傲慢的征服者一样，它坚持每个人都必须用英语交流并且不允许任何的对手出现。不过，当你得知每年翻译成英语的书籍比德语、法语或丹麦语更少时，也不必觉得奇怪。因此对我们来说忙碌于从事英语翻译变得尤为重要，因为英语译文的匮乏只会对生动而活跃的文化产生不利影响。但是我们也要谨慎选择所翻译的内容，确保不会出现出自没有任何文化背景的外国作家之手的，单一、独立的"好书"。关于这个问题，诗人，翻译家，游牧思想家以及当今美国最杰出的文化批评家之一亚米利·阿尔卡莱（Ammiel Alcalay）说过：

> 能逃过我们的单语边界监管机制的译文只能提供一种单一的品位——一种片段化、脱离语境的——这些作品在其原来的文化、语言、历史和政治背景下可能代表的品位。单个作家的单部小说或者诗集，一旦从其他作家和艺术家的群体中脱离出来，忽略与之相关的一切通信、自传、传闻、辩论或是批评研究，往往会强化我们对艺术的军事化—工业化—新批评式的研究方法，即将其看作沉思的载体而非作为社会、政治、文化和历史结构的一个组成部分。换句话说，就像在这个国家很多其他事情一样，我们讨论翻译的时候，仿佛其与个人政治或是集体政治都是毫无关联的……

从近东翻译过来的文献就是这类歪曲、毫不连贯的翻译的一大典型的例子。再次引用亚米利·阿尔卡莱的话：

> 事实上，文字就像其他任何商品一样，一路携带着笔墨和价格表，跨越各种边界和检查站。这些边界既是内在的也是外在的，比如我们的意识和想象中不敢逾越的纠察线，比如现实世界中真实存在的政治障

碍。比如说，为什么世界上说希伯来语的国家只有一个，而且只是该国部分地区，而说阿拉伯语的国家却有几十个且规模更大，但是美国出版商出版的从希伯来语翻译而来的作品却比从阿拉伯语翻译来的要多？其原因可能会导致很大的困惑和重点的误置，就像美国著名著作评论家可以在一本重要的杂志上写上这样一句话："无论他是否愿意，选择和后果都摆在以色列作家大卫·格罗斯曼面前。当今西方世界还没有比他更有趣的小说家。"却没有人在底下评论或是反对，当然，他也不用为这句话承担任何后果。鉴于以色列虽位于叙利亚——非洲大裂谷附近，实则属于亚洲国家，自然就存在地理上的混乱；同时我们也想知道摆在以色列小说家面前的选择和后果是否与居住在西南或者偏北区域的小说家们规模一样大，诸如曾经的埃及政治犯易卜拉辛（Sunallah Ibrahim）或叙利亚的法拉吉·白拉吉达（Faraj Bayraqdar），亦或是邻国巴勒斯坦的马哈茂德·达尔维奇，还有很多其他人。

我们的守护神乔丹诺·布鲁诺认为，所有伟大文化都是建立在翻译的基础之上的，以阿拉伯文化为例：9世纪到12世纪是阿拉伯文化的顶峰时期，同时也是翻译家的天堂，据说当时他们的报酬是与他们所翻译的稿件同等重量的黄金。过去的几年内，在一个叫作巴格达的城市，出现了很多截然不同的"翻译"行为。几个世纪后，欧洲出现了文艺复兴时期，将野性的西方世界带入了文明之中，其中阿拉伯文的翻译功不可没，因为若不是这些译文，很多文本可能早已消失无踪，而不是像今天这样被翻译成拉丁语，而后各种欧洲白话文。

我绝对不是研究翻译机构的社会学家。可能是我自己的游牧状态使我对这种地方保持距离。现在，我想要强调这样一个事实，美国和欧洲的翻译中心、翻译项目和部门，即专注于翻译研究的理论和实践层面的固定、机构化的组织都相对很少——这个定量判断的基础是什么呢？——这一点着实令人遗憾。鉴于目前大多数高等教育领域都存在经济制约——姑且称之为紧缩——在不久的将来实现可观的重大变革，比如建立翻译中心和翻译部门，发展相关项目需要财力和师资队伍，这些都不太可能。因此找到其他的策略来加强翻译在课程设置中的重要地位就显得至关重要。我认为，目前翻译所处的次要、权力下放的地位将来将使得一系列翻译的概念（语内翻译、语际翻译和媒体间翻译）运用到在各种其他课程活动中（一般的文学课程和比较文学课程，理论研讨会和创意写作研讨会，等等）。从我到格拉斯哥以来的所见所闻，格拉斯哥大学在这种实践方面确实是先锋。正是在这种背景之下才有可能去质疑甚至是反转原始文本和翻译副本之间的关系，去将翻译活动重新定位为一种核心的创作和思考的过程。

机构是否会对这一项目做出积极回应呢？恐怕不会。一方面，机构向来是遵循传统不愿做出改变的，另一方面他们对现状做了大量投资。然而，在我看来，这些机构最终可能不得不让步，不仅仅是因为翻译家、作家、理论家、后现代主义者们在大学里辛勤工作试图推动变化；校园墙外的各种推动力量也层出不穷，比如世界各地的力量。我们生活的世界流动性越来越大，任何一个机构想要在学术界之外维持或者获得（视情况而定）一个立足点，都必须将这一特征考虑在内。我引用吉尔斯·德勒兹（Gilles Deleuze）和迦塔利（Félix Guattari）在《卡夫卡：走向小众文学》一书中的段落：

今天有多少人生活在非本土的语言环境中？或者说不再甚至是从未了解过自己的本土语言，同时对被迫使用的语言也知之甚少？这就是移民尤其是其后代面临的问题，是少数民族和小众文学甚至是我们所有人面临的问题：如何使小众文学同自己的本语言分离并走上严肃的革命之路？如何在成为游牧民族，移民以及吉卜赛人的同时依然保留同自己本土语言之间的联系？

我人生中很大一部分时间都在从事文学作品的翻译实践。另一部分时间，我用来进行文学和写作的教学——有时候也会教授文学翻译理论。理论和实践之间有着很大的鸿沟，至少对我来说一直是如此。尽管我也在努力尝试，却无法通过理论分析来描述我在某个时刻对特定文本的翻译中做出特定选择的具体原因。然而也许正是因为在实践和理论之间存在这样的难题，我们才可以不仅进行翻译实践，同时进行翻译的教学——请允许我作为一名高等教育机构从业者，来谈谈这个话题——因为我认为翻译研究应当在我的课程中占据中心地位。以下是就这个问题的一些例证和建议：

所有解释学、阐释性和历史学批评，事实上所有的文学批评说到底都是一种隐藏的（不忠实的）翻译形式。即使实践丰富的翻译者有时候也为无法准确地翻译某篇文章或某个词汇而绝望，最终只能转而"描述它"。我自己就亲身经历过——比如，保罗·策兰（Paul Celan）的诗《托特瑙山》（*Todtnauberg*）中的单一德语单词"Wasen"，我在英文中实在找不到哪个语义同等丰富的词语，结果只好写下了一篇25页的文章《译〈托特瑙山〉》（如果时间允许我在文末会再探讨这个例子，或者如果你比较感兴趣也可自行前往布法罗电子诗歌中心 [EPC] 网站我的"个人主页"查看）。

说到所谓的"跨国"文学，对翻译理论和实践的关注至为重要。不仅是因为从非欧美文学翻译而来的文本少得惊人，同时现存的翻译往往由于意识不到在后殖民写作中运用前殖民时期的语言造成的文化差异而存在局限性。在这一领域正进行着卓有成就的理论研究，比如匹兹堡大学出版社出版的阿努拉达·丁万尼（Anurahda Dingwaney）和卡罗尔·迈尔的著作《语言与文化：翻译与跨文化文本研究》。

即使是更为传统的人文学科领域，对翻译问题有一个更为深刻的理解也能够跨越教法的范畴。举个例子，中世纪法国文学领域有一门课叫作吟游诗人的诗歌研究。即使你对原始语言（奥克语）有一定的了解，对整部诗集的研究从根本上还是会涉及翻译这个过程。像这样一门课程必然会要求用更为接近的现代语言（即法语）来研究普罗旺斯语版本的文本（我不由自主地想到当代法国诗人及学者雅各布·卢博在这方面做出的精湛译文和关键研究成果），即使为了证明某个翻译者对与行吟诗人诗集作品一样古老的某篇诗歌的理解与仅仅相隔一代的另一个翻译者的理解偏差有多大，就需要对各种历史性英语译本进行研究，尤其是埃兹拉·庞德和保罗－布莱克本，或者再近一点乔纳森·斯金纳的翻译作品。这将进一步向我们展示游吟诗人语料库的游牧性特征，由于法国内部的语言—政治问题（奥依语强加于南边奥克语的霸权主义），官方的法国文化一直忽略了这个语料库，直到20世纪初期，它经由美国诗人埃兹拉·庞德的作品传播到法国。实际上，想要对游吟诗人语料库进行正经研究必须掌握（至少基本的）阿拉伯语。阿拉伯语言和文化给至今都受到排斥的游吟诗歌和诗学提供了重要的护盾和语境，游吟诗人"troubadour"这个词本身就显然含有阿拉伯语词根，即三个辅音词根"t.r.b."——与"吟诵""唱歌"等意思相关联——这种说法受到具有文化帝国主义特点的北方文学（法国和德国语文学）的压制，他们更偏爱编造来的、假设的拉丁词根"trobar"，一般认为表示"发现"的意思。如果你去翻看词源词典，会发现这个词根"trobar"被打上星号，说明它是一个逆构词，一个推测而来的词根，并不实际存在于拉丁语中。

无论是在翻译实践还是翻译教学中，我的游牧式的特点都坚持一种更为实验性的，理论和实践上都更为复杂的方法，对当今最具代表性的体验诗学和诗歌进行了解和研究。例如，会涉及民族学以及与其密不可分地对翻译的思考（以杰罗姆·罗滕伯格提出的"总体翻译"概念为例），从过去的一百年里出现的包括意大利和俄罗斯的未来主义体验诗学理论到 LANGUAGE 诗人的诗学理论。这方面知识十分重要，因为大多数翻译（这里特指诗歌翻译）都出自对诗歌传统以及诗歌形式的了解仅仅局限于后艾略特时期的"自由诗"传统的翻译者之手，太多的创意写作课程都充斥着这种松散、不严谨的自由诗范例。另一方面，将这些体验诗学理论看作是对翻译实践进行反思的基础本身就会使后者发生变革。这里列举查尔斯·伯恩斯坦的一篇文章，该文研究当今进行德勒兹和伽塔利提出的"小众文学"创作能够并必须使用的语言：

> 英语，英语这个语言，是独立于英国人具体的视觉和听觉体验之外的存在，在他们心中早已被根除或者说被经过翻译处理：英语从本源上来讲就是游牧式的，尤其在实践方面。在这种背景下，创造是必然会顺势而生，与选择与否无关，就像我们行走的地面一样理所当然。

尽管这一结论是以诗歌写作为背景而成立的，显然也要求对翻译进行反思，例如对源语言—目标语言线性翻译这个过于简单过于线性化的概念做出质疑。我们的语言越来越具游牧性，由德勒兹-瓜塔里提出，瑞达·本斯马拉（Réda Bensmaïa）在对阿尔及利亚小说家亚辛的评论性文章以及其他地方进行详尽阐述的小众文学模式的传播，将彻底颠覆传统的翻译理论和实践。

在实验性写作和翻译研讨会上，其他更为正式的研究方法同样大有用处，哪怕只是弱化作家、翻译家与语言的物质性之间的关系。两个例子就足够了。我们首先来看一下加拿大诗人巴里·菲利浦·尼科尔的一些伟大作品，对他来说，翻译是创作的核心，他发明了"符号翻译"，"后符号翻译"等一系列概念。正如尼科尔所言：

> 我脑海中浮现的是一种纯粹的探索，其中创造性完全在于探索层面，在于正式的创造力层面，而不在于内容本身。我回忆起我出版的第一首诗歌——大约1964年在比尔·比赛特的杂志 BLEW OINTMENT 上出版的《翻译阿波利奈尔》（我在多伦多待的第一段时间，也就是1963年的夏季写完了这首诗），我决定在诗歌中运用我或是其他人所能想到的尽可能多的翻译／转换过程。我设想这首诗将是没有固定限度的、不宜出版的作品。截至今日（1978年8月29日）我已经尝试运用了55种不同的体系来翻译《翻译阿波利奈尔》这部作品16，26，27，29，31，34，35，36，37，40，41，50，54，55并且仍有许多设想有待实施。

这些翻译体系涉及诸多翻译技巧和翻译程序的运用，例如"凭记忆翻译"，"根据记忆中的顺序进行重组"，"阅读（第一个记忆版）作为新诗的初稿并进行修改"，"原始版本"，"将诗歌中的单词按字母顺序重新排列"，"按字母表顺序重新排列字母"，"使用弗格森标准语料库替换具有相同长度的单词"，"使用罗格特的《国际词典》替换同义词"，"将每个单词中的字母按字母表顺序排列"，"音译"，"离合诗翻译"，等等。

我的第二个例子用到了 OULIPO（潜在文学工厂）提出的关于"形式"的翻译程序，哈利·马修斯在他的文章"持之以恒的马耳他人"对这一点进行了详细阐述。马修斯指出这些调查过于理论化和"书生气"，并提出"除非是故意跟老板过不去，否则任何一位编辑请乌力波类型的人来做翻译都是发疯的行为"。但是他的提议很有意思：此处引用拉辛·菲德尔作品中有名的句子作为我们的原始文本："C'est Vénus tout entière à sa proie attachée。"

这句话的字面意义是："维纳斯紧紧地盯着她的猎物。"

第一种翻译："我看到爱丽丝跳得最高——而我却挂着拐杖，愚蠢极了。"说明：对原始文本运用了测量的原则，原句的每一个单词都用另一个字母相同的单词替换了。第二种翻译："不要把消息告诉任何人，直到你走到大街上。一旦走出去你就赶紧喊出来，等到那匹马车经过时，在现场制造混乱。"说明：译文尽可能地模仿原文的声调—— C'est Vénustoutentièreàsa proieattachèe/把消息藏紧了，嘟嘟，趁着喧嚣把它喊出来——结果是延伸为一个叙述片段。这里举一个英法翻译代表案例，马塞尔·贝纳布对"美丽事物是一种永恒的快乐"的翻译：Ah, singe débotté, / Hisse un jouet fort et vert（法语）——"赤脚猴，拿起那个强壮的绿色玩偶！"

在这两个例子中，译文中已经完全没有原文带来的直观感觉。即使撇开这点不谈，乌力波式的翻译也与普通译文大不相同。

第三种翻译：在某个时间某个地点希腊爱神阿芙罗狄蒂正牢牢地抓住被她捕获的猎物。说明：用字典中各个单词的定义替代原文。

　　最后一种翻译：看，丘比特的妈妈正压制着那个傻瓜。说明：所有包含字母 e 的单词都被排除掉了。

　　虽然这两句翻译中都保留了原文的意思但根本无法完全忠实于原文。而这四个例子又都称得上是翻译。其中翻译的并不是文本名义上的意义而是句子组成部分的其他层面；我们可以称之为"形式"，指的是书面语言的某个可以被分离被处理的实质性元素。因而第一对翻译案例就是对"形式"的直译：从一种语言转换成另一种语言的过程中，保留了原文的形式（比如单词数量，音调）而非意思。第二对翻译实例则是形式的替换：原文的词汇和形式都进行了替换，前者是替换了词汇语境，后者则是原因的选择发生了替换。（来源：http://www.altx.com/ebr/ebr5/mathews.htm。）

　　即使对实用翻译者来说充分了解这种可能性也是至关重要的。有一天，有人请我翻译乌尼卡·祖恩（Unica Zürn）的诗歌，我感到十分为难，她的诗歌特别正式但又很幽默：诗歌呈现一种回文构词法的结构，即每一行都是某个给定行（一般都是标题栏）或特定短语中组成字母的严格转置。翻译人员左右为难，他们必须在（至少）两种翻译方式之间进行选择：要么翻译出原诗中隐含的程序或系统，要么翻译出由这个程序决定的语义结构。（理想情况下，可以想象同时翻译程序和语义结构，但是想要保持原诗句字谜诗的结构同时重现文本中的图像和文字，至少对于该翻译人员而言，几乎是不可能的事情。）第一种翻译方法是将 Zürn 用作她的变换矩阵，并模仿她对这一行的作法，即基于原句相同的字母组成一个英语变位词，但是结果会产出一个新诗句，属于译者的诗句。第二种情况是将德语诗歌中的语义结构、词汇和意象翻译出来，而忽略其背后隐含的方法。

我想用祖恩创作的单行诗歌来阐述这两种可能性。

> Sur les tapis des paumes et leur sourire
> （Gedichtzeile von Henri Michaux）
> So ist alles: des Eises Purpur — euer Traum.

在注释里提到，这首诗的标题来自亨利·米修的诗歌，大致可翻译为："论地毯，手掌和他们的微笑。"通过将法语原句中的单词重新整合，得到新的德语单词，创造出了她自己的一行诗。在尝试对其相同字母异词序程序进行翻译时，我将法语原句中的字母重组为新的英文单词，得到以下这个句子——当然还可以有很多其他可能的重组法（为了使译文的句法结构更为清晰，我使用了加标点符号——冒号或者连字符——的方法，这也是祖恩本人采用的方法）

> "Ape stirs slim seed: Ur-ape routes rule us."

采用第二种翻译法，即尽可能对祖恩诗歌中每一单行的语义进行字面化翻译，翻译的结果如下："这便是一切——紫色的冰，你的梦。"这两种"翻译"尝试得到的结果就本身而言意象上都是有趣并含义丰富的——但是彼此之间没有意义关联，与亨利·米修的原诗也没有意义关联。那么译者当如何解决诸如祖恩的作品所造成的翻译困境？有的人可能会认为，祖恩诗歌翻译来的法语版本和德语版本中意义和意象之间的差距使得译者能够翻译出语义缺乏相关性的译文，就像我上面举的字母异位的例子一样。然而，归根结底，使得她的诗歌如此引人入胜的并不是创作方法本身——虽然知道她确实使用了特定程序进行文本创作确实很重要——而是诗人通过选择特定程序所创造的蕴含着丰富意义的意象。因此我选择尽可能直观、准确地翻译出祖恩诗歌中的语义含义和意象，而直接省略她所使用的组成程序——尽管本注释（译文出版时我会将其附在其后）的读者现在开始就会对这些方法保持警觉，希望能因此对祖恩的作品有更深刻的了解。

通过对诗歌创作过程和程序及两者关系的思考，我们对诗歌和翻译的意义有了完全不同的理解，即消除了纯粹、不可更改的"原始文本"和次要的、不纯粹的"译本"之间的笛卡尔二分法。比如它引导我对诗歌（或任意文本）进行重新定义，借鉴诗人／译者莱昂·罗伯尔的话"一个文本是其所有具有显著差异的译文的组合"（将这一观念进行口头上的扩展）。这样的定义消除了诗歌不可译性的古老浪漫观念，这种观念深陷"作品"，文学创作，以及个人与世界，意识的不可表达性等理想主义概念，因为如果认为诗歌是一种翻译组合的产物，那没有什么比诗歌更具有可译性了，也没有什么比诗歌更具有多重翻译性了。从不同的角度来看，美国诗人杰克·斯派克（Jack Spicer）在他的一封《洛尔卡书信》中对这个话题进行了幽默地阐述。

亲爱的洛尔卡：

我在翻译你的诗歌时，一旦遇到不理解的词汇总会尽量去猜测它们的含义。我的猜测必将是正确的。

一首真正完美的诗歌（虽然到现在还没有人写过），哪怕其中的单词你一个都不认识，也能翻译出一篇完美的译文。一首真正完美的诗歌，只有相当少的词汇量。

……诗人的角色是时间机械师，而不是入殓师……

爱你的杰克（Spicer, C.B. p.25）

有的时候，译文可能会成为更妙的原作。这里我举一个最近的例子——斯特凡·马拉美的《骰子一掷，不会改变偶然》，欧洲现代主义的代表性诗歌作品，由摩洛哥诗人穆罕默德·班尼斯精心编排并于几年前由巴黎的 Ypsilon 出版社出版的书籍中第一篇阿拉伯语译文。

《骰子一掷，不会改变偶然》第一个法国版的译文（确切地满足了马拉美对准确性的严格要求）出版的时间居然同第一版阿拉伯语译文出版的时间相同，而这一时期又被形形色色的保守派人物错误地描述为伊斯兰教—阿拉伯和基督教/现代西方之间的"文明冲突"时期。但是，马拉美与东方世界有着多重的关联，他生活的大部分时期恰好与法国对北非的殖民时期相吻合，而他临终前的遗言又有一个阿拉伯词汇。事实上，路易斯·玛西侬在其关于9世纪神秘诗人曼苏尔·哈拉伊的传记著作中首次揭示了马拉美诗歌与阿拉伯语的结构之间的关系。

115年前马拉美逝世，此前几个月他一直从事对《骰子》最终版的编辑工作，这本书预计由安布罗斯·沃拉德出版社出版。该项目在他去世后进展很顺利，遗留下来的证据显示书中有大量有关格式、字体（马拉美坚持使用迪多点制）、尺寸、比例的精确注释，以及强调要插入友人奥迪隆·雷登的平板印刷画。该版本最终并没有被印刷出版。

也就是说尽管马拉美做出了明确的指示，并不存在符合诗人意愿的"原始"诗歌版本——即诗歌的文字含义与诗人自己提出的布局相一致的版本。1914年，加利玛出版社首次出版了该诗集，但并没有遵照马拉美的指示：版面尺寸有误，使用的字体也是马拉美十分厌恶的埃尔泽菲尔印刷字体。但是这个版本已经成为标准版，也是大多数译文比如现存的英文译本参照的基础。

仅有一个版本是明确遵循马拉美的愿望来的：即由米索·罗纳和蒂伯·帕普（由诗人和理论家让·彼埃尔费伊领导的文艺团体和出版公司）于1980年出版的版本。确实是精美版，我每次都忍不住将其副本拿出来向朋友或者学生们展示一番，因为这本书对诗歌的展示达到了完全不一样的效果——你一看见它第一反应便是"我终于明白这首诗的意思了"——完全不同于字迹密密麻麻的标准尺寸和标准字体的重印本。但即使是这个版本也存在不足之处：出版刊物是一叠宽松、未装订成册的书页，装在底部折叠起来的硬纸袋文件夹中，而马拉美原意是将其以书籍的形式出版，这也是其诗学的核心要义。

由于法国（现在已经延伸至美国和其他国家）批评界坚持马拉美的抽象及文本纯粹性诗学理念，没有哪个版本（包括罗纳特／帕普）遵照了诗人对纳入雷登的平板印刷画这一明确要求。此版本则弥补了这一缺陷，加入了三幅雷登原画的复制品，但是这些画作在书中的确切位置仍是个难题，考虑到马拉美并不希望雷登的画破坏文本本身结构，出版商们通过模仿沃拉尔其他书籍封面排版最终解决了这个难题。

看到这你可能会说，正是精心翻译的过程推动了最独特的原作创作！另一个翻译改变原作的例子是德国诗人劳尔·施罗特对荷马——以欧洲为中心的文学传统中最受尊敬的诗人——作品的翻译。尽管各个国家和地区的研究采用的研究方向或者关注点各不相同，现如今对荷马的研究成果似乎都与颇受争议的人文学科领域相差甚远。据德国荷马研究专家芭芭拉·帕策科（Barbara Patzek）回忆，在路易十四时期，人们围绕诗人荷马产生了激烈的辩论，声称那些久经历史的古旧史诗是时候被抛诸脑后了——辩论的结果是荷马史诗的第一版完整译著出版，诗人荷马在整个欧洲名声大振，最终包括语言学在内的完整的历史批评学科得以建立，许多人开始了他们的探险旅程，比如施利曼，亲自拜访了荷马史诗中的城市。对该领域的简要概述即可推翻英美口头诗学研究提出的没有特定诗人所支撑，随着时间推移而不断变化的流动、动态的文本，德国研究传统希望基于解释学的角度研究诗歌《伊利亚特》的叙事结构和统一性以探寻其真实作者。

但是又有另外一个例子：黑森州广播电台请德国诗人、翻译家、旅行作家、小说家和选集编者拉古·施罗特（他的著作《诗歌的发明》足以同查尔斯·多利亚和哈里斯·列诺维茨的《起源：古地中海创作文本》相媲美，遗憾的是后者已经绝版了）进行对伊利亚特的翻译工作（此前他已经翻译完了吉尔伽美什史诗中的一篇），他立即着手准备，通过两年的努力终于完成了初稿。在等待读者报告的间隙里他打算写一篇简明扼要的序言。结果写出了厚厚一本四百多页的书，并由汉泽尔出版社出版。

　　施罗特的论点是荷马根本不是希腊人——或者说肯定不仅仅是希腊文化的产物，他实际上是奇里乞亚公民，而《伊利亚特》中的"特洛伊城"可能正是奇里乞亚的某座城市（施罗特认为很可能是卡拉泰佩），最著名的十年围城可能发生在另一个场景。例如，奥地利亚述学家罗伯特·罗林杰告诉施罗特，奇里乞亚人往往称呼彼此为"阿西门农"和"丹尼亚人"。施罗特承认关于特洛伊的"一部分"描写确实符合荷马的一贯风格。但最重要的是，施罗特揭示出荷马作品中暗含的东方诗学——即伊利亚特的作者使用的实际上就是我们今天所说的近东文本：其自己创作的诗歌因而（首次或再一次）成了典型的作者文本，一种真正的互文艺术，其对"东方"文化的吸收不仅仅是简单意义上的审美引用（一种往往在希腊花瓶上看到的古老的"东方主义"）而是对如吉尔伽美什等经典近东诗歌中的文学和神话母题，隐喻和意象等进行直接改写。

　　如果他的研究是准确的（我倾向于相信他），那我们已经有了研究希腊和西方文化的桥梁及基础。而虽然其发现并发明了自己的诗学，西方文化对近东文化的依赖性确实比我们原本以为的更具有实质性。当我读到施罗特对荷马的研究结果，第一反应是拿起电话打给格洛斯特的查尔斯·奥尔森（哎，已经晚了整整43年！）：我想听他讲讲这些研究发现是否恰好同他的文化绘图相符合，因为他显然早就预见了这种一致性，比如在其对赛勒斯 H. 戈登的《荷马与圣经》一书的评论中，第一句话便写道：

　　公元前1400年，"东地中海文学"开始萌芽，其规模和影响如此之庞大以至于荷马的诗歌，《圣经·旧约》（通过父系口口相传），最近出版的埃及晚期小说以及拉斯·沙姆拉诗歌都囊括在内。

这里我们再次见证了翻译是如何通过令人难以置信的方式使原作发生改观的——译者并没有受"源语言"的限制，而是还了解其他语言与周围其他国家的文化，因此对其翻译的经典/典范文本极具洞察力。

但是让我们来仔细看一下当代法语马格里布文本，以及这样一份后殖民文本集给译者带来的翻译问题。我参照的是阿尔及利亚诗人哈比卜·登古尔（Habib Tengour）的一首80年代的诗《昂佩多克尔的凉鞋》。这首诗中的游牧性一目了然：从作者的名字可以看出这是一位阿拉伯人，头衔为位于意大利的希腊哲学家，诗集引言中还引用了19世纪德国诗人弗里德里希·霍尔德林的话。诗歌中还有庞德和后庞德现代主义的身影，运用了现代主义的文本蒙太奇手法，即个人和历史经验的大范围混合和拼接。诗歌前几行便定下了同时代的基调，后面还使用了斜线来分离单词碎片：

轨迹／名望／阴影／骨灰瓮／生命／时代／天顶／清醒／奇怪地／暂停

这长达13页的诗歌文本本身就给人——至少给我——一种20世纪后期开放领域诗学的熟悉感。随着拼接元素超越时空的转移，不断冲击、质疑随时间发展的微叙述的可能性，创造一种往往由写作行为本身所体现的短暂的沉思默想的过程，之后便如昙花一现般消散无踪。关注点在城市中心，流亡问题，种族认同问题，马格里布国家阿尔及利亚的政治局势，在这些背景之下的爱，一种典型的经典流散——一种城镇化的后荒原以及一种心理空间。从这个意义上来说，除了涉及对语调和音调的讨论，对译者来说将其翻译成当代英语也是令人兴奋的过程。然而文本细读揭示这首诗就如我所言，通过正式框架的存在或缺席，使其直接与一种古老的阿拉伯诗歌体裁——颂诗相关联。

接下来有必要进行简要附记。颂诗是贝都因人阿拉伯诗歌的最早范例，其中最纯粹的例子是七个——在某些经典观念中是十个——前伊斯兰教的穆阿拉格特，通常被称为"悬挂诗"（因为这些诗往往被绣在长布上，到了节日场合会悬挂在麦加的黑石建筑——天房中）。由于其预设的封闭结构和单一尾韵的特点，它们常常被描述为沉重的、过于确定的静态诗歌。颂诗长度不一，往往开始于同一个地方，废墟之中，或者诗人漫步途经某个古老营地时内心的沉思。据潘多尔夫引用，安德拉斯·哈默瑞在他的《中世纪阿拉伯文学艺术》一书中写道：

> 可以说，在各种各样的情诗主题中，废墟母题是令人印象最深刻的 [颂诗的介绍部分]——例如对离别场景的描述，梦中出现的女子幻象——因为它将人类经验的不可逆转性与自然界中可能发生的循环再现形成对比。在废墟场景中，时间并没有实质性内容。过去存在特定的负担；现在除非关联某段记忆，否则是无法预测的。诗人来到一个荒凉而又熟悉的地方；是什么引他来的我们无从得知……就这样，由于缺乏确

定的结论，这件事结局部分的意义空白被赋予一种时间上的深度。Atlall 便成了时间和空间坐标相交的那个点。

简单的介绍之后，诗歌发展为一首赞美诗，赞美诗人的坐骑—骆驼或者马，（急剧运动后的一段静止期），而后便是赞美诗人心中的女神，诗人的武器，这些都以赞美诗的形式颂扬个遍，最后才是讲述部落的壮举。对当代的诗学而言最有趣在于，诗歌在一个固定的结构中，通过描写一系列跨域不同领域的形象：人类－动物－植物－矿物，进行横向、纵向、转移、穿越、远离、环绕等多角度的发展，而没有一个固定的或者说"有机"的发展过程。雅克·贝尔克写道：

> 在这个过程中，不断交替进行着一个或另一个系列，这并不影响其连贯性。其中最大的流动性来自不规则的丰富性，这比他们各自的兼容性和相互衔接性都要明显。最重要的在于过程的转移。转移的运用受到了重视，而不是仅仅被看作一种修辞手法。这种修辞手法存在于许多诗歌中，使得诗句得以表达出荒谬、讽刺、精致的内涵，表达出直觉背后的反思，源头背后的事实——这种永远在不同的领域、地域，不同的流派之间的派生和延展，正是阿拉伯语的独特之处。

著作《天使的僵局》一书同名章节中，作者对于不断发展的利用形式或变体的口语传统中，诗人将扮演怎样的角色，做出了精辟的分析。在脚注中，其引用了阿德尔法特·基尔托的话，将诗人称呼为"忧郁的考古学家"——这个称谓使我不由自主地想起查尔斯·奥尔森曾将诗人描述为"清晨的考古学家"——他们的工作便是"拉开画作的遮帘，改写一篇被抹去一半的文本。为了及时地完成创作，诗人必须在其中增加自己的东西"。(潘多尔夫的翻译)

考虑到这一点，我们再回过头来看法国阿尔及利亚裔诗人登古尔的诗——显然发现虽然诗题移位到希腊—意大利区域，其本身展现在我们眼前的就是一个废弃之城，只剩下废墟——被遗弃的草带鞋——向我们证明这里曾经有过人烟。标题和诗句中间穿插的题词更是加深了这种印象，虽然这次提到了更为遥远的德国。荷尔德林的诗句——在本诗的法语译文中被反复引用——写道：

> 在这个国家，曾经生长着为善良的国民而生的紫色葡萄，黑暗丛林中的金色水果，高贵的麦子。有一天，当一位陌生人穿梭于寺庙的瓦砾中，会不禁问起，这里是否便是城市崛起之地?

基于对流散文学的掌握，诗人能够读懂这些深深根植于德国浪漫主义的诗歌片段，实际上就是经典阿拉伯废墟母题的不同版本，在废墟前驻足(这里指的是前面所说的陌生人而非诗人)。尽管登古尔在标题和题词中一直徘徊在其他的时空领域，仿佛他还是想把这个主题表达明确，紧随上文提到过的加分隔符的词之后，始终第一个单词自成一句，即"停"，在下一行变成了"短暂的停留"，这在我们现在看来，不仅是行色匆匆的现代游牧旅者的短暂喘息(在"一夜廉价旅馆")，更是阿拉伯语中的"mawqif"（位置）——10世纪苏非诗人Niffari以及其他人使用过的一个术语，意思是暂停、停止、剩余的、流浪者在两次移动过程中，两个站点，两个地方，两个国家之间的短暂逗留。阿德尔瓦哈布·梅德德布对"mawqif"（位置）一词的评论是："它短暂休息后，挺直身板；从两段时间间隔中，仔细检查出以它的高度能直面的幻影或不断具象化的词语的瞬间。"这首诗发生的时间与空间与诗人进行创作的时空重合。如果我们再回过头来看文本题词和正文中间的这些横线隔开的词，我们会发现两种不同的读法："轨迹／名望／阴影／骨灰瓮／生命／时代／天顶／清醒／奇怪地／暂停"不仅仅是现代主义的碎片式拼接，而是对诗歌不同部分的描述，诗人想将古老的正式文体引入其同时代的需求和现实当中，必须一会儿采用颂诗的结构，一会儿又摒弃它。

　　读到这儿我们就会探索出整个诗篇中相当复杂的层面，而不是像读第一遍时只关注到表面肤浅的同时代性。虽然没有足够的时间读完全诗，我还是想简要回顾一下翻译或可译性的问题。这种效果是否是可译的，或者换个更合适的问法，译者是否有必要将其反映在译文中？诗人自己在诗歌中隐藏了这种古老的形式——仿佛其本身便是诗人驻足的废墟，因此这位"忧郁的考古学家"一面探究着诗歌形式，一面思考着当代离散生活的问题。这两种情况往往重合，彼此掩盖又彼此丰富：偶然发现一个旧址不也是当今的流散漫游者的时代体验么？因此诗歌本身便是一篇翻译，即一个离散结构——其离散的法语包裹在古阿拉伯游牧形式之下，戏剧化地深化了希腊—意大利—德国层级的缺失／存在。在我看来——我认为大多数情况下都是如此——翻译应当尽量贴近字面意义，也就是说，尽量遵照诗歌原文的结构。最初法语版本或英语版本的读者都感觉不到这首诗中的"效果"——除非他们已经对旧阿拉伯语形式有所了解，不然不管是法语读者还是英语读者都要对诗篇进行深入剖析，而对任何流散写作来说这都意味着得去熟悉他者的文化。译文不应该，也无法揭示原诗有意隐藏的内容。

最后，让我们再次回到上文提到的世界上最遥远的西边国家马格里布——这个名字在阿拉伯语中本身就有西方的意思——并引用摩洛哥作家阿卜杜勒·贝吉尔·哈提比著作《两种语言的爱》中的话：

> 是的，我说过，我在唯一的存在和名周围长大，我那看不见的神的书本该和我一起结束。但是转念一想，虽然不切实际，在我写作的时候这种想法总是会冒出来：每种语言都应当是双语的！身体和语言、言语和写作之间的不对称——便是不可译性的源头。

哈提比在另一篇文章中说过，同时用几种语言写一篇文本，成为一种永恒的翻译，一定是意义非凡的事情。如果这便是"极端当代作家"（这里用诗人米歇尔·德盖伊的术语代替以前的"先锋"一说）的目标，甚至是基础知识——尤其在这个后民族国家世界——这类作品的译者便需要具备双语、双文化背景，交叉往返于一切界限之间，同时还要调整自己的本语言，使其具有游牧性，可容纳相似的复杂性。这虽然不是一件容易的事，但绝对是大胆创新而又令人愉悦的过程。谢谢！

时光，像一座奔跑的坟墓 *
——狄兰·托马斯诗歌翻译与批评

海 岸 **

> 时间停滞不前。我飞过小镇上的大树和烟囱，贴近桅杆和烟囱飞过船厂；我飞过因克尔曼大街，飞过塞瓦斯托波尔大街，还有那条女人出门爱戴男人帽子的大街；我飞过那条永生难忘的公园大街，那里的管乐摇动树叶，纷纷然撒向孩子和保姆、花匠、瘸子和懒汉，还有一群叽叽喳喳的男孩；我飞过黄色的海岸、追赶石子的小狗、老头以及欢唱的大海。童年的记忆是没啥准头的，但说也说不完 [1]。

这是诗人狄兰·托马斯于1943年首次在英国广播电台（BBC）录播的一篇散文《童年杂忆》（*Reminiscences of Childhood*）里的片段。那一年他29岁，已正式出版诗集《诗

---

* 2016—2017年度"上海高校服务国家重大战略出版工程"资助项目，复旦大学文学翻译研究中心策划的"十九首世界诗歌批评丛书"之一。

** 海岸：诗人，翻译家，供职于复旦大学外文学院。2016年获上海翻译家协会颁发的"STA 翻译成就奖"。

[1] Dylan Thomas, Reminiscences of Childhood, *Quite Early One Morning*, ed. Aneurin Talfan Davis, London: Dent, 1954, pp.9—10.

十八首》（1934）、《诗二十五首》（1936）、《爱的地图》（1939，诗文集）、《我呼吸的世界》（1939，诗文集，纽约）、《青年狗艺术家的画像》（1940，短篇小说集）和《新诗》（1943，纽约），初步确立起他在威尔士乃至英美文坛的地位。令人诧异的是他早早地开始回忆童年了，更勾起我对他童年时那番初心的探询："我该说当初写诗是源自我对词语的热爱。我记忆中最早读到的一些诗是童谣，在我自个儿能阅读童谣前，我偏爱的是童谣里的词，只是词而已，至于那些词代表什么、象征什么或意味着什么都是无关紧要的；重要的是我第一次听到这些词的声音，从遥远的、不甚了解却生活在我的世界里的大人嘴唇上发出的声音。词语，就我而言，就如同钟声传达的音符、乐器奏出的乐声、风声、雨声、海浪声、送奶车发出的嘎吱声、鹅卵石上传来的马蹄声、枝条儿敲打窗棂的声响，也许就像天生的聋子奇迹般找到了听觉。"（详见附录）[1] 诗人狄兰·托马斯从词语出发寻找诗的灵感，无意间道出了诗歌的本质。他早在1934年写给初恋情人帕梅拉（Pamela Hansford Johnson）的信中说："以各种方式把玩词语是我写作的主要乐趣，也是我写诗的基础。诗的结构源自词语和对词语的表达。"[2] 他在1936年发表于《准则》的一篇短篇小说《果园》（The Orchards，1939年收录于诗文集《爱的地图》）里这样写道："词语，非我们所能及。他拿起一支铅笔，在纯净的纸笺上落下几笔影子，搭起一座铅与词的塔；他用手指触摸铅塔，指甲般的月牙升起又落在铅塔之后。铅塔坍塌，词语之城、诗

---

[1] Dylan Thomas, Poetic Manifesto, *Texas Quarterly* 4，Winter 1961，pp.45—53.

[2] Dylan Thomas, *The Collected Letters*, ed. Paul Ferns. London: Dent, 2000, p.151.

歌之墙、对称的字母坍塌。当光芒消退，他记下密码的崩溃，太阳落入异国的早晨，大海的词语翻越了阳光。"[1]

狄兰·托马斯一生痴迷于词语的声音节奏、双关语或多重内涵的可能与偏离，哪怕制造词语游戏、语言变异直至荒诞的境地，用词语来营造一种迷醉、一种癫狂、一种生命，更准确的说他是一个生活在词语世界、受词语支配的人，"一个畸形的词语使用者，而非诗人……信奉任何诗人或小说家若不是源自词语，就是向着词语而写作"[2]。一个个偏离常规词语搭配的英文表达——"A grief ago"（忧伤袭来前）、"Once below a time"（从前）、"Now as I was"（此刻我重回）[3]，如今为文体学家们所津津乐道，不厌其烦地例证其打破常规的诗写手法更耐人寻味。近年来研究者借助计算机分析系统惊叹"狄兰·托马斯仅用这3600个有限的诗歌语汇表达出如此繁复深邃的诗意"[4]。语词构成狄兰·托马斯诗歌一个独特的小宇宙，正如他的肉身构成他自身的小世界；他用语词搭建一个浓缩的世界，他写下众多的诗作以诞生或创造开始，以死亡结束；贯穿他一生奉行的"进程诗学"兼收并蓄基督教神学启示、玄学派神秘主义、威尔士语七音诗谐音律以及凯尔特文化的遗风，"以一种混合、杂糅、实验性的边界写作方式，致力弥合灵与肉、

---

[1] Dylan Thomas, The Orchards, *The Collected Stories*, New York: New Direction, 1984, p.43.

[2] Dylan Thomas, *The Collected Letters*, ed. Paul Ferns. London: Dent, 2000, pp.151—156.

[3] *A Grief Ago, Once Below A Time* 为两首诗的诗题；"Now as I was" 出自《羊齿山》的首句，详见正文。

[4] William Greenway, *The Poetry of Personality—The Poetic Diction of Dylan Thomas, Introduction*, e-book, Lanham: Lexington Books, 2015, p.99.

词与物、人与自然的鸿沟，创造出一种独特的超现实主义与威尔士现代主义"[1]。1953年他以"童年的记忆是没啥准头的，但说也说不完"收尾，修订了上述这篇十年前的旧文。那一年他39岁，后又相继出版了诗集《死亡与入场》（1946）、《诗文选》（1946，纽约）、《诗二十六首》（1950）、《梦中的乡村》（1952，纽约）、《诗集（1934—1952）》（1952，伦敦；1953，纽约），并推出了他独创的声音剧（A Play for Voices）《乳林下》（*Under Milk Wood*，1949—1953）。11月9日，他在纽约作巡回诗歌朗诵期间不幸英年早逝。

一、狄兰·托马斯无疑是一个传奇

1914年10月27日，狄兰·马尔莱斯·托马斯（Dylan Marlais Thomas, 1914—1953）出生于英国威尔士斯旺西（Swasea）海湾地区"一个丑陋而可爱的小镇"，父母来自于威尔士西南部的卡马森郡，讲一口流利的威尔士语，他和姐姐南希（Nancy Marlais Thomas）姓名中间的"Marlais"（马尔莱斯）是他俩共有的威尔士语基督教教名，意为"海浪之子"，出自威尔士民间圣典《马比诺吉昂》（*Mabinogion*）[2]，以纪念叔公——

---

[1] 李彬彬：《论狄兰·托马斯诗歌的现代主义特色及其本土化因素》，收入《理论与文本：比较文学与世界文学新论集》，中国社会科学出版社，2015年，第220页。

[2] 《马比诺吉昂》（Mabinogion）堪称至今尚存的威尔士文学早期散文中的经典，主要故事情节围绕古老的凯尔特诸神和英雄之间展开，这些人物同样出现在爱尔兰文学和亚瑟王文学中。现威尔士语尚存四大古籍：《阿内林之书》（*The Book of Aneurin*）、《塔利辛之书》（*The Book of Taliesin*）、《卡马森黑书》（*The Black Book of Caemarthen*）、《赫格斯特红书》（*The Red Book of Hergest*）。

牧师诗人威廉·托马斯，笔名戈威利姆·马尔勒斯（Gwilym Marles），即狄兰后来为 BBC 创作的声音剧《乳林下》里的牧师诗人伊莱·詹金斯原型。狄兰·托马斯的父亲大卫·约翰·托马斯是斯旺西文法学校的校长，与英国那个时代的主流思想一致——威尔士语难登大雅之堂，打小就不教狄兰说威尔士语。这也就解释了为什么这位著名的盎格鲁—威尔士诗人只会用英文写作，也无疑为他今后的文学事业铺平了道路，而对整个英语世界而言，这无疑也是一件幸事，可以让更多的读者非常容易地读到他的作品。

据说狄兰·托马斯八岁开始写诗，打小就自诩为"库姆唐金（Cwmdonkin）大道的兰波"，小时候他一直住在斯旺西市郊的库姆唐金大道5号。那是一处可俯瞰斯旺西湾的山地，另一侧是乡间美丽的草地，正对着一处水库公园，他非常怀念小时候放学或逃学玩耍的库姆唐金公园，哪怕1937年离开斯旺西这座海边小镇后写下的自传性诗篇《那话语的音色》（*Once It Was the Colour of Saying*, 1938）与《公园的驼背老人》（*The Hunchback in the Park*, 1941）都会提及：

> 我吹着口哨随逃学的男孩穿过一座水库公园
> 一起在夜间朝布谷鸟般的傻情人投掷石子
> 他们冻得搂紧松土和落叶的眠床，
> 树荫的色度就是他们浓淡深浅的言辞，
> 而闪闪的灯火为黑暗中的穷人闪亮。
>
> When I whistled with mitching boys through a
>   reservoir park
> Where at night we stoned the cold and cuckoo

Lovers in the dirt of their leafy beds,

The shade of their trees was a word of many shades

And a lamp of lightning for the poor in the dark.

——《那话语的音色》

　　1925年9月，狄兰·托马斯进入他父亲所在的文法学校学习并开始诗歌创作，早年身边常带着一本笔记本，16—20岁间在旧家库姆唐金大道5号写下200多首诗歌习作及感想，该手稿笔记本后被人收购保存了下来。狄兰诗歌的研究者拉尔夫·莫德（Ralph Maud）今已整理出版了《狄兰·托马斯笔记本》（1967，纽约）[1]、《诗人的成长：狄兰·托马斯笔记本》（1968，伦敦）[2]、《笔记本诗钞 1930—1934》（1989，伦敦）[3]，发现诗人后来出版发表的作品在他的"笔记本"里都能找到雏形，有些是略做修改或部分修订删节而成。更有研究者在斯旺西文法学校1925—1929年期间的校刊上找到诗人更早的一些作品，发现他在校时兼任该校刊的编辑，最早在校刊发表《淘气狗之歌》（*The Song of the Mischievous Dog*）时，年仅11岁。1931年8月，狄兰从中学毕业，成为当地《南威尔士晚报》的记者。1933年伦敦《新英格兰周刊》首次发表他的诗作《而死亡也一统不了天下》（*And Death Shall Have no Dominion*），

---

[1]　Dylan Thomas, *The Notebooks of Dylan Thomas*, ed. Ralph Maud, New York: New Direction, 1967.

[2]　Dylan Thomas, *Poet in the Making: The Notebooks of Dylan Thomas*, ed. Ralph Maud, London: Dent, 1968.

[3]　Dylan Thomas, *The Notebook Poems 1930—1934*, ed. Ralph Maud, London: Dent, 1989.

尽显19岁青春期的他对死亡的蔑视；同年伦敦报纸《周日推荐》发表了他那首成名作《穿过绿色茎管催动花朵的力》（*The Force that through the Green Fuse Drives the Flower*）；1934年发表诗作《心灵气象的进程》（*A Process in the Weather of the Heart*）——一首后来被诗学研究者命名为"进程诗学"的范例。同年伦敦《倾听者》发表他的诗作《光破晓不见阳光的地方》（*Light Breaks Where No Sun Shines*）更是引起伦敦文学界的注目，这是诗人狄兰·托马斯早期诗歌中一首完美呈现生物形态风格的抒情诗，虽然缺少《穿过绿色茎管催动花朵的力》那首诗蕴含的爆发力，但生物"进程"主题一脉相承，将微观身体与宏观宇宙融为一体，尤其崇拜自然力的存在，同步表现生长与腐朽，生与死相互交错，形影不离。1934年他还因前一年发表《穿过绿色茎管催动花朵的力》荣获《周日推荐》"诗人角"图书奖，12月年仅20岁的他得以在伦敦出版第一部诗集《诗十八首》，完整地展现其"进程诗学"引起轰动，英国文坛各路批评家赞誉迭出。从这部诗集可以看出诗人读过英国哲学家怀特海（A.N. Whitehead, 1861—1947）的著作并接受其"过程哲学"（Process Philosophy）的思想，紧接着推出第二本诗集《诗二十五首》（1936），选入的诗歌大多比第一本写的更早，《爱的地图》是一本诗文集（1939），算是他的中期诗作，《死亡与入场》（1946）则是他后期一本重要的短诗集，1952年他编定《诗集（1934—1952）》，留下他意欲留世的90首诗歌，在英美诗歌史上烁烁生辉。

1937年夏，狄兰·托马斯与一位有着爱尔兰血统的姑娘凯特琳（Caitlin Macnamara）结婚，他俩相识在伦敦的一家烟雾缭绕的酒吧，放荡不羁、如出一辙的波希米亚生活方式让他俩终生不分离，整日狂热放纵，不醉不休，无忧无虑。1938年他带着妻子来到威尔士西南部卡马森海湾拉恩（Laugharne）小镇，悠远的塔夫河（Afon Taf）在一旁静静地流淌，隐约可见中世纪城堡的灰色遗迹高耸在小镇的一片房顶之上。狄兰在俯瞰大海的城堡防御墙一侧眺台上，写下他的短篇小说集《青年狗艺术家的画像》里的一篇"塔夫河流动的地方"。在这部完成于1938—1939年间如诗如梦的半自传体小说集里，狄兰表达出他抵达拉恩镇的感触，时而叠映年少时在斯旺西的回忆和青春期在伦敦的生活经历，其书名显然出自爱尔兰文学大师詹姆斯·乔伊斯（James Joyce，1882—1941）的长篇自传体小说《青年艺术家的画像》(1916)，以示诗人对乔伊斯的敬仰。1951年他在答复一位威尔士大学生的问答时曾写道："有人撰文评论我的短篇小说集书名《青年狗艺术家的画像》与乔伊斯小说的书名《青年艺术家的画像》非常相近。如你所知，无数艺术家给他们的肖像画起名'青年艺术家的画像'——一个完全直截了当的标题，乔伊斯最先拿绘画标题用作文学作品的标题，我自己只是对这绘画标题开了个狗玩笑而已；当然，我丝毫不曾有参考乔伊斯之意。我认为乔伊斯与我的写作没有任何关系，他的小说《尤利西斯》对我也是如此。另一方面，我不否认我的某些'画像'故事的塑造可能多少归功于乔伊斯的短篇小说集《都柏林人》，那时《都柏林人》是短篇小说界一部开拓性的作品，从那时起罕有成功的短篇小说家不从中受益。"[1]

　　1939年，随着诗人奥登（W. H. Auden，1907—1973）离开英国出走美国后，一群"新天启派"诗人融新浪漫主义、

---

[1]　Dylan Thomas, Poetic Manifesto, *Texas Quarterly 4*, Winter 1961, pp.45—53.

神性写作和现代主义为一体，出版《新天启诗集》（*The New Apocalypse*，1939）。从此，狄兰·托马斯无疑在新一代英国诗人心目中树立起不可或缺的地位。在随后的 12 年间，狄兰尽管在文学上不断地取得成功，但经济一直拮据，居无定所，常靠亲朋好友接济度日，不断地从一家迁到另一家，一度还回到英格兰和妻子凯特琳的父母住在一起。"二战"期间他为了赚钱还曾替电影公司写过脚本，尤其在 1939 年初当大儿子卢埃林（Llewelyn Edouard Thomas）出生，1943 年女儿艾珑（Aeronwy Bryn Thomas）来到人世，一家人的生活压力骤然加大，好在那一年 BBC 看中狄兰嗓音浑厚，颇具播音朗诵才能，开始接受他的供稿和录播。

狄兰·托马斯这样的漂泊生活一直持续到 1949 年。他的赞助人玛格丽特·泰勒（Margaret Taylor）夫人帮助他一家重返拉恩镇，为他买下"舟舍"——一座三层的小楼，原是用来修船的船坞，旧是旧了点，却带有一种难以言说的魅力。据狄兰妻子凯特琳后来回忆，她对他们的新家很满意，觉得比他们以前的任何房子都漂亮。1949—1950 年初的几个月是他们共同度过的最后一段幸福时光 [1]。在这座峭岩之上海浪摇撼的屋子里，他迎来第三个孩子科尔姆（Colm Hart Thomas）的降生，也在此走完诗人一生最后的旅程，体验到别处不曾有过的宁静而灵感勃发的状态。此地有绵延起伏的群山、人迹罕至的静谧小巷，鹰在一望无际的海湾盘旋……一切都给他的文学创作插上了翅膀：

---

[1]　Caitlin Thomas, *The Life of Caitlin Thomas*, ed. Paul Ferris, London: Pimlico, 1993.

在约翰爵爷的山岗，

鹰映着夕阳默然盘旋；

云雾升腾，暮色降临，鹰伸开利爪绞杀

锐利的视线靠近海湾上空翔集的小鸟。

Over Sir John's hill,

The hawk on fire hangs still；

In a hoisted cloud, at drop of dusk, he pulls to his
　　　claws

And gallows, up the rays of his eyes the small
　　　birds of the bay.

——《约翰爵爷的山岗》

这首诗是诗人来到拉恩镇后写的，一首貌似写给鸟群的挽歌，实为他以俯瞰拉恩镇海岬的视角替人类的生死做最后的审判。他自称才思泉涌，一个小时接着一个小时独坐在"舟舍"，美妙的诗行从心田不竭的源头流淌而出；他用那美妙的嗓音不断地朗读写出的诗稿，寻求一种乐感般的美妙音节，寻求一种狂野词语的激情，寻求一丝心灵的慰藉。在拉恩镇大街的布朗旅馆酒吧，他结识了那儿的老板娘艾薇·威廉姆斯（Ivy Williams），早上喜欢去听老板娘聊聊当地的风流韵事，那些俗不可耐的关于嫉妒和激情的故事，或狂野不羁，或闲言琐语，或飞短流长，却都成为他独创的声音剧《乳林下》绝好的素材。那些他每天透过布朗酒吧被烟熏黑的窗户观察到的小市民在他的剧中鲜活起来，成为一个个整天追求荒唐事的奇异怪诞人物。《乳林下》以身边的一个威尔士小镇为背景，按时间顺序虚构海滨小村庄一天发生的事，先是一部为富含诗意而感性嗓音而写的广播剧，后被诗人改编成舞台剧在纽约诗歌中心上演。剧中村庄取名为"Llareggub"（拉勒加布），反读就是"bugger all"（全是蠢货），一副恶作剧的幽默。妻子凯特琳曾回忆，酒精和天赋给了他生命，他不能忍受单靠天赋活着，在拉恩镇他就是靠喝酒来与当地人接触的，酒量在当地堪称一绝，从早晨喝到深夜也不露醉相。狄兰·托马斯习惯把下午的时光留给自己在"舟舍"写诗或创作声音剧。晚上他在妻子的陪同下又会去布朗酒吧放浪形骸；凯特琳更是纵情挥洒，时而跳上桌子跳舞，舞姿狂热奔放，汪洋恣肆。此时此刻，酒鬼狄兰以酒精为燃料，点燃转瞬即逝的灵感激情，摇摇欲坠地蹒跚于创作的火山口，随着诗名越来越响，他更加害怕江郎才尽，内心深受煎熬，有时为写好一首诗或一篇小说，绞尽脑汁却一筹莫展，在布朗酒吧愈加抑郁，日益消沉；狄兰·托马斯的一生都笼罩在深刻的自我忧伤中，这也是催动他酗酒而走向死亡的一个重要原因；他有时会预感到自己时日不多，甚至还告诉过妻子，他一定活不过四十岁。

1950年2月20日—5月31日，狄兰·托马斯应邀第一次赴美作巡回诗歌朗诵，并将此视作获得成功的标志。他穿行在美国—加拿大大大校园间，奉献出一场又一场的精彩演讲和朗诵；他那色彩斑斓、意象独特、节奏分明的诗歌，配上诗人深沉浑厚、抑扬顿挫的音色，极富魅力，尤其他那迷途小男孩的形象征服大批美国—加拿大的大学生，令他这次美加巡回诗歌朗诵获得空前的成功。他随之沉溺于一连串的风流韵事中，不断地狂喝暴饮，沉醉于一个诗人可以为王的美国梦。狄兰·托马斯回到拉恩镇后，感到自己的乌托邦崩塌，婚姻的列车也出了轨；他肆无忌惮地纵情声色，沉溺烟酒，背叛爱情。1941年初他曾写下《结婚周年纪念日》（*On a Wedding Anniversary*）竟然一语成谶：

> 撕破的天空横穿
> 俩人褴褛的周年纪念日
> The sky is torn across
> This ragged anniversary of two

> 此刻爱已丧失
> 爱神和病人在锁链下哀嚎：
> Now their love lies a loss
> And Love and his patients roar on a chain:

> 错误的雨中，为时已晚
> 他们相聚相会，爱却已分离：
> Too late in the wrong rain
> They come together whom their love parted:

他俩开始不时地爆发激烈的争吵，有一次妻子凯特琳还把狄兰为广播剧创作的《白色巨人的大腿》（*In the White Giant's Thigh*，1950）底稿撕碎扔出窗外，好在退潮时分，懊悔不已的她又跑到海滩将那首诗稿碎片一片片地捡拾回来。诗人狄兰·托马斯不会放弃他赴美巡回朗诵之旅，因为这已成为他生命中不可或缺的一部分。1952年1月20日—5月16日，他第二次赴美作巡回朗诵，这一次他带着凯特琳一同前往。1953年4月21日—6月1日，他第三次赴美作巡回朗诵；同年10月

18日他又开始第四次也是最后的一次美国之行。一次次赴美，总共150天70多场的巡回诗歌朗诵之旅，加速了他最后的崩溃——"在酒精、性、兴奋剂以及渴望成功调制而成的鸡尾酒中崩溃，透支他作为一个天才诗人所有的能量与癫狂"[1]。1953年11月5日，诗人狄兰·托马斯在切尔西旅馆205房"患上肺炎，却被误诊误用大量吗啡而导致昏迷"[2]。11月9日这位天才诗人在纽约圣文森特（St. Vincent）医院陨落，年仅39岁。妻子凯特琳为她那凋零的爱和消逝的诗人悲痛万分，她从纽约接回狄兰·托马斯的遗体，安葬在威尔士拉恩镇圣马丁教堂，不久后逃离了"舟舍"，逃离了那疯狂的往昔，唯留空荡荡的船坞和空荡荡的"舟舍"纪念威尔士这位伟大的诗人。

到了1982年3月1日，狄兰·托马斯去世后近三十年，英国伦敦威斯敏斯特教堂名人墓地"诗人角"纪念狄兰·托马斯的诗行地碑揭幕，上面镂刻着他的名诗《羊齿山》（*Fern Hill*，1945）的尾句："时光握住我的青翠与死亡／纵然我随大海般的潮汐而歌唱。"到了1995年，斯旺西蒂赫兰（Ty Llên）威尔士国家文学中心，揭幕成立了狄兰·托马斯中心。到了2006年，一项以诗人狄兰·托马斯的名字命名的国际性大奖在诗人家乡设立，每两年颁发一次，奖励30岁以下用英语写作的年轻作家；首届总奖额高达60000英镑，成为世界知名的文学奖之一。到了2014年，世界各国以各种形式举办狄兰·托

---

[1] 弗朗切斯卡（Francesca Premoli-Droulers），漏船载酒润诗魂——狄兰·托马斯在拉恩的日子，http://www.360doc.com/content/13/0204/17/4250371_264223464.shtml。

[2] John Goodby, Preface, *The Poetry of Dylan Thomas: Under the Spelling Wall*, Liverpool University Press, 2013, p.xvii.

马斯百年诞辰庆典，英国皇家造币厂发行狄兰·托马斯100周年诞辰纪念币，硬币设计稿上的狄兰，一头大波浪狂野不羁，羊齿蕨类植物的背景自然让人联想到他那首耳熟能详的名诗《羊齿山》。英国韦-尼（Weidenfeld & Nicolson）出版社推出百年纪念版《狄兰·托马斯诗集》，收录威尔士诗歌研究者约翰·古德拜（John Goodby）教授编选的狄兰·托马斯诗篇170首。事实上，早在1971年英国登特/美国新方向出版社就已出版了《狄兰·托马斯诗歌》，收录了狄兰生前好友丹尼尔·琼斯（Daniel Jones）编选的诗篇，1982年登特出版社又推出修订版；2003年美国新方向出版社推出更完备的修订版，收录包括早期《笔记本诗钞》在内的诗篇共201首。毋庸置疑，诗人狄兰·托马斯作品的影响力已波及文学、音乐、绘画、戏剧、电影、电视、卡通等大众媒体，整整影响了几代人，包括英国披头士乐队诗歌音乐唱作人约翰·列侬（John Lenon，1940—1980）、2016年荣获诺贝尔文学奖的美国诗歌音乐唱作人鲍勃·迪伦（Bob Dylan，1941—　）和先锋电子音乐唱作人安妮·克拉克（Annie Clark），后两位的艺名借用了"Dylan"和"St. Vincent"，旨在向这位伟大的诗人致敬；如今"Dylan"一般译为"迪伦，狄伦"，但因老一辈翻译大家王佐良、巫宁坤教授最初的译名"狄兰·托马斯"深入人心，根据专名"约定俗成"原则，不便随意修改。狄兰·托马斯像一颗流星划过"冷战"时代晦暗的天空，作为一代人叛逆的文化偶像烁烁生辉，永不磨灭。

二、狄兰·托马斯个性化"进程诗学"

> 肉体和骨头的气象
>
> 湿润又干枯；生与死
>
> 像两个幽灵在眼前游荡。
>
> A weather in the flesh and bone
>
> Is damp and dry; the quick and dead
>
> Move like two ghosts before the eye.
>
> 世界气象的进程
>
> 变幽灵为幽灵；每位投胎的孩子
>
> 坐在双重的阴影里。
>
> A process in the weather of the world
>
> Turns ghost to ghost; each mothered child
>
> Sits in their double shade.
>
> ——《心灵气象的进程》

这首《心灵气象的进程》出自狄兰·托马斯的首部诗集《诗十八首》(1934)。早在他出版诗集的19世纪30年代乃至40年代，伦敦评论界及读者中间一直渴望有一种概括狄兰·托马斯诗歌的标签，直到拉尔夫·莫德在整理出版《狄兰·托马斯笔记本》(1967)前写作《狄兰·托马斯诗歌入门》[1](1963)时最早关注狄兰·托马斯"进程诗学"概念，乃至1989年出

---

[1] Ralpn Maud, *Entrance to Dylan Thomas' Poetry*, Pittsburgh: Univeristy of Pittsburgh Press, 1963, pp.57—80.

版《笔记本诗钞 1930—1934》（1989）一直誉《心灵气象的进程》一诗为范例。近年威尔士狄兰·托马斯诗歌研究者约翰·古德拜教授进一步扩展狄兰"进程诗学"的核心概念，"信奉宇宙的一体和绵延不息的演化，以一种力的方式在世界客体与事件中不断同步创造与毁灭，显然带有古代泛神论思想，却辉映着现代生物学、物理学、心理学之光得以重现"[1]。如前所述，与狄兰·托马斯同时代的英国哲学家怀特海曾提出过"过程哲学"，原文"process"意为"过程，进程"，自然有学者译为"过程哲学"，但因狄兰·托马斯写下此诗"A Process in the Weather of the Heart"，笔者译为《心灵气象的进程》（1934）。1933—1935年间他写给初恋情人帕梅拉的信中就曾提及"Process poetic"，在诗学层面笔者更倾向于译成"进程诗学"。

怀特海（A.N. Whitehead，1861—1947），英国著名哲学家，集一生哲学思想精华，把上自柏拉图思想，下达爱因斯坦相对论与普朗克量子力学融为一体，主张世界即过程，自成一家言说，认为世界本质上是一个不断生成的动态过程，事物的存在就是它的生成，故也称活动过程哲学或有机哲学。他在系列著作《自然的概念》（*The Concept of Nature*，1920）[2]和《过程与实在》（*Process and Reality*，1929）等中认为[3]，自然和生命是无法分离的，只有两者的融合才构成真正的实在，即构成宇宙；人类是大自然的一部分，人类经验就应该与单细胞

---

[1]　John Goodby, Introduction, *The Collected Poemsof Dylan Thomas*, London: Weidenfeld & Nicolson, 2014, pp.15—16.

[2]　怀特海著，张桂权译：《自然的概念》，译林出版社，2014年。

[3]　怀特海著，李步楼译：《过程与实在》，商务印书馆，2012年。

的有机体、甚至更原始的生命体看作同等的构成元素。他把宇宙的事物分为"事件"的世界和"永恒客体"的世界，事件世界中的一切都处于变化的过程之中；各种事件的统一体构成机体，从原子到星云、从社会到人都是处于不同等级的机体；机体的根本特征是活动，活动表现为过程，整个世界就此表现为一种活动的过程。所谓"永恒客体"，只是作为抽象的可能性而存在，并非人们意识之外的客观实在，能否转变为现实，要受到实际存在客体的限制，并最终受到上帝的限制。上帝是现实世界的源泉，是具体实在的基础。虽然早在20世纪20年代，"过程哲学"就已提出，但到了70年代其影响力波及自然科学、社会科学、美学、诗学、伦理学和宗教学等多个领域，因而它又被称为宇宙形而上学或哲学的宇宙论，尤其为生态哲学家所推崇，后现代主义者更将之看作自己的理论源泉。

诗人狄兰·托马斯在这首将"process"写入诗篇的《心灵气象的进程》（1934）中将生、欲、死看成一体的循环进程，生孕育着死，欲创造生命，死又重归新生，动植物一体的大自然演变的进程、人体新陈代谢及生死转化的进程与人的心灵气象的进程，宏伟壮丽又息息相关，身体内在的"心灵的气象""血脉的气象""眼目下的进程""肉体和骨头的气象"与外在的"世界气象"在各诗节中相互交替，"变湿润为干枯"，"变黑夜为白昼"，"变幽灵为幽灵"。"weather"（气象，气候，天气）实为诗人狄兰"进程或过程"中的一个关键词。首节中"金色的射击／怒吼在冰封的墓穴"，暗喻射精受孕，即开启通往死亡进程；狄兰·托马斯最喜欢的一对谐音词为"tomb"（墓穴）及第二节的"womb"（子宫），相差仅一个字母，却可生死转换；此节的"living worm"（活生生的蠕虫）暗喻

"阴茎"，实指墓穴里的蛆虫，更是一种生死呼应；第三节的"seed"蕴含"种子"与"精子"的语义双关，"打造耻骨区的一片森林"；末节"mothered child"（投胎的孩子）更是深受生与死的双重影响，似乎瞬间即可完成生与死的交替。尾句"而心灵交出了亡灵"（And the heart gives up its dead）预设的象征颇为晦涩，然而一旦知晓其典出《圣经·新约·启示录》20∶13，诗句即可赋予"天启文学"的象征意义——接受最终的审判。二元的生与死，像幽灵一样缠结在一起，既对立又互相转化，生命的肉体面临生死的选择，死去的灵魂又触发新生命的诞生，不断变幻的心灵，时刻"交出了亡灵"接受最终的审判而走向新生。

　　狄兰·托马斯首部诗集《诗十八首》（1934）完整地展现其"进程诗学"。十八首中涉及生、欲、死——成长进程主题的诗歌有《我看见夏日的男孩》《心灵气象的进程》《当我敲敲门》《穿过绿色茎管催动花朵的力》《我的英雄裸露他的神经》《在你脸上的水》《假如我被爱的抚摸撩得心醉》《我们的阉人梦见》《当恋人从初次狂热》《时光，像一座奔跑的坟墓》《光破晓不见阳光的地方》《我梦见自身的诞生》等。第二部诗集《诗二十五首》（1936）表现相关主题的诗歌也有《我，以缤纷的意象》《在此春天》《忧伤袭来前》《忧伤的时光贼子》《而死亡也一统不了天下》等。后期诗集《死亡与入场》（1946）、《梦中的乡村》（1952，纽约）也出现涉及生死进程主题的《拒绝哀悼死于伦敦大火的孩子》《不要温顺地走进那个良宵》《白色巨人的大腿》《挽歌》等诗篇。在此笔者分析诗人这首成名作《穿过绿色茎管催动花朵的力》（1933），看其如何呈现他的"进程诗学"——人的生死演变与自然的四季交替，融为一体。

穿过绿色茎管催动花朵的力

穿过绿色茎管催动花朵的力
催动我绿色的年华；摧毁树根的力
摧毁我的一切。
我无言相告佝偻的玫瑰
一样的寒热压弯我的青春。

驱动流水穿透岩石的力
驱动我鲜红的血液；驱使溪口干涸的力
驱使我的血流枯荣。
我无言相告我的血脉
同是这张嘴怎样吮吸山涧的清泉。

搅动一泓池水旋转的手
搅动沙的流动；牵动风前行的手
扯动我尸布的风帆。
我无言相告绞死的人
我的泥土怎样制成刽子手的石灰。

时光之唇水蛭般吸附泉眼；
爱滴落又聚集，但洒落的血
定会抚慰她的伤痛。
我无言相告一个季候的风
时光怎样环绕星星滴答出一个天堂。

我无言相告情人的墓穴

我的床单怎样扭动一样的蠕虫。

　　诗人在首节迷恋的是宇宙万物的兴盛与衰败，生与死对立，相互撞击又相辅相成，自然的力，兼具宇宙间"创造"与"毁灭"的能量，控制着万物的生长与凋零，也控制着人类的生老病死。诗人在第二节微观审视人体的血液流动与地球的水气流动相契合，人体的脉管也是大地的溪流与矿脉；"mouthing streams"与其理解为三角洲的溪流，还不如理解为吮吸山涧清泉的"溪口"，或吮吸江河大川入海的"河口"，更与第四节的"时光之唇像水蛭吸附泉眼"相呼应，拟人化的"时光"从子宫中吮吸新的生命，或通过脐带吮吸子宫里的羊水滋养胚胎的生长；生死"洒落的血"抚慰爱的伤痛，自然的"力"被"时光"所主宰，无限的"时光"主导着大自然的交替，引领人类在生老病死过程中创造永恒的天堂。

　　全诗最值得注意的是诗人采用的双关语技巧，第一节第一行中的"fuse"，为植物梗茎的古体字，兼具"茎管；保险丝；雷管，信管，导火索"的多层语义；笔者沿袭巫宁坤教授的译法"茎管"。若"fuse"取"导火索"之义，在英汉两种语言存在"音步"上的落差，虽然从诗行的小语境推导含义，"导火索"与花朵"茎管"在符号意指相似性上均有关联，笔者最后还是舍弃"导火索"这一字面意义，而从作者意图层面去追寻内在本质上的"信度"；在句首采用"穿过"与句尾短促的"力"，来弥补"导火索"所蕴含的爆破力。译者可对作者意图进行相关因素的取舍，在翻译语境下顺应译语读者的期待，进行理想化的语境假设和语码选择。

第二节第三行中的"wax"（兴盛），又暗指蜡样的死尸，兼具生与死的"兴衰枯荣"的语义双关。第四行"vein"，兼具"静脉；矿脉，岩脉；叶脉"的多层语义，典出英国诗人多恩（John Donne, 1572—1631）的《哀歌》11"手镯"："As streams, like veins, run through th' earth's every part"（宛如溪流，仿佛脉管，流过大地的每个角落）。而第二行中出现的"mouthing streams"与其理解为三角洲的溪流，还不如理解为吮吸山涧清泉的"溪口"，或吮吸江河大川入海的"河口"，更让笔者联想到"polypus mouth"（入海口，水螅口），也与第四节首行中的"时光之唇水蛭般吸附泉眼"形成呼应；诗人在此用了"leech to"（用水蛭吸血）这样的医学用语：

> 时光之唇水蛭般吸附泉眼；
> 爱滴落又聚集。
> The lips of time leech to the fountain head；
> Love drops and gathers.

美国的研究者斯图尔德·克里恩提出至少5种分析的可能性：（1）婴儿的嘴唇水蛭般吮吸母亲的乳汁；（2）诗人的嘴唇——既是创造性的，同时也是易于腐朽的肉体——需要从灵感的源泉中不断汲取灵感；（3）时间本身——自然循环，像吸吮的嘴唇，也要周期性地返回"泉眼"——生命的源头进行有机的更迭；（4）象征男性欲望；（5）象征女性欲望[1]。"时

---

[1] Steward Crehan, The Lips of Time. eds. John Goodby and Chris Wigginton, New York: Palgrave, 2001, pp.52—53.

光之唇"从子宫中吮吸新的生命，或通过脐带吮吸水样的子宫来喂养胎盘的生长；生死"洒落的血"抚慰爱的伤痛，自然的"力"被拟人化转喻的"时光之唇"所主宰，无限的"时光"主导着大自然的交替，引领人类在生老病死过程中创造永恒的天堂。

> 我无言相告情人的墓穴
> 我的床单怎样扭动一样的蠕虫。
> And I am dumb to tell the lover's tomb
> How at my sheet goes the same crooked worm.

最后一对叠句中出现的"sheet"与"crooked worm"也均为双关语，前者一语双关为"床单"和书写的"纸页"，后者为墓穴里"扭动的蠕虫"和书写时"佝偻的手指"，当然也可联想为床笫之上"扭动的阴茎"；床单上扭动的无论是"蠕虫"，还是"阴茎"，均与首节中"佝偻的玫瑰"与"压弯的青春"一样透泄青春期强烈的肉欲以及一种肉欲难以满足的人性关怀。一再出现在前后四节及末节叠句中的"矛盾修辞法"句式"And I am dumb to tell"（我无言相告）颇有自嘲蠢笨的笔调。语言是人类掌控大自然的钥匙，而此刻哑然无语，值得我们自我警醒；荒谬的叙述者似乎在拒绝，却又承认无法表述自我对大自然的领悟，人类在自然的困境中依然持续。诗人要跳出自然类型诗的俗套，绝非要借助大自然的意象假模假样地寻求解决人生的困境。

此外，熟悉英汉诗歌的读者可能都会领略到两种语言结构之间的差异，例如，一二节英语句式将焦点"force"放在句首，汉语句式却将"力"的重心放在句尾，笔者无法也不必译出原有对等的句式，只能顺应译语语境下的句式。事实上，英诗中的音韵节律及一些特殊的修辞手法等均无法完全传译，在翻译中不得不"丢失"这些东西，但是绝不能丢失内在的节奏。笔者推崇诗人译诗，译诗为诗原则，就在于诗人译者往往可以重建一种汉译的节奏；例如，英诗格律中的音步在汉译中无法绝对重现，前辈诗人翻译家，如闻一多、卞之琳、查良铮、屠岸、飞白先生等，通过长期不懈的努力，在英诗汉译实践中找到一种"以顿代步"的权宜之计，并选择和原文音似的韵脚复制原诗格律。但是，此类诗歌翻译却容易滋生一种"易词凑韵""因韵害义""以形损意"的不良倾向，一般的译者常为凑足每一行的"音步"或行行达到同等数目的"音步"，让所谓的"格律"束缚诗歌翻译或创作的自由。

最新的语言学研究表明："汉语和英语的一个音步都有两个音节，汉语多音节复合词可分成两步或三步，采用自左向右划分双拍步（两音节一步）的右向音步，或采用考虑语法层次结构的循环音步。英语的音步有重音，都为左重，落在每步的第一音节；单音节的词一般为左重双拍步，第二拍为空拍……汉语的音步重音感觉不明显，但有声调可依；汉语双音节词（双字组）的音步节奏最好。"[1] 虽然汉语无法像英语那样以音节的轻重音，构建抑扬格或扬抑格等四种音步节奏，但元音丰富的汉语以"平、上、去、入"的四个声调，展现平仄起伏的诗句节奏。汉字有音、有形、有义，更能体现构词成韵灵活多变、构建诗行伸缩自如的先天优势。诗人译者不能机械地按字

---

[1]　端木三：《汉语的节奏》，《当代语言学》4，2004年，第203—209页。

数凑合"音步"，却应构建理想合理的汉译节奏，且要与任何不同的口语朗读节奏相契合；有时可能整整一个句子只能读作一组意群，并与另一组意群构成一种奇妙的关系[1]。

The force that through the green fuse drives the flower
Drives my green age; that blasts the roots of trees
Is my destroyer.
穿过｜绿色｜茎管｜催动｜花朵的｜力 –
催动｜我 –｜绿色的｜年华；｜摧毁｜树根的｜力 –
摧毁｜我的｜一切。

针对上述三行原文带"f/d"头韵面具的诗行，笔者采用"穿／催／摧；绿／力"营造头韵应对，阅读第一行时，我们只将它读作一组意群不停顿，符合"循环音步"原则；第二行分两组意群，第三行一组意群，其中第二行的"我 –"后面需加空拍，稍做停顿才能和谐相应，句尾单音节的"力"也为左重双拍步，其中第二拍是空拍。我们正因为将诗行看作是一组组意群，因此在阅读时感到内心是那么的轻松而紧凑。这就是汉译的节奏效果顺应了天然的内心节奏，一股自由之气在诗句中跃动。我们有理由相信新一代诗人译者能在汉译中不断创造出与英诗音韵节律等效、作用相仿的语言表达形式，做到译诗的节奏抑扬顿挫、起伏有致，意境相随。

当代汉语神经语言学的研究表明："在中文大脑词库的语

---

[1] 海岸：《诗人译诗　译诗为诗》，《中西诗歌翻译百年论集》，上海外语教育出版社，2007年，第697—706页。

义联系中，词与词的并列关系是各种联系中最为密切的一种，上下位关系的词语间联系也较为密切，但搭配关系的词语间的联系则不如英语词在大脑词库中显得强烈；在中文大脑词库的语音结构中，声母、韵母或声调相同的词语间的联系比较密切；而声调在中文大脑词库的联系中起着比较重要的作用，具有相关音位的词语在大脑词库的联系同样密切，而形体相近的词语间的联系也比较密切，在大脑词库中的存储相对接近。"[1] 像狄兰·托马斯这类天才诗人的血液之中常常融入一种与生俱来敏感力、构建力，他们在长期的诗歌创作中获得的一种文本节奏往往与此论述天然契合，诗艺高超的诗人翻译家绝不刻意，而是自为地运用声母、韵母、声调或形体相近的词语来营造汉语的节奏，其音韵节律应该"内化"到创作的无意识中，作为一项本能或素质支持他的写作与翻译，其笔下的文字才能涌动出一种不可言喻的音韵之美。

三、狄兰·托马斯与生俱来的宗教观

狄兰·托马斯出生于英国威尔士基督教新教家庭，小时候母亲常带着他去教堂做礼拜，虽然他并未成长为一位基督教徒，却从小熟读《圣经》，深受英王詹姆斯"钦定版圣经"（KJV[2]，1611）风格的影响，也成为他从意象出发构思谋篇、

---

[1]　杨亦鸣：《基于神经语言学的中文大脑词库初探》，《语言的神经机制与语言理论研究》，学林出版社，2003年，第20—21页。

[2]　KJV，即 King James Version（of the Bible）的缩写，英王詹姆斯"钦定版圣经"，1611。

构建音韵节律永不枯竭的源泉。他酷爱在教堂聆听牧师布道的声韵，喜欢把古老《圣经》里的意象写进他的诗篇，尤其喜欢琢磨词语的声音，沉浸词语的联想，却又不关注词的确切含义，使得他的诗集既为读者着迷，又很难为他们所理解；但他写的诗大都可以大声朗读，所以凡是进入耳朵里的每一个词都能激发听众的想象力，这和读者阅读文字去思索诗的确切含义的思维过程截然不同。这些词语是狄兰小时候在教堂里耳濡目染、大一点后从威尔士的歌手和说书人那里听来的。1951年他曾写道："有关挪亚、约拿、罗得、摩西、雅各、大卫、所罗门等一千多个伟人故事，我从小就已知晓；从威尔士布道讲坛滚落的伟大音韵节律早已打动了我的心，我从《约伯记》读到《传道书》，而《新约》故事早已成为我生命的一部分。"[1] 所以他的诗篇会不时地出现"亚当""夏娃""摩西""亚伦"等《圣经》人物，经文典故信手拈来，早已渗入他的血液。例如，他的巅峰之作《羊齿山》（1945）开篇出现的"苹果树"是童真的象征，指向伊甸园里的禁果，"苹果树下"典出《圣经·旧约·雅歌》8：5"苹果树下，我把你唤醒"，一种表达男女情爱的委婉语。首句"Now as I was"（此刻我重回）更是一种句法的悖论，糅合此刻与往昔的开场白，衔接起纯真年代逍遥、童真的美好，"幸福如青翠的青草"：

> 此刻我重回青春，悠然回到苹果树下，
> 身旁是欢快的小屋，幸福如青翠的青草。
> Now as I was young and easy under the apple

---

[1] Dylan Thomas, Poetic Manifesto, *Texas Quarterly* 4, Winter 1961, pp.45—53.

boughs

About the lilting house and happy as the grass was

green.

在《假如我被爱的抚摸撩得心醉》（1934）一诗中，"苹果"更是"青春与情欲"的象征，既是性欲觉醒后带来的无畏欢愉，也是伊甸园"原罪"引发"洪水"惩罚之源以及耶稣基督被钉死在十字架上的救赎：

我就不畏苹果，也不惧洪水，

更不怕春天里的恩仇。

I would not fear the apple nor the flood

Nor the bad blood of spring.

在《耳朵在塔楼听见》（*Ears in the Turrets Hear*，1934）一诗中，"葡萄"与"苹果"几乎是平行互换的，典出《圣经·旧约·雅歌》2：5里的女子相思成病："求你们给我葡萄增补我力，给我苹果畅快我心。"到了狄兰·托马斯笔下"是葡萄还是毒药"已引申为"是生还是死"的重大命题。

陌生人的手，船只的货舱，

你握住的是葡萄还是毒药？

Hands of the stranger and holds of the ships,

Hold you poison or grapes？

在《我看见夏日的男孩》（*I See the Boys of Summer*，1934）

中我们看到的是"满舱的苹果"（the cargoed apples），在《魔鬼化身》（*Incarnate Devil*，1935）中我们读到的是"蓄胡的苹果"（the bearded apple），更添几重性的诱惑，却在视为不洁的目光下归之"罪恶的形状"[1]。在基督教文化传统中，苹果树常与禁止采摘的智慧树联想在一起，更在某种程度上全因拉丁文武加大译本《圣经》中的"malum"（苹果）与"malus"（邪恶）之间存在语源上的联系。"栎树象征死亡，象征基督受难，也象征生命和希望；梨树象征情欲之爱，樱桃树则象征基督的道成肉身这一神迹，甚至连现代诗人狄兰·托马斯也都如此使用。"[2] 狄兰长大后尽管并未成为一位虔诚的基督徒，但他与生俱来的宗教思想贯穿他一生的创作，尤其基督教神学启示成为他深入思考宇宙万物的开始。

1934年他在首部诗集《诗十八首》中收录的《太初》（*In the Beginning*）典出《圣经》的首句，那是诗人呼应《圣经·旧约·创世记》写下的几节回声：生与死、黑暗与光明、混沌与有序、堕落与拯救，俨然成为一位造物主；而每一诗节里空气、大水、火苗、语言、大脑的起源却似乎阐述上帝"一言生光"的创世；尤其第四节首句"太初有言，那言"（In the beginning was the word, and the word）完整出自 KJV 英译本《圣经·新约·约翰福音》首句，和合本译为"太初有道"，实为"太初有言"："太初有言，那言与上帝同在，上帝就是那言。"（In the beginning was the Word, and the Word was with

---

[1]　戴维·莱尔·杰弗里著：《英语文学与圣经传统大词典》（上），APPLE，上海三联书店，2014年，第85页。

[2]　戴维·莱尔·杰弗里著：《英语文学与圣经传统大词典》（下），TREE，上海三联书店，2014年，第1326—1327页。

God, and the Word was God.）

> 太初有言，那言
> 出自光坚实的基座，
> 抽象了所有虚空的字母；
> 出自呼吸朦胧的基座，
> 那言涌现，向内心传译
> 生与死最初的字符。
> In the beginning was the word, the word
> That from the solid bases of the light
> Abstracted all the letters of the void;
> And from the cloudy bases of the breath
> The word flowed up, translating to the heart
> First characters of birth and death.

　　"太初有言，那言"也是《太初》这首诗的高潮，上帝"那言"要有光，就有了光，那言与上帝同在，那言就是上帝，"抽象了所有虚空的字母"，"呼吸"之间吐出"那言"，语言就此诞生；"那言"涌现最初的字符，就像狄兰的诗篇，一唇一音，一呼一吸，"向内心传译/生与死"。

　　他的诗让读者感知到无所不能的上帝和爱的力量所在，1952年狄兰·托马斯编定最后意欲留世的《诗集》时，在扉页的注解上标明"这些诗歌，以其全部的粗鲁、怀疑和困惑，热爱人类，赞美上帝"[1]，尤其晚期诗篇有回归上帝的倾向，但

---

[1]　Dylan Thomas, Note before *The Collected Poems 1934—1952*, London: J.M. Dent & Sons Ltd, 1953.

也无法逃脱那更可怕的死亡力量，且往往夹杂着非纯粹的基督教观点。例如，在《假如我被爱的抚摸撩得心醉》一诗的前四个诗节里，诗人一再以讽刺的笔调重复出现"假如我被爱的抚摸撩得心醉，我就不怕"的句式主导了生命的四个阶段——胚胎期、婴儿期、青春期、衰老期；然而"假如"的从句采用的是"虚拟语气"，与主句间也不存在严密的逻辑联系，故"我"不畏妊娠期先天的原罪、出生后婴儿的口欲，更不怕青春期的性欲挣扎以及随衰老疾病而至的死亡，就显得滑稽乃至悲凉。

> 何谓抚摸？是死亡的羽毛撩动神经？
> 是你的嘴、我的爱亲吻出的蓟花？
> 是我的耶稣基督戴上荆棘的树冠？
> 死亡的话语比他的尸体更干枯，
> 我喋喋不休的伤口印着你的毛发。
>
> And what's the rub？Death's feather on the
> nerve？
> Your mouth, my love, the thistle in the kiss？
> My Jack of Christ born thorny on the tree？
> The words of death are dryer than his stiff,
> My wordy wounds are printed with your hair.

此诗的末节先是借用古埃及《亡灵书》（*Book of the Dead*，公元前1375年）里"死亡的羽毛"的典故，描述引导亡灵之神（Anubis）把死者之心同一支鸵鸟的羽毛放到天平两端称重量；心可理解成良心，羽毛是真理与和谐之羽，代表

正义和秩序。如果良心重量小于等于羽毛，死者即可进入一个
往生乐土，否则就成为旁边蹲着的鳄头狮身怪的口中餐。诗人
继而融合圣诞节与复活节的生死及复活典故，"是我的耶稣基
督戴上荆棘的树冠？／死亡的话语比他的死尸更干枯"；诗人
更希望现实中他在伦敦的初恋情人帕梅拉更能撩动他的诗篇，
"是你的嘴、我的爱亲吻出的蓟花？／我喋喋不休的伤口印着
你的毛发"；至此，这一切——死亡、宗教和浪漫的爱情都不
能。诗人最终克服了原罪与恐惧，劝诫自己要为人类现实的
"隐喻"而写作，期盼写出撩人心醉的"死亡话语"：

> 我愿被抚摸撩得心醉，即：
> 男人是我的隐喻。
> I would be tickled by the rub that is:
> Man be my metaphor.

　　相比首部诗集《诗十八首》而言，第二部诗集《诗二十五
首》（1936）采用更多《圣经》里的基督教典故或隐喻，追问
自身的宗教信仰及疑惑；例如，在《这块我擘开的饼》（*The
Bread I Break*），宗教和自然相互缠结的诗意跃然纸上，虔诚
的基督徒自然会联想到圣餐上的"饼与杯"及其文化隐喻。自
然生长的"燕麦"和"葡萄"，变成圣餐里的"饼"和"酒"，
成了基督的身体与血，也成了诗人的身体与血，创造与毁灭蕴
含悖论式的快乐与忧伤。"人击毁了太阳，摧垮了风"，"风"
既是创造者，也是毁灭者，更是毁灭的受害者；其次，圣餐
更具有象征意义，耶稣基督在"最后的晚餐"献上自己的肉身，
却颇富悖论地为众生带来一种永生；为了制作"无酵饼"，酿

出"葡萄酒";"燕麦"的果实被"收割","葡萄的欢乐"被"捣毁",基督徒从中看到的是基督教信仰中原罪的苦难和忧伤,期待"一起喝新酒的那一天",最终迎来上帝的救赎与恩典:

> 你擘开的肉质,你放流的血
> 在脉管里忧伤,
> 燕麦和葡萄
> 曾是天生肉感的根茎和液汁;
> 你饮尽我的酒,你擘开我的饼。
> This flesh you break, this blood you let
> Make desolation in the vein,
> Were oat and grape
> Born of the sensual root and sap;
> My wine you drink, my bread you snap.

诗集《诗二十五首》(1936)中《今天,这条虫》(*Today, This Insect*)的主题是介于宗教信仰与虚拟故事之间的诗性思索。《魔鬼化身》(*Incarnate Devil*)的主角既指向毁灭性的撒旦,也指向救赎的耶稣,表达出诗人双重的宗教观。这可能与诗人的"托马斯"家族中一位德高望重的叔公——牧师诗人威廉·托马斯(笔名戈威利姆·马尔勒斯)有关。狄兰的叔公是一位信仰基督教神格一位论派(Unitarianism)的诗人,该派的教义与基督教三位一体教义存在明显的差异,他们只信仰上帝是宇宙间存在的基本力量,不信仰三位一体、原罪、神迹、童贞生子、永坠地狱、预定和《圣经》的绝对真理等教义,也排斥赎罪的教义,那就意味着耶稣不是上帝的儿子,也非神圣的,除非是带有隐喻性的意味,而狄兰·托马斯在诗歌中表现出的反传统习俗观念走得更远；基督教在他眼里就是一种宗教的想象，耶稣象征着潜在的人类，最后的审判代表着的人的死亡及再进入大自然的进程。写于1934—1935年圣诞节前后的《薄暮下的祭坛》（*Altarwise by owl-light*）里的耶稣缠结狄兰·托马斯自身的传奇；那是狄兰笔下一组十节最晦涩的叙事诗：

> 薄暮下的祭坛，中途歇脚的客栈，
> 绅士憋着怒火朝向墓穴躺下：
> Altarwise by owl-light in the halfway-house
> The gentleman lay graveward with his furies:
>
> ——（1）
>
> 死亡隐喻一切，打造一段历史；
> 早晚吃奶的孩子迅速成长，
> Death is all metaphors, shape in one history；
> The child that sucketh long is shooting up,
>
> ——（2）

耶稣基督面向祭坛十字架降生，创立一种基督教体系；天堂与地狱之间是尘世，也是"子宫"趋向"墓穴"的生死"客栈"。狄兰的十节十四行诗是反向的准彼特拉克式的，每节诗前一部分由两段三行诗组成，后一部分由两段四行诗组成，原文押韵格式为 abc bac abab cdcd，选译的前（1—2）节叙述耶稣基督的诞生与婴儿期的生死主题；随后回溯与追溯（3）耶稣的前身（4）圣殿里的追问（5）斋戒（6）讲道（7）主祷文（8）耶稣受难（9）埋葬（10）福音书；当然也是夹杂诗人自传色彩的大力神赫拉克勒斯（Hercules）的传奇故事。1934年10月狄兰·托马斯曾就应《新诗》杂志的"问卷"答道："叙事是必不可少的，当今许多平庸、抽象的诗没有叙事的变化，几乎毫无点滴叙事变化，结果了无生机。每一首诗都必须有一条渐渐发展的走向或主题，一首诗越发主观，叙事线就越发清晰。从广义上讲，叙事必须满足艾略特谈到'意义'时所强调的'读者的一个习惯'，让叙事依照读者的一种逻辑习惯渐渐发展开来，诗的本质就自会对读者起作用。"[1]

收录于诗文集《爱的地图》（1939）中的一首《是罪人的尘埃之舌鸣响丧钟》（It is the Sinner's Dust-tongued Bell）是一场宗教的黑色弥撒，交织着水、火、性的创造与毁灭的主题，也可以看出狄兰·托马斯的宗教观显然融入他所推崇的"过程哲学"，时而体现"创造与毁灭的力"已赋予了神性，诗句中那些"时光""溪流""霜雪"显然带有某种不可抗拒的宗教色彩。他迷恋于信仰，更迷恋于对信仰的修辞表达。收录于诗集《死亡与入场》（1946）中的《拒绝哀悼死于伦敦大火中的孩子》（A Refusal to Mourn the Death, by Fire, of a Child，1944）更是一首伟大的葬礼弥撒曲，沿袭双关语、矛盾修辞法、跳韵的诗写风格，起首"Never until"引导长达13行的回旋句法错综复杂，拒绝哀悼一个女孩死于1944年一次空袭所致的伦敦大火，哀悼"这个孩子庄严而壮烈的死亡"，似乎要净化二战期间在人们心灵中弥漫的绝望情绪。创世或末世的"黑暗"宣告最后一缕光的"破晓"或"破灭"，既是开始，又是结束，苦涩的绝望中蕴含希望的尊严。"锡安天国""犹太教堂"和"披麻蒙灰"等出自犹太教的字眼更带给自然元素的"水珠""玉蜀黍穗"和"种子"神性的圣洁。尽管诗人一再"拒绝哀悼"，

---

[1] Dylan Thomas, Replies to an Enquiry, *New Verse*, 11, Oct. 1934, pp.8—9.

笔下写出的却是一出神圣的挽歌：

> 泰晤士河拒绝哀悼的河水
> 悄悄地奔流。
> 第一次死亡之后，死亡从此不再。
> Secret by the unmourning water
> Of the riding Thames.
> After the first death, there is no other.

《处女成婚》（*On the Marriage of a Virgin*）更是一首融基督教精神与异教徒爱欲为一体的玄学诗，诗人笔下的"sun"（太阳）谐音"Son"（圣子），蕴含"耶稣基督降生"的圣经故事；"饼和鱼"蕴含"五饼二鱼"的圣经故事；加利利——以色列最大的淡水湖，素有耶稣第二故乡之称，留有"五饼二鱼""耶稣在湖面行走"的圣迹；"鸽子"指的是"圣灵"，象征天使报喜、爱心与和平：

> 今日的太阳从她大腿间跃上天空
> 童贞古老又神奇，像饼和鱼，
> 瞬间的圣迹虽然只是不灭的闪电
> 留有足迹的加利利船坞掩藏一大群鸽子。
> And this day's sun leapt up the sky out of her
> thighs
> Was miraculous virginity old as loaves and fishes,
> Though the moment of a miracle is unending
> lightning

And the shipyards of Galilee's footprints hide a
navy of doves.

　　《愿景与祈祷》（*Vision and Prayer*）是由十二节组成的两
组各六节的玄学派具象诗或透过文字本身的字形或排列组合图
案的视觉诗。这种带有特殊视觉效果的诗篇，呈现出一幅幅栩
栩如生的直观画面，让读者去揣摩、玩味其中的匠心独运。本
书选译的首节祭坛型和末节圣杯型，指向《圣经·新约·启示
录》最后审判日的祈祷与天国的愿景，祭坛型借基督的"胚胎
诗"暗喻诗人的诞生，此处引用末节圣杯型则是一篇祈祷文，
诗中出现的太阳与圣子音义双关，指向基督：

我翻到了祈祷文一角在太阳突然
降临的祝福声中燃尽了自己
以你那被诅咒者的名义
我想转身跑入隐地
但轰鸣的太阳
施洗命名
天空
我
终于
为人发现
哟让他烫伤我
溺我于世界的伤口
闪电回应我的哭喊之声
此刻我的声音在他手心燃烧
我迷失炫目咆哮的太阳结束祈祷

I turn the corner of prayer and burn

In a blessing of the sudden

Sun. In the name of the damned

I would turn back and run

To the hidden land

But the loud sun

Christens down

The sky.

I

Am found.

O let him

Scald me and drown

Me in his world's wound.

His lightning answers my

Cry. My voice burns in his hand.

Now I am lost in the blinding

One. The sun roars at the prayer's end.

四、狄兰·托马斯的超现实主义诗风

20世纪30年代，英美诗坛及知识界陶醉于艾略特和奥登的理性世界，狄兰·托马斯却一反英国现代诗那种苛刻的理性色彩，撒播一种哥特式野蛮怪诞的力量去表现普通人潜在的人性感受，其非凡的诗艺掀开了英美诗歌史上新的一页。他的诗歌围绕生、欲、死三大主题，夹杂宗教文化的典故，超现实主义诗风粗犷而热烈，音韵充满活力而不失严谨。他笔下的诗带有强烈的节奏和密集的意象以超常规的排列方式繁殖，冲击惯于分析思维的英国诗歌传统，其肆意设置的密集意象，像细胞一样有丝分裂或核裂变，既相互依存又相互毁灭，表现自然的生长力和人性的律动。他在1938年3月23日写给诗友亨利·特里斯（Henry Treece）一封信中写道："一首诗的中心往往由一串意象自身激发。我制造一个意象——虽然'制造'不是一个恰当的词，我却让一个意象在我内心情感上'被制造'，随后用之于我所拥有的才智力与判断力——任其繁殖另一个意象，由此与第一个意象产生矛盾，从而制造第三个、第四个意象，并让它们在预设的范围内相互冲突；一个意象内存毁灭的种子，就我的理解而言，我论证的方法就是逐步地创造并破坏源自种子意象的意象。"[1] 例如，写于1935年描写情人幽会及离别时引发忧伤心境的《忧伤袭来前》（*A Grief Ago*）完整地呈现诗人"进程诗学"的"生死爱欲"：

> 铅灰花苞，在我眼线揿动下，
>
> 射穿枝叶绽放，
>
> 她是缠绕在亚伦魔杖上的
>
> 玫瑰，掷向瘟疫，
>
> 青蛙一身的水珠和触角
>
> 在一旁垒了窝。
>
> Wrenched by my fingerman, the leaden bud
>
> Shot through the leaf,
>
> Was who was folded on the rod the aaron

---

[1] Dylan Thomas, *The Collected Letters*. ed. Paul Ferns, London: Dent, 2000, p.328.

Rose cast to plague,

The horn and ball of water on the frog

Housed in the side.

　　"花苞，在我眼线拽动下"，射穿枝叶般的处女膜绽放，那是《当恋人从初次狂热趋向烦扰》（1934）中的"万千意念吮吸一朵花蕾／仿佛分叉我的眼神"，也是《假如我被爱的抚摸撩得心醉》（1934）中的"烟雾缠绕花蕾，击中她的眼神"，变幻出万千"诱惑"；"魔杖"般的阴茎像蛇一样变为一朵玫瑰，掷下蛙胎成灾，诗节典出《圣经·旧约·创世记》——摩西之兄亚伦，执掌权杖替摩西话语，其权杖能发芽开花，更能行奇事，在埃及法老面前变作蛇或伸杖于埃及江河之上能引发蛙灾、蝗灾、瘟疫等，其蕴含基督教内涵的一连串意象与前面情人交媾的意象格格不入，相辅相成的冲突，制造出超现实主义的"魔力"。

　　狄兰·托马斯前期作品大多晦涩难懂，后期的作品更清晰明快，尽管某些细节仍然令人疑惑不解；然而，其作品的晦涩与不解并非由于结构的松散与模糊，而是因其超现实主义诗风所致。分析狄兰·托马斯诗风的成因，一定绕不过弗洛伊德（Sigmund Freud，1856—1939）思想和20世纪20年代风靡欧洲的超现实主义运动。当时这一思潮席卷西方文学、艺术、文化领域，对颇具浪漫主义情怀的狄兰产生颠覆性的影响，尤其关于潜意识、性欲及梦的解析渐渐成为他诗歌的背景或题材。1943年他回答伦敦《新诗》杂志"是否受到过弗洛伊德的影响"时给出肯定的回答："是的，任何隐藏的一切总会暴露，一旦被剥离黑暗就会干净，剥开黑暗即为净化。诗歌记录个人剥离黑暗的过程，必然将光投向隐藏太久的东西，就此净化赤裸裸暴露的东西。弗洛伊德将光投向一些他所暴露的黑暗，有利于看清了光，了解隐藏起来的本相，诗歌必定比弗洛伊德所能认识到的更深入地进入光所净化的本相并了解到更多隐藏的缘由。"[1]

　　狄兰·托马斯认为超现实主义艺术家既不满足于现实主义笔下描述的世界，也不满意印象主义画笔下想象的世界。他们要跳入潜意识的大海，不借助逻辑或理性来挖掘意识表面下的意象，而借助非逻辑或非理性化为笔下的色彩与文字；他们确信四分之三的意识为潜意识，艺术家的职责在于从潜意识中收集创作的材料，而非局限于潜意识海洋露出的冰山一角。超现实主义诗人常用的一大手法就是并置那些不存在理性关联的词语或意象，希望从中获得一种潜意识的梦境或诗意，远比意识中的现实或想象的理性世界更为真实。发表于1934年的《光破晓不见阳光的地方》末节"当逻辑消亡"就已显示他写作的倾向，或许也是读者解读他诗歌的关键：

　　　　当逻辑消亡，
　　　　泥土的秘密透过目光生长，
　　　　血在阳光下暴涨；
　　　　黎明停摆在荒地之上。
　　　　When logics die,
　　　　The secret of the soil grows through the eye,
　　　　And blood jumps in the sun；
　　　　Above the waste allotments the dawn halts.

---

[1]　Dylan Thomas, Replies to an Enquiry, *New Verse*, 11, Oct. 1934, pp.8—9.

狄兰·托马斯尽管从主体上接纳了超现实主义的诗歌理念，但并非全然接受。1951 年他曾写道："我不在乎一首诗的意象从何处打捞而来：如果你喜欢，就可从隐藏自我的大海最深处打捞它们，但是在抵达稿子之前，它们必须经过才智所有理性的加工；另一方面，超现实主义者却将从混沌中浮现出来的词句原封不动地记录到稿子上；它们并不修整这些词语或按一定的秩序加以整理，在他们看来，混沌即形式和秩序。这对我而言似乎太过自以为是，超现实主义者想象无论从潜意识自我中捞出什么，就以颜料或文字记录下来，本质上就存在一定的趣味或一定的价值。我否定这一点。诗人的一大技艺在于让人理解潜意识中可能浮现的东西并加以清晰地表达；才智的一大重要作用就在于从潜意识杂乱无章的意象中选取那些最符合他想象目标的东西，并写出他最好的诗篇。"[1]

　　在狄兰·托马斯"进程诗学"的另一首名篇《时光，像一座奔跑的坟墓》(*When, Like a Running Grave*, 1934) 里，死亡不是时间的终结，而是一种生命的奔跑，一种逃离追捕的奔跑；此刻，死亡只是时光的一部分，绝非是时光的所有。诗人在这首诗歌中阐述了他特有的时间观念，生命是时光的受害者，青春与衰老、快乐与哀伤相依相随，生死循环；爱的拥抱竟然是一把死神的"镰刀"，一把缝制生命的"命运之剪"；然而，要想逃避死亡的追捕，永享时光的美好，唯有逃避时间，回到人类堕落前的生存，藏匿于伊甸园——一种"永生"的叙述。首句"时光，像一座奔跑的坟墓，一路追寻你"，导入一种实验性的分层复句结构，不少于 30 个开放式从句，

---

[1]　Dylan Thomas, Poetic Manifesto, *Texas Quarterly* 4, 1961, pp.45—53.

有些只是一个单词，延伸达25行之久，整整5个诗节，每节5行，持续地发出"传递"时光主题的请求，而这种连续从属的独立分句延迟"传递"动作的实施，破坏了正常的句法，尽显现代主义诗歌的碎片化而显晦涩难解，一种现代主义空间错位手法更使这首诗因诗义的流动而趋于不稳定。此句诗也常被认作狄兰·托马斯超现实主义诗风最佳的例子：

时光，像一座奔跑的坟墓，一路追捕你，

你安然的拥抱是一把毛发的镰刀，

爱换好装缓缓地穿过屋子，

上了裸露的楼梯，灵车里的斑鸠，

被拽向穹顶，

When, like a running grave, time tracks you down,

Your calm and cuddled is a scythe of hairs,

Love in her gear is slowly through the house,

Up naked stairs, a turtle in a hearse,

Hauled to the dome,

像一把剪刀，偷偷靠近裁缝的岁月，

向羞怯部落中的我

传递比死尸陷阱更赤裸的爱，

剥夺狡诈的口舌，他的卷尺

剥夺寸寸肉骨，

Comes, like a scissors stalking, tailor age,

Deliver me who, timid in my tribe,

Of love am barer than Cadaver's trap

Robbed of the foxy tongue, his footed tape
Of the bone inch,

我的主人，传递我的大脑和心脏，
蜡烛样的死尸之心消瘦，
手铲搏动的血，随严密的时光
驱动孩子们成长，仿佛青肿袭上拇指，
从处女膜到龟头，
Deliver me, my masters, head and heart,
Heart of Cadaver's candle waxes thin,
When blood, spade-handed, and the logic time
Drive children up like bruises to the thumb,
From maid and head,

因着周日，面对阴囊的护套，
童贞和女猎手，男子的眼神昏暗，
我，那时光的夹克或冰外套，
也许无法扎紧
紧身墓穴里的处女 O，
For, sunday faced, with dusters in my glove,
Chaste and the chaser, man with the cockshut eye,
I, that time's jacket or the coat of ice
May fail to fasten with a virgin o
In the straight grave,

我用力跨过死尸的国度，

时光，像一座奔跑的坟墓

讨教的主人在墓石上敲打

血之绝望密码，信任处女的黏液，

我在阉人间逗留，裤裆和脸上

留下硝石的污迹。

Stride through Cadaver's country in my force,

My pickbrain masters morsing on the stone

Despair of blood, faith in the maiden's slime,

Halt among eunuchs, and the nitric stain

On fork and face.

拉丁词源解剖词汇的"Cadaver"（死尸），作为全诗主导性意象，在前五节出现三次——"死尸陷阱""死尸之心""死尸的国度"，在后五节又出现三次——"飞机棚里的死尸""死尸／抽发亚当的芽胚"及"快乐死尸的饥饿"，开启一场死尸暴君"大脑"和皇后"心"之间的辩论时刻，长句也从"你"转向"我"，既略显谨慎又伤感闪烁，分享人类的困境直至命运的走向；复杂的长句之后，短句带来一种戏剧性释放，羞怯的男孩"我"与"死尸"渐渐成长，在爱和性的怀抱、疾病和死亡的国度里相生相随。时光绝非愚蠢的傻瓜，"时光的追捕／终成死亡的灰烬"。

值得注意的是此诗第四节末句的"a virgin o"（处女 O），指的是处女膜，一种极端的词语游戏，隐含处女的荣耀无关紧要，与第三节末句的谐音双关语"maidenhead"（处女膜）构成呼应的文字游戏。第二节首句中的"tailor"（裁缝），恰如希腊神话中的命运之神，蕴含"创造"与"毁灭"的能力，拥有一把"命运之剪"，量体裁衣，缝制生命之衣，隐喻掌控生死的能力，也让笔者想起《二十四年》（*Twenty-four Years*，1938）一诗中的裁缝胎儿蹲伏在自然之门，既要刺破胎衣踏上人生之程，又要"缝制一件上路的裹尸布"走向死亡：

> 我像一位裁缝蹲伏在自然之门的腹股沟
> 借着食肉的太阳光
> 缝制一件上路的裹尸布。
> In the groin of the natural doorway I crouched like
>   a tailor
> Sewing a shroud for a journey
> By the light of the meat-eating sun.

更让笔者想起《从前》（*Once Below a Time*，1939）一诗中的"裁缝"，一种超现实主义方式的表达：

> 我惊扰就座的裁缝，
> 我回拨钟表面对裁缝，
> I astounded the sitting tailors,
> I set back the clock faced tailors,

沿袭《时光，像一座奔跑的坟墓》这种碎片化句法结构的一首无韵素体诗《布谷鸟月份的古老时分》（*Hold Hard, these Ancient Minutes*，1935），不时出现跳韵、谐韵、半谐韵来突破五音步的节律，串起"时光"这一主题，在布谷鸟鸣叫的四月狩猎在威尔士及英格兰的风景——巨石起伏的山丘、绿林遮掩的原野、礁岩嶙峋的海岬。诗人借助"古老时分"追忆往昔的岁月，想象自己与"时光"一道骑上马背，化作乡间的"骑手"或"猎手"，与伙伴们一起从"下悬的南方"，越过"格拉摩根山丘"，一路紧随"乡间孩子"，从布谷鸟的春天，进入乡村绿林的"童话世界"，一起"嬉戏在夏天"；威尔士"弹起四弦的山丘"与英格兰的"号角"相得益彰，回荡在空旷的海岬上空；然而，四月是最残忍的季节，起伏的巨石开裂，摔下"猎手和紧握的希望"，猩红的大地拖着一尾血迹，一只猎鹰掠过，鸟群随之落下：

> 布谷鸟月份的古老时分，攥紧时光的驱动，
> 在格拉摩根山第四座瘦长的塔楼下，
> 翠绿的花朵一路争相开放；
> 时光，化作塔楼里的骑手，像位乡下人，
> 身后跟着猎犬，跨过追猎道上的栏杆，
> 驱动我的伙伴，我的孩子，打自下悬的南方。
>
> Hold hard, these ancient minutes in the cuckoo's
>   month,
> Under the lank, fourth folly on Glamorgan's hill,
> As the green blooms ride upward, to the drive of
>   time;
> Time, in a folly's rider, like a county man
> Over the vault of ridings with his hound at heel,
> Drives forth my men, my children, from the
>   hanging south.

诗人狄兰·托马斯早在1933年就已发表，却收录在第二

部诗集《诗二十五首》（1936）里的《而死亡也一统不了天下》是一首融合泛神论与天启派视野、音韵节律的诗歌。诗题揭开生死的主题，在三段式诗节的首尾以叠句的方式一再出现，似乎在不断提醒《圣经·新约·罗马书》6：9 上帝里的允诺：

　　　　而死亡也一统不了天下。
　　　　海鸥也许不再在耳畔啼叫，
　　　　波涛也不会汹涌地拍打海岸；
　　　　花开花落处也许不再有花朵
　　　　迎着风雨昂首挺立；
　　　　尽管他们发了疯，僵死如钉，
　　　　那些人的头颅却会穿越雏菊靳露；
　　　　闯入太阳，直到太阳陨落，
　　　　而死亡也一统不了天下。

　　　　And death shall have no dominion.
　　　　No more may gulls cry at their ears
　　　　Or waves break loud on the seashores;
　　　　Where blew a flower may a flower no more
　　　　Lift its head to the blows of the rain;
　　　　Though they be mad and dead as nails,
　　　　Heads of the characters hammer through daisies;
　　　　Break in the sun till the sun breaks down,
　　　　And death shall have no dominion.

　　天启圣言传递死里复活的永生淹没了泛神论死后自然永恒轮回的安慰，无论是体现基督信仰，还是体现泛神论的观念，肉体虽死，但灵魂不灭。诗句在表现狄兰·托马斯信仰的雄辩时，也传递另一种难以相容的矛盾，"信仰会在他们手中折断，/独角兽之恶也会刺穿他们"，颇为预示性地开启了现代主义诗歌似是而非地言说永生主题的超现实主义方式。

此节最后笔者还想谈谈狄兰·托马斯的超现实主义喻体，以诗中第三节后半段源自习语的一个明喻"dead as nail"（僵死如钉）和一个隐喻"hammer through daisies"（穿越雏菊崭露）为例，消除读者的误读。前者"dead as nail"显然仿自习语"dead as doornail"（彻底死了；直挺挺地死了），后者死去的头颅"hammer through daisies"，仿自习语"pushing up the daisies"（入土；长眠地下）。它们都是诗人狄兰·托马斯化陈腐为神奇的诗性创造，绝非反常用词，或对语词的有意误用，而是语义不断更新的结果。比喻实则包含两级指称，即字面上的指称和隐含的指称。当诗人说"（as）dead as nail"，自然不是说"彻底死去"，而是道出一种"僵死如钉"的心态；当诗人说出"hammer through daisies"，表示死去的头颅不会随撒落的雏菊"入土长眠"，而是要像锤打一番用力"穿越雏菊崭露"或者说复活开放，继而拥有了一种神奇的力量，"闯入太阳，直到太阳陨落"。诗人狄兰·托马斯在他的诗歌中创造大量的超现实隐喻，在那些词语之间、字面与隐喻的解读间产生某种张力，陈述的新义就是通过这种张力不断激发出来；有些隐喻显然不是通过创造新词来创造新意义，而是通过违反语词的习惯用法来创造新义；这些隐喻对新义的创造是在瞬间完成的，活的隐喻也只有在不断的运用中才有可能。西方批评家早就注意到狄兰·托马斯这种"翻新陈词滥调"（refurbished cliché）手法，美国研究者克拉克·埃默里（Clark Emery）曾列表说明诗人狄兰·托马斯这类的表达：

> shall fall awake（行将醒来）
>
> skull of state（国家首脑）
>
> jaw for news（扯谈消息）
>
> tooth and tail（齿尾）
>
> five and country senses（天生的五官）
>
> dressed to die（盛装而死）
>
> stations of the breath（生灵呼吸的驿站）
>
> sins and days（有罪的日子）
>
> the pyre yet to be lighted（有待点燃的柴堆）
>
> up to his tears（忙得流泪）
>
> the quick of the night（夜里的生者）
>
> near and fire（就近之火）
>
> garden of wilderness（荒野花园）
>
> once below a time（从前）
>
> the nick of love（爱的豁口）
>
> happy as the grass was green（幸福如青翠的青草）
>
> the sparrows hail（麻雀致意）[1]

美国的研究者威廉·格林韦（William Greenway）认为狄兰·托马斯的《穿过绿色茎管催动花朵的力》第三节的前三行诗翻新自谚语："那只推动摇篮的手掌控世界"（The hand that

---

[1] Clark Emery, *The World of Dylan Thomas*, Coral Gables: University of Miami Press, 1962, p.25.

rocks the cradle rules the world）：[1]

> 搅动一泓池水旋转的手
> 搅动沙的流动；牵动风前行的手
> 扯动我的尸布风帆。
> The hand that whirls the water in the pool
> Stirs the quicksand；that ropes the blowing wind
> Hauls my shroud sail.

另一首《那只签署文件的手》（*The Hand that Signed the Paper*）一诗有两节首行，也是采用同样的手法：

> 那只签署文件的手毁灭一座城市；
> The hand that signed the paper felled a city；

> 那只签署条约的手孕育一场热病
> The hand that signed the treaty bred a fever

法国思想家保罗·利科（Paul Ricoeur，1913—2005）在《活的隐喻》（*La Métaphore Vive*，1975）一书中曾说过："重新激活死的隐喻就是对去词化的积极实施，它相当于重新创造隐喻，因而也相当于重新创造隐喻的意义，作家们通过各种十分协调的高超技巧——对形式形象比喻的同义词进行替换，

---

[1] William Greenway, *The Poetry of Personality—The Poetic Diction of Dylan Thomas*, Introduction, e-book, Lanham: Lexington Books, 2015, p.931.

补充更新隐喻，等等——来实现这一目标。"[1] 就某种意义而言，词典上的隐喻都是死的隐喻而不是活的隐喻，恰当地使用隐喻是人的天才能力的表征，它反映了人发现相似性的能力。诗人的一个重要素质就是懂得恰当地使用隐喻，世界上读诗、写诗的人很多，一般人能懂得恰当地使用隐喻就已经很不错了；但天才的诗人很少，因为只有少数人才具有创造超现实隐喻的能力，而狄兰·托马斯就是其中少数的天才诗人。对于诗歌译者而言，隐喻是语言之谜的核心；隐喻既是理解和解释的桥梁，也是理解和解释的障碍。隐喻可以解释但无法确切解释，因为隐喻不但体现并维持语词的张力，而且不断创造新意义；隐喻扩大了语词的意义空间，也扩大了诗人的想象空间。[2]

五、狄兰·托马斯诗歌的音韵节律

我梦见自身的诞生

睡出一身汗，我梦见自身的诞生，突破
旋转的卵壳，壮如
钻头一般的运动肌，穿越
幻象和腿股的神经。

---

[1]　保罗·利科（Paul Ricoeur）著，汪堂家译：《活的隐喻》，上海译文出版社，2004年，第406页。

[2]　海岸：《诗人译诗　译诗为诗》，《中西诗歌翻译百年论集》，外语教育出版社，2007年，第697—706页。

从蠕虫屈身丈量的肢体，曳步
离开皱巴巴肉身，列队
穿过草丛所有的铁，锉亮
夜色撩人的光金属。

承接流淌爱液的滚烫脉管，昂贵
是骨骼的生灵，我
环绕代代相传的地球，低速
驶过夜间打扮入时的人。

我梦见自身的诞生再次死去，弹片
击中行进的心，洞穿
缝合的伤和凝结的风，死亡
堵住吞入毒气的嘴。

恰逢第二次死亡，我标识山岗，收获
毒芹和叶片，锈了
我尸身上回火的血，迫使
我再次从草丛奋发。

我的诞生赋予感染的力，骨骼
再次生长，赤裸的
亡灵又一次穿上新衣。再次
受难的痛吐出男儿气概。

死去一身汗，我梦见自身的诞生，两次

坠入滋养的大海，直至

亚当一身汗渍发了臭，梦见

新人活力，我去追寻太阳。

诗人狄兰·托马斯一生创造性地使用音韵节律，像一位凯尔特吟游诗人在诗行间的词语上煞费苦心，乐此不疲，倾其所能运用各种语词手段——双关语、混成语、俚语、隐喻、转喻、提喻、悖论、矛盾修辞法以及辅音韵脚、叠韵、跳韵、谐音造词法及词语的扭曲、回旋、捏造与创新——以超现实主义的方式掀开英美诗歌史上新的篇章。这首《我梦见自身的诞生》(*I Dreamed my Genesis*, 1934)沿袭狄兰"进程诗学"的生死爱欲主题，基于威尔士诗歌的节律，实验性地以音节数分布音韵节律，诗节原文韵脚押 a a a b，除最后一节押 a a a a，却打破常规地押辅音，七个诗节依大致押"n l y（i）l s d（t）n"。

两年前开始写作《狄兰·托马斯翻译与批评》书稿时，笔者曾写邮件向冯象先生请教希伯来诗律问题，探讨希伯来诗律是否对狄兰·托马斯诗歌有过影响，他认为"英语和闪语语系不同，几乎无法还原音律和节奏，狄兰·托马斯大概还是受英译钦定本《圣经》的影响，而非希伯来诗歌的启示，他的诗歌节律更多留有中古威尔士歌手的文化印记"。故而，笔者在研读《圣经》同时，关注凯尔特文化，尤其是威尔士诗律。

威尔士诗歌自古带有一种神秘宗教感，虽然欧洲凯尔特文化中的吟游诗人早在中世纪末就衰落了，但是在威尔士地区留存的艾斯特福德诗歌音乐节（Eisteddfod），至今还流行一种结构严谨、韵式精巧的音乐，伴有便于记忆的叠句朗诵，保存威尔士语一种复杂的头韵与韵脚体系"和韵"（Cynghanedd），例如，威尔士诗律之灵魂的七音诗（cywydd）谐音律。"Cynghanedd（和韵）在威尔士语中原义'和谐'，在诗歌中即为诗行间元音辅音偕同配置模式，主要分为三类：押多头韵和韵、押头韵和行内韵响亮和韵和只押行内韵和韵。"[1] 后经爱尔兰都柏林高等研究院邱方哲博士后研究员证实，目前学界普遍关注的威尔士语"和韵"分为四种：

> "交叉和韵"（cynghanedd groes）：前半行内每一重读音节周围辅音在后半行内必须重复，不押元音韵。
> "跨越和韵"（cynghanedd draws）：与前一种不同之处在于后半行有一个或数个音节不参与和韵。
> "元音和韵"（cynghanedd sain）：一行分三部分，前两部分押尾韵，后两部分押"交叉和韵"
> "拖拽和韵"（cynghanedd lusg）：前半行最后一音节与后半行倒数第二音节押尾韵。

追溯14世纪南威尔士诗歌的黄金时期，那时曾出现过一位对威尔士诗歌持续影响两百年之久的伟大诗人戴维兹·阿普·戈威利姆（Dafydd ap Gwilym，约1320—1370），展示出威尔士诗歌从未有过的简约风格、人性化表述以及对大自然的真切感受，并将爱情诗的地位提升到超越各种颂扬体诗文的新台阶，也为后来者狄兰·托马斯开启诸如《羊齿山》之类的自然与爱情抒情诗模式。诗人戈威利姆最大的贡献就是将威尔士

---

[1] John Ackerman, *Dylan Thomas: His Life and Work,* London: Oxford University Press, 1964, p.123.

语"cywydd"格律——一种苛求辅音和谐配置的复杂和韵格律，丝毫不留转译余地的七音节押韵对句，诗行押头韵和行内韵，句末分别以阴阳性结尾——发展到一个前所未有的高度，并在15世纪的威尔士达到巅峰，后来随着威尔士语及威尔士文化阶层的衰落，渐渐淹没在16世纪流行的自然流露情感的英诗大潮下，却依然在狄兰·托马斯的诗歌中留下清晰可寻的印迹。实际上，《我梦见自身的诞生》及他的《我的技艺或沉郁的诗艺》等都是源自威尔士语诗律中的七音（节）诗谐音律的典范：

> I labour by singing light
>
> Not for ambition or bread
>
> Or the strut and trade of charms
>
> On the ivory stages
>
> But for the common wages
>
> Of their most secret heart.
>
> 我在吟唱的灯光下辛劳
>
> 不为抱负或面包
>
> 或为在象牙台上
>
> 招摇并兜售魅力
>
> 却为内心最深处
>
> 极其普通的回报。
>
> ——《我的技艺或沉郁的诗艺》

当然，狄兰·托马斯也写过极其严苛的固定韵式，例如，以法国16世纪严谨的维拉内拉（Villanelle）诗体——一种结构优美的19行双韵韵体诗，写出《不要温顺地走进那个良宵》

和《挽歌》（残片）永留史册：

Do not go gentle into that good night,

Old age should burn and rave at close of day;

Rage, rage against the dying of the light.

不要温顺地走进那个良宵，

老年在日暮之时应当燃烧与咆哮；

怒斥，怒斥光明的消亡。

——《不要温顺地走进那个良宵》

Too proud to die, broken and blind he died

The darkest way, and did not turn away,

A cold, kind man brave in his burning pride

傲然不屑死去，失明而心碎地死去

以最黑暗的方式，不再转身

一位冷峻勇敢的善良人，极度孤傲

——《挽歌》

狄兰·托马斯，这位只会说英文的盎格鲁－威尔士诗人自有其独特的直觉感悟力，设计出等值的英文诗句，复制出与威尔士语相似的音韵效果。上述那首《我梦见自身的诞生》大体上由12音节、7音节、10音节、8音节诗行构成的7个诗节28行，遵循依稀可辨识的威尔士诗律模式，每行诗句强行转行，尤其最后一个单词或短语跨行连续，模仿出威尔士音韵节律的乐感效果。在某种意义上威尔士对狄兰·托马斯而言只是一个家乡的概念，但他诗句的乐感、元音辅音相互缠结的效果、奔放华丽的词汇以及奇特智慧的修辞均无可置疑地体现威尔士游吟诗人的风格。诗人那色彩斑斓、联想独特、节奏分明的诗歌，配上他深沉浑厚、抑扬顿挫的音色极富魅力，令他后来赴美的四次巡回诗歌朗诵获得空前的成功。

这首诗前后呈现两大生死爱欲的梦境：前三个诗节叙述受孕和诞生的梦境，后三个诗节叙述死亡与重生的梦境，最后一个诗节是充满希望的复活。然而，生死的周期总交织着分娩的阵痛、性幻想和灭绝，正如美国研究者发现，"狄兰·托马斯许多诗描述梦境，或根据弗洛伊德的《梦的解析》来构思，通过浓缩、转移、象征等手法来创作" [1]，而此诗刻意跨行的句式及生死的主题显然借自于艾略特（T.S. Eliot，1888—1965）《荒原》（1922）的开篇：

> 四月是最残忍的月份，哺育着
> 丁香，在死去的土地里，混合着
> 记忆和欲望，拨动着
> 沉闷的春芽，在一阵阵春雨里。
> April is the cruellest month, breeding
> Lilacs out of the dead land, mixing
> Memory and desire, stirring
> Dull roots with spring rain.
>
> （裘小龙 译）

---

[1] William York Tindall, *A Reader's Guide to Dylan Thomas,* Introduction, New York: Syracuse University Press, 1996, p.9.

睡出一身汗，我梦见自身的起源，突破

转动的卵壳，壮如

钻头一般的运动肌，穿越

幻象和腿股的神经。

I dreamed my genesis in sweat of sleep, breaking

Through the rotating shell, strong

As motor muscle on the drill, driving

Through vision and the girdered nerve.

这首诗前三节是典型的狄兰式神经传导与机械装置相互交融的超现实主义诗节，首节想必是一场艳梦，叙述者大汗淋漓，"我梦见自身的诞生"，回到子宫受孕的那一刻，也回到《创世记》，回到原罪的"蠕虫"丈量一番亚当的肢体，回到宇宙、生命、文明的起源，即这首诗的灵魂所在。首节可见到头韵／行内韵交叉出现，第一／二行发出"丝丝作响"（sweat of sleep/shell, strong）的头韵，第三行依稀从梦境（dream）中听到"d"头韵（drill, driving）的回响。第二／四行，甚至在下节第三行重复出现"through"，一再让读者感受到"壮如钻头"的力量，足以"突破／转动的卵壳"，"穿越／幻象和腿股的神经"，无论是要突入一个女性世界，抑或突破一种心理的障碍。

从蠕虫屈身丈量的肢体，曳步

离开皱巴巴肉身，列队

穿过草丛里所有的铁，锉亮

夜色撩人的光金属。

From limbs that had the measure of the worm, shuffled

Off from the creasing flesh, filed

Through all the irons in the grass, metal

Of suns in the man-melting night.

　　第二节首行由"From"发动的"f/m"头韵继而在诗行内回旋（shuffled / Off from…flesh, filed /…metal /…man-melting），带头韵的双关语"file"，既能"列队 / 穿过"草丛，也能"锉亮"草丛里的铁；跳韵的"man-melting night"仿佛就是一座熔炉，一个夜色撩人的造人子宫，抑或葬人的墓穴，实谓一次穿越"金属"的艰难诞生。而此节的"flesh"（肉身）与"grass"（草），典出《圣经·以赛亚书》40：6"那肉身皆草，美颜似野花"（All flesh is grass, and all the goodiness thereof is as the flower of the field）。在狄兰笔下，动植物、矿脉和血脉都是有机一体的，有时令读者难解，唯有透过他的"进程诗学"才能解析其中的奥秘。随后的"我"，一个高贵的诗人诞生，脉管承接爱情的热血，环绕代代相传的地球，低速驶过夜间堕落的人类，一代代历经生死的交替。

　　后三节是"第二次死亡"与重生的梦境，似乎与"一战""二战"相关，生于1914年的狄兰·托马斯，恰逢弥漫死亡的第一次世界大战；1933年希特勒上台，第二次世界大战终将无法避免，那就是狄兰心目中的"第二次死亡"，具象可感的战争体验何等残忍，"我梦见自身的诞生再次死去，弹片 / 击中行进的心，洞穿"

縫合的伤和凝结的风，死亡

封住吞入毒气的嘴。

In the stitched wound and clotted wind, muzzled

Death on the mouth that ate the gas.

一种典型的古英语诗律，押头韵"w/m"、谐行内韵"wound...wind，muzzled/...mouth"。第二次死亡，另一层意义指向性衰竭与灭绝，因打从伊丽莎白时代起，"死亡"在英文里就蕴含"性"的双关语义，当然也有神学的意味，典出《圣经·新约·启示录》20：14里的"第二遍死"，参见《拒绝哀悼死于伦敦大火中的孩子》一诗末句的解读。下一节出现的"毒芹和叶片"，让诗行回到"肉身皆草"，迫使"我"在草丛中奋发，"我尸身上回火的血"，勃起触发生机，骨骼再次生长，穿上新衣的亡灵再次"吐出男儿的气概"。

死去一身汗，我梦见自身的诞生，两次

坠入滋养的大海，直至

亚当一身汗渍发了臭，梦见

新人活力，我去追寻太阳。

I dreamed my genesis in sweat of death, fallen

Twice in the feeding sea, grown

Stale of Adam's brine until, vision

Of new man strength, I seek the sun.

末节描写死后重生，叙述者大汗淋漓，"我梦见自身的诞生"，第二次"坠入滋养的大海"复活，无论那是子宫滋养的羊水，还是《圣经·创世记》里的亚当子孙，"一身汗渍发了臭"，旧的不去，新的不来，"我"要与第一次世界大战后成长起来的"新人"，一起"去追寻太阳"，无论透出凯尔特文化的破晓之光，还是圣子基督带来的神学之光。

狄兰·托马斯的最后一首诗，即编完《诗集（1934—1952）》后两个月写成的《序诗》，模仿艾略特《荒原》的碎片化、非延续性、混合型错位，探索性地设立了一种繁复的"英雄双韵体"变体韵式。1952年11月10日他在写给朋友博兹曼（E.E. Bozman）信中说，这首序诗的诗体形式源自中古威尔士诗歌及法国普罗旺斯诗体的实验，"我似乎好傻，竟然为自己设立了一个很富挑战的技术活：序诗分上下两阕，各为51行诗句，韵式正好相反，上阕首句与下阕末句押韵，第二句与倒数第二句押韵，以此类推"[1]，直到全诗102行中间两行第51句与第52句押韵，成为最后的对句：

> This day winding down now
> At God speeded summer's end
> In the torrent salmon sun,
> …
> Sheep white hollow farms
> 此刻白昼随风而落
> 上帝加速了夏日的消亡
> 在喷涌的肉色阳光下，
> ……

---

[1]　Dylan Thomas, *The Collected Letters*. Ed. Paul Ferns, London: Dent, 2000, p.351.

白羊遍野的空旷牧草地

To Wales in my arms.
…
My ark sings in the sun
At God speeded summer's end
And the flood flowers now.

抵达我怀抱里的威尔士。

……

我的方舟唱响在阳光下，

上帝加速了夏日的消亡

此刻洪水盛开如花。

　　大洪水、方舟、特殊的平行体句式……自然地让人联想到《圣经·旧约·创世纪》（6：10—9：19）里的大洪水图式，颇具《圣经》希伯来语诗律的平行体特色：上一句与下一句的对应，但不讲究押韵和音步，前后形式和意义却关联呼应，像我们的对联，上联跟下联讲的是一件事情，往往上一句为启，下一句为应，表达一个整体的思想，但后一句似乎更为重要；只有完全了解与掌握平行体的性质，才能更好地了解整节诗的内容，更明白地理解整首诗的意义。准确地说，狄兰·托马斯是受英译钦定本《圣经》的影响，而非希伯来诗歌的启示，早期希伯来诗歌并不强调押韵，狄兰·托马斯的诗歌韵律更多留有中古威尔士游吟诗人的文化印记。

　　纵观狄兰·托马斯一生创作的200多首诗歌，从某种意义上讲，他"既不是一位读来令人发晕的浪漫主义诗人，也不是一位玄学派意象诗人，而是一位善用隐喻等复杂诗歌技巧，创造一种赞美仪式的诗人"[1]。他所涉猎的诗歌音韵节律大多归为三类：第一类是早期传统的英诗诗律——从斯温伯恩（Algernon Swinburne）或梅瑞迪斯（George Meredith）诗行渐进至严苛的维拉内拉（Villanelle）诗体；然而，早在"笔记本诗钞"时期，他就已开始写自由体诗歌，也并非随意写下诗行，而是写作另一类合乎呼吸起伏的"韵律诗"；第三类当然是综合运用包括全韵、半韵、半谐韵和头韵在内的混合型"交叉韵"，尤其喜欢霍普金斯式"仿自正常说话节奏"的"跳韵"。狄兰·托马斯的好友丹尼尔·琼斯在1993年去世前修订完《狄兰·托马斯诗歌》（2003，美国新方向版）后，书末一篇《诗歌韵式札记》做出过一个概括性的总结："尽管狄兰·托马斯从未彻底放弃基于轻重音的英诗格律韵式传统，但在后期明显用得少了，除非用来写讽刺诗或应景诗；最后他只在写严肃题材的诗歌时，才运用基于音节数而非有规律的轻重音格律韵式；有一段时间他实验性创作自由诗，即从英诗韵式格律中，至少从某种韵式中解放出来。"[2]

记得20世纪80年代初，笔者最初读到的五首狄兰·托马斯诗歌（巫宁坤译）是在杭州大学书店里买到的《外国现代派作品集》（第二册）。后来诗人傅浩从浙江衢州寄来狄兰·托马斯英文诗集，即诗人生前选定意欲留世的90首《诗集（1934—1952）》，那时笔者已到了上海，在完成研究生学业之余选译第一稿，再由傅浩兄译出第二稿，后由诗人鲁萌译出第三稿。在《国际诗坛》（第4辑，1988）发表了一辑"狄兰·托马斯

[1] David Daiches, *The Poetry of Dylan Thomas, The English Journal,* Vol. 43, No.7, 1954, pp.349—356.

[2] Daniel Jones, A Note on Verse-Patterns, *The Poems of Dylan Thomas,* New York: New Directions, 2003, p.279.

诗选"后，译稿又回到我的手里，一搁就是十余年，其间适逢我大病一场，我也就断断续续修订了十余年，期间我曾两度面临死亡，也正是从狄兰·托马斯生死主题的诗篇中汲取战胜疾病、战胜死亡的无穷力量。2002年，河北教育出版社推出《20世纪世界诗歌译丛》，第一辑收入我们翻译的《狄兰·托马斯诗选》，就是基于诗人狄兰·托马斯生前选定的《诗集》，但其中《薄暮下的祭坛》、《愿景与祈祷》、《长腿诱饵谣曲》（*Ballad of the Long-legged Bait*）等过于晦涩未能全部译出。近年来，狄兰·托马斯的诗歌愈加受到读者的喜欢，尤其是青年读者的喜欢。2014年初北京外语教学与研究出版社以英汉对照形式推出了笔者精选的《狄兰·托马斯诗选》，2015年末人民文学出版社推出笔者修订的《不要温顺地走进那个良宵——狄兰·托马斯诗选》，在此一并感谢；同时感谢上海基督教"好果园"家庭教会的朋友邀我在2015年春节假期一起踏上赴以色列的朝圣之旅，得以修订不少与《圣经》相关的诗句及译注。也感谢英国威尔士班戈大学在2016年春节假期遣派一位博士生于金权同学来沪采访，了解狄兰·托马斯诗歌在汉语世界中的传播与接受，并带来世界各地狄兰诗歌研究出版的资讯，激励笔者推出这本《时光，像一座奔跑的坟墓——狄兰·托马斯诗歌翻译与批评》，同时也调整部分译句，以飨读者。

2017年12月30日

跳跃法在诗歌翻译中的运用

徐英才*

一、什么是跳跃法

跳跃法来自英语的 disjunction 一词。何为 disjunction？假如你不熟悉这个词，可以从 conjunction 一词着手去了解它。我们都知道，conjunction 一词可以用来表示"连接""相关"等含义。因此，disjunction 一词可以用来表示"非连接"这个含义。所谓"非连接"，指的是在两个意念中有一个断裂。因为断裂，意念上就产生了一个跳跃。Disjunction 的词典义是"断开的行为或者断开的状态（the act of disjoining or the state of being disjoined）"。当然，这只是该词的词典义。由于这个词表示"非连接"，在英语里，它常被用来表示写作中的一种修辞手法，特别是诗歌写作中的一种修辞手法。作为诗歌写作中的一种修辞手法，詹姆斯－伦根巴克（James Longenbach）在他的《诗歌的抗力》（*The Resistance to Poetry*）一书里是这样定义它的："从一个语义、话题、比喻的层面跳跃到另一个。"

---

* 　徐英才，美国德保大学语言学习中心主任。

（the leap from one semantic, discursive, or figurative plane to another.）为了叙述的方便，我们在下面一律采用"跳跃法"的汉译来表示这种修辞手法。

正是这种断裂和跳跃的特性，很多诗人在诗歌创作中喜欢使用这种手法。这种手法，能给读者一种突然的、出乎意料的感觉，给他们一个想象的空间。这正像《虚拟世界》（The Virtual World）网刊在总结詹姆斯－伦根巴克的《诗歌的抗力》一书里的《跳跃的形式》（The Forms of Disjunction）一文时所说的那样："跳跃法……对诗歌创作来说，是至关重要的，甚至必不可少的，因为作为读者，我们希望感到一点短暂的震惊，困惑，迷茫；我们喜欢动一下脑筋，把空缺的填补上去，把断裂的连接起来。"（Disjunction…is crucial, even essential, to poetry. As readers, we want to be astonished, bewitched, confused for a moment, and to have to work a little to fill in what's missing, to make our own connections.）

为了说明问题，我们来举几个例子。当然，最著名的例子莫过于美国诗人庞德（Ezra Pound, 1885—1972）的两行短诗《在地铁站》（In a Station of the Metro）。短诗是这样写的：

The apparition of these faces in the crowd,
petals on a wet, black bough.

人群中晃动的脸庞，
黑湿树枝上的花瓣。

乍读这两行短诗，你仿佛觉得上下两行之间好像并没有什么联系。正是这种没有联系的断裂，给你一种突然的、出乎意料的感觉，令你深思，令你遐想。思考后，你会隐隐约约地体会到，这两行短诗之间有一种比喻关系：原来，诗人是把那些晃动着的脸庞比作湿漉漉的花瓣。这时，你的思绪就会从"脸庞"跳跃到"花瓣"上，脑海里就会出现"脸庞"与"花瓣"通感关系。

除了从一个意念跳跃到另一个意念，或者从一个意象跳跃到另一个意象，有时候，整个诗节，乃至整首诗都是为这个跳跃而做准备的，而进行铺垫的，而积蓄力量的。我们且来看看下面这首著名的英语儿歌。

Row, row, row your boat,
Gently down the stream,
Merrily, merrily, merrily, merrily,
Life is but a dream.

划呀，划呀，划你的船，
慢慢顺着小河沿，
欢乐啊，欢乐啊，欢乐，
人生不过梦一个。

这首儿歌虽然简单易懂，但它运用了两个明显的诗歌创作手法：一个是行文模拟了划船的节奏——"划呀，划呀，划你的船"，"欢乐啊，欢乐啊，欢乐"；另一个就是跳跃法。整首儿歌，截至最后一行前，都是在说孩子们如何欢快地划船。到了最后一行，在意念上，突然跳跃到人生的总结："人生不过梦一个"。这个跳跃给了我们很多想象的空间。我们会思考：
童年确实非常快乐，但人生就像划着船在前行，总有一天我们
都会西去，一切都如梦一样。

　　除了从一个意念或者意象跳跃到另一个意念或者意象，从
一组意念或者意象跳跃到一个结句外，诗人有时还会在诗中
用破折号的方法来取得这个跳跃的效果。美国著名诗人狄更
生（Emily Dickinson，1830—1886）就常常采用这种方法。
她的著名诗歌《香精油——产自挤榨》（*Essential Oils—are
wrung—*）就是一个典型的例子。

Essential Oils—are wrung—
The Attar from the Rose
Be not expressed by Suns—alone—
It is the gift of Screws—

The General Rose—decay—
But this—in Lady's Drawer
Make Summer—When the Lady lie
In Ceaseless Rosemary—

香精油——产自挤榨——
玫瑰油来自玫瑰花
并非阳光所赐——仅仅
而是螺丝的馈赠啊——

玫瑰花——总会腐化——

可是它——在抽屉里呀

夏意盎然——即便女主已经躺下

久久散发迷迭之香——

　　不难看出，狄更生喜欢用破折号来表现这种跳跃。诗歌开篇第一句，她就在"香精油"后用了一个破折号，给人一种意念突然断裂的感觉："香精油"怎么了？在破折号给出的停顿后，她接着说"产自挤榨"。试想一下，如果我们拿掉这个破折号，把这个句子改成"香精油产自挤榨"，这种突然中断然后跳跃的感觉就荡然无存了。该诗中其他破折号的作用，也在于此。

　　必须提及的是，跳跃法后来被广泛运用到英语的俳句创作中。所谓俳句（Haiku），也叫连歌，源于15世纪日本的一种诗歌，其实来源于中国汉诗的绝句，是由多个作家共同创作的诗。它由十七个音节组成，第一行为五个音节、第二行为七个音节、第三行又回到五个音节。这三行十七音节的诗本来是个"发句"，让对诗的人连接成完整的一首诗歌。后来前三行就单独发展成短小的俳句。

　　俳句短小精悍，格调高雅，流传到美国后，成了很多诗人中炙手可热的创作形式，上面引用的庞德《在火车站》就是其中著名的一首。俳句在美国流传至今，虽然仍然常常被写成三行，但已经不局限于17个音节，而是以17音节为最高上限，一般都是13、14个音节。但现代美国的俳句，常常要有一个"跳跃"，没有这种跳跃，常常就不被视作俳句。俳句短小精悍，重在形象的塑造。我来举两个例子。

　　比如亚历克西斯－凯－罗泰拉（Alexis Kaye Rotella）的

一首俳句：

Against his coat
I brush my lips—
the silence of snowflakes

在他外衣上
我蹭着我的嘴唇
无声的雪花

　　这首俳句曾获得1983年俳句文学博物馆的年度奖
（Museum of Haiku Literature Awards）。诗歌的最后一行"无
声的雪花"就是采用跳跃法写成的。这里有两个形象，第一个
是"嘴唇在衣服上磨蹭"，第二个是"雪花无声地飘落"。这
第一个"嘴唇在衣服上磨蹭"的形象突然跳到第二个"雪花无
声地飘落"的形象，让你想象与填补这两个形象之间的联系。
　　又比如彼得－杜彭赛拉（Peter Duppenthaler）的一首俳句：

falling leaves
day by day
the house grows brighter

落叶
日日夜夜
屋子亮起来

这首俳句曾获得1992年俳句文学博物馆的年度奖。它的最后一句也用跳跃法写成。诗里也有两个形象，一个是"叶子日日夜夜地下落"，另一个是"屋子越来越亮堂"。读完整首诗，你不由地不想象：夏天的时候，该有多么茂盛、多么繁多的叶子才能遮住整个房子啊。

需要指出的是，跳跃法常用破折号，同位语，以及碎片法（fragments）写成。所谓"碎片法"，就是指语法上说的"独立成分（independent element）"，比如庞德《在火车站》里的 The apparition of these faces in the crowd 和 petals on a wet, black bough 各自都是一个独立成分，克西斯－凯－罗泰拉的 the silence of snowflakes 也是一个独立成分。当然，跳跃法也可以用完整的句式写成，比如那首儿歌中的 Life is but a dream 就是一个完整的句式，又比如彼得-杜彭赛拉的 the house grows brighter 也是一个完整的句式。我们在用独立成分来表达跳跃的时候要格外小心，不然容易造成逻辑上的失联。下文会谈及这个问题。

二、跳跃法在诗歌翻译中的运用

翻译中，我们当然可以运用跳跃法。跳跃法用得好，能给人一种意念或形象上突然一跃的感觉，给人意味深长的遐想；跳跃法用得好，会使平缓的行文节奏，突然起伏加快，会使妮喃的叙述，突然显得铿锵有力。但是，用得好的跳跃法，应该是一种自然形成的、水到渠成的结果；意念或形象之间虽然断裂了，但它们具有内在的、逻辑的联系，即要藕断丝连。跳跃法如果用得不好，轻则给人佶屈聱牙、牵强附会的感觉，重则使人如坠云雾，不知所云。所以，在运用跳跃法时，特别是在运用由独立成分写成的跳跃法时，一定要注意它的合法性，不能出现语言暴力，不能不顾上下文是否允许而霸王硬上弓。

上文的几个例子，跳跃法都用得极其自然。比如庞德《在火车站》里的两行诗文 The apparition of these faces in the crowd / petals on a wet, black bough 用得就很合理，因为这两行诗存在一种内在联系。这里的两个独立成分，可被看作 The apparition of these faces in the crowd（is the）petals on a wet, black bough，是一个省略了 be 动词的暗喻（metaphor）。其汉语译文也是合理的，因为"人群中晃动的脸庞／黑湿树枝上的花瓣"，也可被看作"人群中晃动的脸庞（像）黑湿树枝上的花瓣"，也是一个省略了"像"的比喻。这种跳跃法，是句子本身的语法结构所允许的。两个意象之间虽然断裂了，但藕断丝连的逻辑关系还在。又比如亚历克西斯 – 凯 – 罗泰拉的俳句 Against his coat / I brush my lips— / the silence of snowflakes。其中的 silence of snowflakes 是对上文的总结，或者更准确地说，是对上文形象的再塑。这两个意象是相等的。其汉语译文"在他外衣上／我蹭着我的嘴唇／无声的雪花"，也是合理的，理由相同："无声的雪花"是对"在他外衣上／我蹭着我的嘴唇"的总结或者意象再塑。运用跳跃法的乐趣，就在于要找到这种关系。一旦找到了这种关系，我们就能写出一个漂亮的跳跃。但其危险，也正来自于此。有时我们并没有找到这种关系，却硬把两个含义或者意象凑在一起，那就只能使人如坠云雾，读不明白了。

采用独立成分的语法结构来表现跳跃时，如果句式本身不允许，突然就来一个跳跃，把两个在意念上或者形象上毫无关系的东西凑在一起，轻则给人无根之木，无基之厦的感觉；重则让人无所适从，难以读懂。在使用独立成分来表现跳跃时，无论你是从一个意念或者形象还是一组意念或者形象跳跃到另一个意念或者形象上去，句法本身必须允许这种跳跃，两个意念或者形象之间必须要有藕断丝连的逻辑关系，不然就不能采用这种跳跃法。这就像詹姆斯－伦根巴克在他的《诗歌的抗力》一书里引用奥登（Auden）文字时所说的那样："风险在于……'混乱的、毫无逻辑关系的跳跃。它被随意取来，只能造成疑惑不解，造成为了突然而突然的效果，到最后，只能使读者的大脑疲惫不堪'。"（The danger...was that of 'confusing authentic non-logical relations which arouse wonder with accidental ones which arouse mere surprise and in the end fatigue.'）

另外，从辩证的角度来说，世界上任何事情都是两方面的，有其利，必有其弊。跳跃法用得好，固然有很多好处，但不能多用。用多了，就会像蚂蚱跳步一样，给人东一脚，西一步，没有章法的感觉；跳跃法用多了，文字就处于不断的晃动中，会失去变化之美、节奏之美、韵律之美；跳跃法用多了，容易使读者的大脑疲劳，使他们不愿在散沙中继续行走下去。这种弊端，正像《虚拟世界》网刊在总结詹姆斯－伦根巴克的《诗歌的抗力》一书里《跳跃的形式》一文时所说的那样："问题在于，当一首诗到处都是跳跃时……，你找不到行文的来龙去脉，除了感到疲劳，枯燥，你根本无法感到有什么突然，有什么疑惑，有什么神秘。"（The problem is when a poem is all disjunction...Where you can't make heads or tails of anything in it. Instead of a sense of surprise or wonder or mystery, all you feel reading it is weariness, boredom.）所以，跳跃法要用得少而精，要在必要处使用，要在有了足够的铺垫与准备后，在力量积蓄到了爆发点的时候偶尔来一个。这样，它才会给人水到渠成、自然形成的感觉；它才能使人体会到那种愉快的跳跃，给人充满遐想的空间。

最后，不论汉语还是英语诗歌里，都会不时出现运用跳跃法所写的句式，但由于汉英语言各自不同的特点，这并不等于说我们就非得采用对等的方法来进行翻译。这也就是说，汉语诗歌里有跳跃法的地方，英译时不一定就非得采用跳跃法；汉语诗歌里没有跳跃法的地方，英译时也不一定非得不用跳跃法。汉译英如此，英译汉也亦然。是否需要采用跳跃法来翻译，主要看上下文在该处是否需要一个跳跃，是否需要给读者一个突然，是否需要让读者去想象。有这种需要，不论原文在该处是否用了跳跃法，我们完全可以采用这种手法去翻译。就拿杜甫的《江碧鸟逾白》前两个诗行来举例：

> 江碧鸟逾白，
> 山青花欲燃。

这里的"江碧"与"鸟逾白"以及"山青"与"花欲燃"在各自的两个形象与意念之间都有一个跳跃：把它们还原成无跳跃的句式就是，"江碧（了才显得）鸟逾白"，"山青（了才能显得）花欲燃"。但这首诗，我们英译时，最好不要依样画葫芦，也采用跳跃法，把它们译成：Water blue, birds snow-white / Mountains verdant, flowers ablaze。虽然懂英语的中国读者读这两句英译时，由于受汉语惯性思维的影响，仍然会产生合法跳跃的感觉，但其实，在英语里，water blue 跟 birds snow-white 以及 mountains verdant 跟 flowers ablaze 各自都是平行关系，而不是因果关系。平行关系是英语里一个常用的修辞手法。为了文字清晰，逻辑平行，英语里常常采用这种修辞法。因此，英语为母语的读者在读到这样的译文时，常会把它们看作平行关系，而不是因果关系。他们或许也能隐隐约约地读出一些什么来，但理解是肤浅的，印象是浅薄的。这样的跳跃一旦用多了，读者就会如坠云雾，不知译文所云。所以，在这里，我们最好采用传统的手法，用点明两者之间因果关系的方法来译：

O'er the blue water, birds appear snow-white;
On verdant mountains, flowers seem ablaze.

这第二种译法显然比第一种译法更能给读者留下深刻的印象。汉语是一种模糊语言，很多含义都在不言中；而英语则是一种逻辑语言，很多逻辑关系都必须挑明。采用跳跃法的目的，就是要给读者加深印象，若达不到这个效果，那就舍而弃之。

又如李煜的《帘外雨潺潺》：

帘外雨潺潺，
春意阑珊。
罗衾不耐五更寒。
梦里不知身是客，

一晌贪欢。

独自莫凭栏，
无限江山，
别时容易见时难。
流水落花春去也，
天上人间。

这首词的最后一行"天上人间"，也是用跳跃法写成的。事实上，整首诗都是在为这个最后一行做跳跃准备，无论诗人是写"春意如何阑珊"，还是"秋气如何萧瑟"；无论诗人是写"独自一人凭栏"还是感叹"落花流水去"，都是为了感慨"天上人间"这个两重天，感慨他如何从唐朝最后的君主沦为阶下囚。我们在翻译最后这句诗时，最好不要用独立成分的语法结构把它译成 Heaven to earth。这样译，读者会读不出它跟整首诗的关系。如果我们把它译作 What a fall，heaven to earth，用感叹式 What a fall 来连接上下文，效果会好得多。

As the rain patters outside the drapes，
Away the sense of spring fades.
Although my silk quilt can't defy the cold of dawn,
Only in dreams, unaware I'm a detained guest,
Can I for life have the zest.

Alone, I shouldn't lean on the railings,

From where my land is stretching,

Which is easy to leave, but hard to return to.

Blossom falls, water flows, and spring elapses;

What a fall, heaven to earth!

上面所举的两个例子，都是用来说明原诗带有跳跃，而英译弃而不用的情况。但是，有的时候，原诗某处并不是用跳跃法写成的，而我们却完全可以用跳跃法来翻译。采用了跳跃法，形成一个断裂，让读者去想象，这反而会使断裂处的关系显得更加密切。比如苏轼的《六月二十七日望湖楼醉书》里的前两行：

黑云翻墨未遮山，
白雨跳珠乱入船。

Dark clouds—spilled ink— darken the hills
    partially,
White raindrops—fallen pearls—on the boats
    bounce high.

译文用破折号引出同位语 spilled ink 和 fallen pearls，从 dark clouds 到 spilled ink 之间以及从 white raindrops 到 fallen pearls 之间各自形成一个跳跃，给读者以想象的空间。这个跳跃是合理的，因为它们之间有比喻与被比的关系。如果我们把这两行诗文改译成：

> Like spilled ink, dark clouds darken the hills
>   partially,
> Like pearls, white raindrops bounce high on the
>   boats.

　　这种跳跃感就荡然无存、消失殆尽了，也就不如原译铿锵有力了。

三、结语

　　总之，翻译中，我们有时可以采用跳跃法，或用一个破折号，或用一个同位语，或用一个独立成分，或用一个单句，在意念与意念之间，在意象与意象之间，做一个断裂，形成一个跳跃，引起想象，让落句更铿锵有力。但是，使用跳跃法要有节制，不能多用。多则给人以蚂蚱跳步，凌乱无章的感觉。行文，还是要以行云流水，流利通畅为主。有了行云流水的基础，有了前文的铺垫，积蓄了力量，在必要处来个跳跃，甚至用独立结构来表现这个跳跃。这样的跳跃，才会给人水到渠成的感觉，才会来得像万里行云里突然出现了一个短暂的暴风骤雨，才会来得像涓涓流淌的河流中突然出现了一个激流湍急；这样的跳跃，才能使行文的节奏分明，起伏有变。简而言之，才会自然，才会浑然。俗话说，人法地，地发天，天法自然，自然法道。其实还是要以自然为美，要以道为美。什么是自然？自然就是无为而无不为。你特意用力，就会适得其反。你在行云流水中，水到渠成地来一个跳跃，就会铿锵有力。什么是道？道就是一统，也就是浑然一体。纵观著名诗人写的诗，无论他们多么善用跳跃法，他们的大多数作品，都还是连贯成句的，浑然一体的。他们在行云流水中求变化。这种变化，才会津津有味，回味无穷。

用翻译之光照亮另一个文本

——耶稣会士马若瑟《诗经》八篇法译解析

蒋向艳 *

法国耶稣会士马若瑟（Joseph de Prémare, 1666—1736）在华传教期间，曾法译《诗经》八首，初次发表在法国耶稣会士杜赫德（Jean-Baptiste Du Halde, 1674—1743）编纂的《中华帝国全志》[1]上，1735 年在巴黎出版。这是马若瑟在世时在欧洲正式发表的极为有限的法语作品之一（另一个重要作品是元杂剧纪君祥《赵氏孤儿》法译本，同样收在《中华帝国全志》）。目前学界对马若瑟《赵氏孤儿》法译本的研究已经比较

---

* 蒋向艳，华东师范大学对外汉语学院副教授，从事比较文学、中法文学关系和海外汉学的研究。著有《程抱一的唐诗翻译和唐诗研究》（2008）和《唐诗在法国的译介和研究》（2016）。

[1] 杜赫德从未来过中国，《中华帝国全志》是他根据在华传教士关于中国的著述编纂而成，出版后成为欧洲人了解中国的一部"百科全书"，影响极大。有三个版本：1735 年的巴黎版，1736 年 La Hare 版本和 1738 年的伦敦版。作者所参版本为 *Déscription Géographique, historique, chronologique, politique et phisique de I'Empire de la Chine et de la Tartarie Chinoise*，La Hare, 1736。八首诗见卷二（Tome Second），第 308—317 页，收于比利时鲁汶大学毛利茨萨贝图书馆。

充分 [1]，但对这八首《诗经》法译文，研究成果比较少 [2]。

马若瑟所翻译的《诗经》八首分别是《周颂·敬之》《周颂·天作》《大雅·皇矣》《大雅·抑》《大雅·瞻卬》《小雅·正月》《大雅·板》和《大雅·荡》。其中五首诗选自《大雅》，两首选自《周颂》，一首选自《小雅》，选自《国风》的则一首也没有。本文试从翻译学和阐释学的角度出发，对这八首《诗经》的原文和法译文进行对照分析，探讨马若瑟如何以基督教神学的原理阐述和翻译了这八首诗。阐释学认为，文本的意义须通过解释者的阐释才能彰显给读者，而翻译者就是这样的阐释者。伽达默尔说："翻译始终是解释的过程。" [3] "所有翻译者都是解释者。" [4] 他甚至将原文视为有生命的存在，这一存在物与译者之间形成对话，译文就是原文本与译者进行对话的结果 [5]。在译者与原文本之间的这场对话中，原文与译者各自的文化背景不可避免地投射到译本中，译者的主动性也在译文中一一彰显。这八首《诗经》诗篇的作者并非同一人，却由同一名译者翻译，在译诗的选择、排列顺序、主题的判定、译词

---

[1] 主要研究成果包括较早期的陈受颐：《十八世纪欧洲文学里的赵氏孤儿》，《岭南学报》1929年第一卷第一期，第114—146页；范希衡：《伏尔泰和纪君祥——〈中国孤儿〉研究》（*VOLTAIR ET TSI KIUN-TSIANG—ETUDE SUR L'ORPHLIN DE.LA CHINE*），比利时鲁汶大学拉丁语系文学博士学位论文，1932；孟华：《伏尔泰与孔子》，新华出版社，1993年。

[2] 主要研究论文有刘琳娟：《视域选择与审美转向——18、19世纪〈诗经〉在法国的早期译本简述》，湘潭：《2010年中国文学传播与接受国际学术研讨会论文汇编（中国古代文学部分）》，2010年，第249—258页；以及杜欣欣：《马若瑟〈诗经〉翻译初探》，台北：《中国文哲研究通讯》，2012年，第43—71页。

[3] 伽达默尔著，洪汉鼎译：《真理与方法》，上海译文出版社，2004年，第490页。

[4] 同上书，第494页。

[5] 同上书，第490—495页。

的选择、译文的内容等方面译者的主体能动性均有体现。本文具体探讨：从译者与原文本的对话结果来看，原文的哪些内容被重点突出了？哪些内容被"转移"和置换了？对原文频繁出现的"天""昊天""上帝"等概念的法译词做何种解释？译本如何有助于在18世纪的欧洲树立古代中国和古代贤王的形象，并推动古代中国思想在欧洲的传播？

一、主题："王与王治"？

这八首诗的先后排列顺序并不以它们在《诗经》中出现的先后为序，但也循着特定的顺序，即周王朝从初始到兴盛以至于衰亡的历史进程：第一首《周颂·敬之》，周成王明确与天及群臣的关系；第二首《周颂·天作》赞颂纪念周代圣主；第三首《大雅·皇矣》，周武王叙述周王室史诗；第四首《大雅·抑》刺周平王；第五首《大雅·瞻卬》批评周幽王；第六首《小雅·正月》表现民意忧愤（"赫赫周宗，褒姒灭之"）；第七首《大雅·板》，周大夫讽劝同僚以刺暴君；第八首《大雅·荡》主旨在于警世。

从这八首诗的顺序，即周王朝演进的历史进程来看，"王"作为主角一以贯之，君王治理国家是统一的主题。在这些"王"中，既有值得歌颂和褒扬的贤王（成王、王季、文王），也有受到批评和谏议的"厉"王（平王、幽王）。而马若瑟的法译也鲜明地体现了"王与王治"的主题。原诗以诗的首两字为标题，但马若瑟根据诗的内容为每首诗各拟了一个新标题：

《周颂·敬之》: Un jeune Roi prie ses Ministres de l'instruire：一位年轻国王请大臣给予教导；

《周颂·天作》: A la louange de Ven vang：文王颂；

《大雅·皇矣》: à la louange du même： 文王颂；

《大雅·抑》: Conseils donnez à un Roi：向王进谏；

《大雅·瞻印》: Sur la perte du genre humain：人类的堕落；

《小雅·正月》: Lamentations sur les misères du genre humain：哀人类之不幸；

《大雅·板》: Exhortation：劝诫；

《大雅·荡》: Avis au Roy：致王。

　　除了第五、第六和第七三首诗，其余五首诗的诗题都有"王"，明确表示诗的主题与王有关，或者王本身即主题；第一、第四和第八首则以臣民对王的建议、意见为主题，即"王治"是其主题。第五、第六和第七首诗的诗题尽管没有出现"王"字，但最后一首第八首又回到"王"的主题，显然这八首诗是一个以"王与王治"为主题的整体。

　　在关于王的主题中，"文王"的形象突显出来。原文第二首《周颂·天作》、第三首《大雅·皇矣》并没有特别突出文王，然而译文却将这两首诗的标题均拟为《文王颂》，显然是马若瑟特意为之；"文王"形象突出了，其他周王室之王则相对黯然失色，如在《大雅·皇矣》中，对王季有着大段夸赞式描绘（"维此王季，因心则友。则友其兄，则笃其庆，载锡之光。受禄无丧，奄有四方。维此王季，帝度其心。貊其德音，其德克明。克明克类，克长克君。王此大邦，克顺克比。比于文王，其德靡悔。既受帝祉，施于孙子。"），然而马若瑟把"王季"译为"文王"，让"文王"承受了这番原本施加于王季的赞语。以马若瑟的汉语知识及其对中国古代文学的造诣，他应该不至于不理解原文所描绘和颂扬的是王季，并非文王；这显然是译者有意的翻译行为，是他有意要强调文王这位理想君王的贤德贤能，并通过译文塑造了这位理想贤王的形象。从这八首诗的标题以及内容的翻译来看，"王与王治"是当之无愧的主题，而文王显然是一名理想的君王形象。

然而这仅仅是这八首诗的表面主题。倘稍微深入分析，可知这八首诗中的"王"另有隐含的隐喻义。在甲骨文中，王的称号也指上帝。商朝的王与中国上古的上帝——皇帝之间是一种隶属的关系，同时"王"也受到上帝的照顾和保护[1]。那么在这里，马若瑟是否仅以"王"指世俗之王？须知《圣经》中就是以"王"来称呼上帝的。就文王而言，他更与"上帝"紧密联系在一起。早在1687年柏应理对孔子著述的阐释里，文王"与最高神在一起"，他的灵魂"没有与他的肉体一起死亡"[2]。《大雅·皇矣》这首诗里有三处"帝谓文王"，表明上帝与文王的亲密关系。在耶稣会士的诠释下，文王变成了一位虔诚敬拜上帝的国王，侍奉于上帝身旁。文王等世俗之王离不开高于所有世俗之王的最高神的存在，这是这八首诗隐含的一个重要主题。

再进而分析第一首诗《敬之》：《敬之》首先明确"敬天"

---

[1] 安东尼奥·阿马萨里著，刘儒庭等译：《中国古代文明》，社会科学文献出版社，1997年，第44—45页。

[2] 毕诺著，耿昇译：《中国对法国哲学思想形成的影响》，商务印书馆，2013年，第175—176页。

是为王者所必须遵守的首要准则。马若瑟以"敬天"开篇，可谓匠心独运。利玛窦等首批耶稣会士在华开教，他们将中国古籍中的"天"和"上帝"诠释为基督宗教里的"Deus"（God），以此策略获得中国皇帝的支持。1671年，康熙御书"敬天"二字匾额，并谕曰："朕书敬天，即敬天主也。"[1] 以此方式认可了耶稣会士在华的宣教活动，"天学"随之成为基督教神学的代名词。据说当时每个天主教教堂的正面都悬挂有仿制的康熙皇帝所赐的"敬天"大匾，教诲人对"天"（即基督宗教的Deus）要有敬畏之心[2]。马若瑟以"敬之"（义即敬天，译文以le Ciel 对应"天"）作为八首译诗的开端，是为这八首诗组成的小宇宙立下基调——"天"是最高准则——这里的"天"，不仅仅是有形之"天"，同时也是宇宙的创造者，"神"。

总之，这八首诗表面上以"王与王治"为主题，而其隐含的、隐喻的主题则是以"敬天"为准则的基督宗教神学，被马若瑟巧妙地隐含在由其建构起来的八首译诗之中。

二、"天""帝"名实之辨

文学翻译本身就是一种跨文化的创造性叛逆[3]。伽达默尔也曾说过，"翻译……对于读者来说，照耀在本文上的乃是从

---

[1] 章文钦：《吴渔山及其华化天学》，中华书局，2008年，第210页。

[2] 李天纲：《跨文化的诠释：经学与神学的相遇》，新星出版社，2007年，第75页。

[3] 谢天振：《文学翻译：一种跨文化的创造性叛逆》，载《比较文学与翻译研究》，复旦大学出版社，2011年，第185—193页。

另一种语言而来的光"[1]。

　　法国耶稣会士马若瑟是18世纪著名的中国索隐学派耶稣会学者的代表人物。作为中国索引学派始创者白晋（Joachim Bouvet，1656—1730）的学生，马若瑟最充分地继承了白晋的索隐式研究法，将之运用于自己的中国古代典籍研究，从中国古代典籍中寻找与基督教教义相合的痕迹。《儒教实义》《中国古籍中之基督教主要教条之遗迹》是马若瑟以索隐学研究中国古籍的重要作品。《诗经》是先秦典籍，马若瑟对这八首诗的翻译明显表现出其受到索隐式研究的影响。我们将对这八首译诗中频繁出现的"天""帝""上帝""皇天上帝"等词的法译词进行分析，辨其名，探其实，探究马若瑟对原文所做的创造性"叛逆"式翻译。经统计，八首诗中"天"字出现21次，"天下"出现1次，"昊天"出现6次，"皇天"出现1次，"帝"字出现9次，"上帝"出现5次，"皇矣上帝"出现1次，"有皇上帝"1次。

（一）"天"

　　在这八首诗中，"天"一般译为"le Ciel"，通常指物质意义上的"天"，而以大写显示其独特性，为独一无二之"天"。"皇天"译为"L'auguste Ciel"，回译成中文义为"令人敬畏的、威严的天"，而原文中的"皇"只是"大"的意思。

　　《诗经》里的"天"与基督宗教的"God"至少有三方面的相似之处：其一，共同的造物功能。第二首《周颂·天作》写道，"天作高山"，"天"是宇宙大自然的创造者。"天"的

---

[1]　伽达默尔：《真理与方法》，第492页。

这一功能与基督宗教里 God 作为宇宙万物的造者相似。其二，共同的奖惩分明功能。基督宗教里的"God"具有奖励善人和惩罚恶人的功能。根据比利时汉学家钟鸣旦的研究，《诗经》中的"天"有两个重要角色，分别是遣发命令给贤人，以及惩罚恶人，后者比前者占得更多。[1]可见两者具有相似的功能。其三，共同的人格神特征。《诗经》里的"天"具有人格神的特征。这八首诗中的第一首《周颂·敬之》明确表明"天"的性质：高高在上，日夜监视着地上的人们，地上的人们对"天"所应采取的唯一态度，就是"敬"。马若瑟将"皇天"译为"L'auguste Ciel"（令人敬畏的天），尽管忽略了"皇"之"大"义，却译出了中国上古社会"天"所具有的人格神特征，与西方基督宗教的 God 有着相近的性质。马若瑟在一句译文中将"天"译成"Maître de l'Univers"（宇宙之主），表明"天"既是宇宙中至高无上的存在，同时也是一种具有人格的存在（Maître，主人）。

总之，马若瑟尽可能地译出"天"与"God"相通的地方。至于把"昊天"译为"Le Tien suprême"（至高无上的天）和""Le Seigneur"（天主），那更是马若瑟将诗中的"天"基本等同于基督宗教里的 God 了。

（二）"帝" "上帝"

"帝"或"上帝"的功能有时候与"天""同："帝"或"上帝"跟"天"一样日夜监视着四方（"皇矣上帝，临下有赫。

---

[1] 钟鸣旦著，何丽霞译：《可亲的天主：清初基督徒论"帝"谈"天"》，台北：光启出版社，1998 年，第105—106页。

监观四方，求民之莫"）；与"天"相似（"天立厥配"），上帝也会寻找一个与其心相应的合适人选，作为世间的统治者（"维此王季，帝度其心"）；此外，上帝也和天一样会对人世降下赏罚（"疾威上帝，其命多辟"）。"上帝"不同于"天"之处在于，"上帝"的人格性比"天"更为鲜明，他经常表现得具有人的心理活动："帝度其心"；此外，与沉默的"天"相比，"上帝"经常是出声的，他常常会在人世之王的耳边低语："帝谓文王。"意大利学者安东尼·奥阿马萨里认为，"天"和"上帝"是指同一个神，两者尽管存在差异，但这些差异恰恰体现了同一个神的不同方面。就像基督宗教里上帝的话语是通过圣子基督·耶稣来传达的，上帝则以沉默对其所做一切表示满意[1]。

中国古籍中的"天"和"帝"是同一个角色，至少在马若瑟看来也是如此。马若瑟一般将"帝"译为 le Seigneur（主），而他翻译"昊天"（"昊天不忒"）时，也采用过这个词。不过相比之下，马若瑟译文中的"帝"与西方基督宗教的 God 显然比"天"更相一致。"天"是创始者、造物主，而"帝"是"天父"，其人格性比"天"更为明显。

从"帝"和"上帝"的不同译词来看，"帝"与"上帝"的翻译是交叉统一的，最经常使用的译词是 le Seigneur，有时在前面加上一些表示赞美的形容词，如"伟大和至高无上的"（Grand & suprême）、"至高无上的"（Suprême）；时而也使用"le Très-Haut"（至高无上者）。有时马若瑟将其更具体地阐释为"世界至高无上之主"（le souverain Maître du monde）、"至

---

[1] 安东尼奥·阿马萨里：《中国古代文明》，第72页。

高无上的存在"（l'Etre suprême）或者"唯一的统治者"（le seul Souverain）。这里经常得以强调的是"帝"或"上帝"至高无上的性质以及作为宇宙之主的身份。"天"和"上帝"的译词都突出了其高高在上、作为宇宙统治者的至高无上的地位和权威。与"天"的法译词主要突出"天"作为宇宙之主威严、奖惩鲜明的特质、为有神性的物质之天相较，"帝"或"上帝"的形象更接近于一个具象的、实实在在的人世监督者。"天"相对而言更为抽象。

马若瑟对"帝""上帝"的法译词比"天"的译词更为鲜明地指向了基督宗教的 God（Deus）。利玛窦在1603年刻印的《天主实义》中就用"上帝"一词作为基督宗教里"神"（Deus）的中译，正体现了这一点。虽然早在1633年耶稣会就已经决定弃用"上帝"来翻译"神"，而造用了"天主"两字来翻译[1]。1704年，为平息耗时已久的"礼仪之争"，平息这场发生在在华不同传教团之间的纷争，教皇克莱芒十一世宣布禁止使用"天""上帝"来称呼基督宗教里的 Deus（God），而使用"陡斯"的译音。马若瑟在这里尽管没有用"Deus"来翻译"帝""上帝"，却采用了基督宗教对神的一个常用称呼（"le Seigneur"）来翻译，显示了他对中国上古宗教的观点和传教立场。

尽管索隐学并非马若瑟翻译《诗经》八篇的初衷，但他对这八首诗中"天""帝""上帝"等词的法译词选择仍体现了他的索隐式研究法，自觉地在《诗经》等中国上古古籍中寻找与基督教教义相契合的内容。这种索隐式译法表明在礼仪之争

---

[1]　李天纲：《跨文化的诠释：经学与神学的相遇》，第73页。

这场已经持续一个世纪的争论中，马若瑟是利玛窦路线的支持者，认同"天""上帝"与基督宗教的唯一真神具有相一致的身份。马若瑟的这一立场很明确地表达在1728年10月3日写给法国学者傅尔蒙（Étienne Fourmont, 1683—1745）的一封信中：

> 要是传信部直截了当地告诉我们可以自由地向中国人宣讲说中国古籍的作者们所说的"天"和"上帝"就是基督教中所言的"God"就好了……[1]

中国古籍中的"天""上帝"是否真可对应于基督宗教的"God"和基督耶稣？可以明确的是，"天""上帝"等词在中国古籍的频繁出现说明中国上古存在着类似一神论的宗教，这种"一神教"在很大程度上可以支持基督宗教的一神论[2]。比利时汉学家钟鸣旦指出，中国古籍中的"天""上帝"概念使中国人更容易接受"神"，接受"天主"[3]，而基督宗教的"天主"除了具有至高无上、令人敬畏的性质，还具有中国古籍中的"天"和"上帝"所不大具备的"可亲"特质[4]。陈来则指出，殷商的神是一个"暴躁的、变幻莫测的、跟伦理没有关系的神"，而到了周代，天已经开始伦理化，强调天"爱护人民，倾听人民的意愿，而且把人民的意愿作为自己的意愿，把天

---

[1]　龙伯格著，李真、络洁译：《清代来华传教士马若瑟研究》，大象出版社，2009年，第32页。

[2]　李天纲：《跨文化的诠释：经学与神学的相遇》，第48—49页。

[3]　钟鸣旦：《可亲的天主：清初基督徒论"帝"谈"天"》，第135页。

[4]　同上书，第138页。

意化成为民意"，做到"天视自我民视，天听自我民听"，"民之所欲，天必从之"（《尚书·泰誓上》），体现了"天民合一"的天命观 [1]。这表明了基督宗教的神本主义向度，而中国上古社会的原始宗教色彩后来逐渐褪去，走向了儒家的人本主义。

三、追认《圣经》故事

第五首《大雅·瞻卬》原诗批评周幽王宠幸褒姒，斥逐贤良，译文则以《人类的堕落》（*Sur la perte du genre humain*）为题，将《旧约·创世记》中失乐园的故事挪用其中："世界堕落了"（le Monde est perdu），罪行如同致命毒药一般到处蔓延，看不到一丝痊愈的迹象：

> le Monde est perdu : le crime se répand comme un poison fatal : les filets du péché sont rendus de toutes parts ; & l'on ne voit point d'apparence de guérison.
>
> 原诗：邦靡有定，士民其瘵。蟊贼蟊疾，靡有夷届。罪罟不收，靡有夷瘳。

译文继而将世界堕落的原因归于妇人（la femme）：妇人所行总与常人所行相反：她抢掠人所有之良田，将顺服于人的陷于奴役；她所恨的是无辜，她所爱的却是罪行。

---

[1] 陈来：《陈来讲谈录》，九州出版社，2014年，第8—9页。

Nous avions d'heureux champs, la femme nous les a ravis. Tous nous éroit soumis, la femme nous a jetté dans l'esclavage. Ce qu'elle hait, c'est l'innocence, & ce qu'elle aime, c'est le crime.

原诗：人有土田，女反有之。人有民人，女覆夺之。此宜无罪，女反收之。彼宜有罪，女覆说之。

因为"哲妇倾城"（什么都想知道的妇人使城墙倒塌）：la femme qui veut tout savoir, les renverse。这"什么都想知道的妇人"不正暗指《旧约·创世记》里那个吃了智慧树上的智慧果而变得智慧的夏娃吗？人类之所以堕落并不在于天，罪魁祸首正是那个妇人：Notre perte ne vient point du Ciel, c'est la femme qui en est cause（乱匪降自天，生自妇人）。译者对这"妇人"的谴责在继续加剧：Elle a perdu le genre humain: ce fut d'abord une erreur, & puis un crime（鞫人忮忒，谮始竟背）——她使人类堕落，这首先是个错误，同时也是种罪行。妇人不应该掺和缝补和纺织之外的事情：ni la femme se méler d'autre chose, que de coudre & de filer（妇无公事，休其蚕织）。

第六首《小雅·正月》同样谴责褒姒的亡国之罪：

D'où viennent donc tous les désordres qui naissent aujourd'hui ? L'incendie va toûjours croissant, & il est impossible de l'éteindre. Ah! Malheureuse *Pao Seë*, (a) c'est toi qui as allumé le feu qui nous consume.

今兹之正，胡然厉矣。燎之方扬，宁或灭之。赫赫宗周，褒姒灭之。

在这里，马若瑟以《旧约·创世纪》夏娃吃了智慧果触犯天条被逐出伊甸园的故事来诠释《诗经》里褒姒亡国的故事，而其实两者的共同点是其主人公都是女性，两者成为"祸水"的原因则截然不同：夏娃因好奇而偷吃禁果，触犯了天神规定的天条；而《诗经》故事里的褒姒是因美貌使周幽王为博她一笑而导致亡国的下场。马若瑟移花接木，将《圣经》中这个脍炙人口的故事悄悄挪移到这八首《诗经》的译诗，甚至以这个充满说教意味的宗教故事取代了原来那个世俗故事，使译文富浓郁的宗教说教意味和警世意图。

此外，译者基督宗教的世界观在这里处处留下痕迹：原诗"乱匪降自天，生自妇人"将世"乱"的原因归于"妇人"，译文并未全然叛逆原诗的含义，然而以"notre perte"（我们人类的堕落）译"乱"，则体现了基督教教义在译文中的悄然植入。"人类堕落了"的语句在译文中一再重复：L'homme s'est perdu（人之云亡）；& l'Univers est sur le point de sa ruine（邦国殄瘁）。人之云"亡"用"perdu"（失落、堕落）这个词，而"邦国"不译成"le royaume"，却译成"l'Univers"（宇宙、世界），同样也是译者的世界观、宗教观在起作用。

伽达默尔说："如果我们在翻译时想从原文中突出一种对我们很重要的性质，那么我们只有让这同一原文中的其他性质不显现出来或者完全压制下去才能实现。……翻译也是一种突出重点的活动。谁要翻译，谁就必须进行这种重点突出活动。"[1] 马若瑟的八首《诗经》译文重点突出了两方面的内容：其一是王的主题，其二是基督宗教教义在译文里的嵌入。第二方面固然是耶稣会士应其在华宣教事业之所需，而第一方面王

---

[1] 伽达默尔：《真理与方法》，第492页。

的主题尤其是文王形象由此传入欧洲，客观上对后来的欧洲人产生了一定的影响。在杜赫德《中华帝国全志》出版近半个世纪之后，德国大诗人歌德读到了这些由耶稣会士们传译的文字。歌德尤其对其中描绘的文王印象深刻，在1781年1月10日的日记里发出了由衷的赞叹："啊！文王！"[1] 他对文王的印象正是来自马若瑟《诗经》八篇法译文里所呈现的那位理想君主文王。

作为异文化间的翻译、阐释和传播者，马若瑟通晓中法两种语言和文化，在这两种语言和文化中穿梭，以他的基督教文化背景阐释和翻译了这八首《诗经》，融合了原文文本和基督教教义内容。首先，马若瑟的《诗经》八首译诗传达了"王与王治"的显性主题，其中尤以其对理想君王文王的赞颂最为突出。同时，这八首译诗也体现了马若瑟索隐式的研究和翻译方法：在译文中自觉融入了基督宗教的教义，以此来翻译和阐释诗中的一些核心概念"天""帝""上帝"等，这体现了马若瑟将中国古代世界观和古代宗教思想与西方基督宗教教义相融合的努力。《诗经》八篇法译文对于欧洲读者而言，既呈现了文化的共同性（基督宗教教义），也呈现了文化的异质性，最突出的是塑造了文王这位理想中国古代君王的形象，有助于在18世纪的欧洲塑造一个文明、有序的古代中国和有贤德、美行的君王形象，这是法国耶稣会士马若瑟对向欧洲介绍和传播中国文化所做的贡献。

---

[1]　赵勇、赵乾龙：《歌德》，辽海出版社，1998年，第100页。

不拒经典，不要主义

——民初杂志翻译中通俗与精英的互动

叶　嘉[*]

一、前言

民国初年，报业日盛，译事频繁。不少知识分子应科举既废之势，乘西学东渐之风，纷纷投身出版界，在各大报纸杂志兼任编辑、写作、翻译工作，积极响应时代转变。据此背景，本文将始于一点前设，即翻译与报刊是民初文人进行思考与对话的重要媒介，刊于杂志的翻译文本（下称"杂志翻译"）蕴藏着文人互动的证据。本文所关注的思考和对话的主体，是上海文学杂志背后的文人圈子（下称"杂志文人"），其中以《小说月报》（1910—1932）、《小说大观》（1915—1921）、《礼拜六》（1914—1916；1921—1923）和《小说世界》（1923—1929）四本刊行稳定、著译兼备的杂志为主要线索。这些杂志的主创文人大致生于1880至1900年代，多来自江南地区，因1905年科举废止而转投沪报，成为杂志界的核心文人；他们普遍能

---

[1]　叶嘉，香港中文大学翻译系助理教授，从事英中笔译及英、粤、普口译教学，专于民初期刊译事研究。

通外语，可独力翻译，[1] 遂为杂志翻译实践注入鲜活动力。不可忽略的是，在民国初年发起新文化运动的精英文人，与这些上海杂志文人实属同一世代，[2] 而且同样以杂志为文艺活动的主要媒介，同样致力于翻译活动。酝酿文学革命和新文化运动的刊物《新青年》也是在1910年代中期于上海法租界创刊。既同时同地，又动作一致，种种共性均指向一种可能：上海杂志文人和新文化精英曾通过杂志翻译而有所互动。

回溯内地过往现代文学史论，宏大叙事（grand narrative）多视"五四"精英分子为主体，并以新文化的"启蒙"和无产阶级的"救亡"为线索；民初文学场域的演变常被呈现为一个单线发展、新陈代谢的过程。通俗文人极少纳入正史，乃至于隐形。[3] 偶有提及派别之争，多关乎新文学萌芽时的新旧对

---

[1] 有关民初上海通俗杂志核心文人的背景重构，详见叶嘉《上海通俗文学杂志的翻译图景（1912—1920s）》，香港中文大学博士论文，2012年，第45—54页。

[2] 以本文所涉刊物为例，主要编著人员的生卒年份依序略举如下：包天笑（1876—1973），恽铁樵（1878—1935），陈蝶仙（天虚我生，1879—1940），陈独秀（1879—1942），鲁迅（1881—1936），马君武（1881—1940），王蕴章（1884—1942），周作人（1885—1967），高一涵（1885—1968），胡寄尘（1886—1938），王钝根（1888—1951），严独鹤（1889—1968），刘半农（1891—1934），胡适（1891—1962），程小青（1893—1976），赵苕狂（1892—1953），周瘦鹃（1895—1968），施济群（1896—1946）。

[3] 笔者的概括基于以下几本主要史论：吉林大学中文系中国现代文学史教材编写小组：《中国现代文学史》，吉林人民出版社，1959年；李辉英：《中国现代文学史》，香港文学出版社，1972年；中南七院校：《中国现代文学史》，长江文艺出版社，1979年；唐弢、严家炎：《中国现代文学史》，人民文学出版社，1981年；颜雄、程凯华、毛代胜：《简明中国现代文学史》，湖南大学出版社，1988年；陈安湖、黄曼君：《中国现代文学史》，华中师范大学出版社，1988年；凌宇、颜雄、罗成琰：《中国现代文学史》，湖南师范大学出版社，1993年；刘勇、邹红：《中国现代文学史》，北京师范大学出版社，2006年；郑万鹏：《中国现代文学史》，华夏出版社，2007年；朱栋霖、朱晓进、龙泉明：《中国现代文学史（1917—2000）》，北京大学出版社，2007年）。上述史论聚焦于"五四"及新文化精英为焦点，并未提及通俗文学流派；历史

峙。[1] 从共性和互动的角度来描述精英与通俗文人的著述，亦相对稀少。对此，近年文学史论已有反思。不少史料表明，所谓"通俗"与"精英"文人的关系不纯然是对立或"新""旧"交替，而是互有相通；文人派别的命名，亦非文学作品属性或内容的客观说明，而是带有价值判断的历史标签。这一观点与翻译研究中多元系统有关"经典化"（canonization）的论述遥相呼应。本文将尝试梳理近年文学史论的转向，指出其与翻译研究中系统论之主要观点的相通之处，阐明两派文人互动关系的重现乃历史重构之必要课题；继而以上述杂志的翻译文本为素材，尤以同一时空下同一类外国作家的译介策略对比为主，展示通俗文人对于精英所构建之"经典"的态度与响应，探索两方文人相互角逐、彼此定位的互动过程，从而提出宏大叙事之外另一种理解的可能。

二、"互动"：理论的解读

近现代文学史论的转向

就历史叙述而言，近年研究者正试图挣脱宏大叙事和历史标签的束缚，反思以"进化"为线索的主流文学史观。1949年至"文革"结束，中国大陆一直以1919年"五四"及新文

分期也十分一致，先以"五四"及新文化运动为发端，而至左联的无产阶级革命文学，再至抗战时期的文艺活动。

[1]　在上注列出史论之中，仅李辉英（1972）提到新文化精英以外的文人，包括林纾、胡先骕、章士钊，并称之为"新文学革命运动的反对派"（李辉英：《中国现代文学史》，第11—20页）。

化运动为现代文学的发端，"新文化"被描述为文学进化历程中的先锋，清末民初文学则是势将淘汰的封建末流。这种深具进化论色彩的史观，自晚清严复《天演论》的译介，已广为中国知识分子（尤其改革派）接受。陈独秀在早期《新青年》曾预言，锐意革新的青年将是历史"新陈代谢"的胜者，陈旧腐朽者必遭"天然淘汰"（一卷一号，1915年9月15日）。鲁迅在《清小说之四派及其末流》一文列民初通俗文学为"末流"[1]，也有一锤定音之效。1950年代以后，在毛泽东《新民主主义论》的影响下，以"鲁郭茅巴老曹"为叙述框架和评价标准的现代文学学科得以建立，"通俗"文学更被置于次等之列，甚至不入现代文学正史（参见164页脚注[3]）。"新"取代"旧"、"精英"压倒"通俗"的叙事框架一直存在。

　　1980年代之后，民国通俗流派的相关史料陆续整理重刊，通俗文学逐渐获得重视。1981年，国外第一部关于民国通俗流派的研究专著出版。作者林培瑞（Perry Link）视清末民初小说为梁启超"新小说"的延续，在都市和报业的文化生态中，解读鸳鸯蝴蝶派的种种文学实验[2]。中国学者魏绍昌在1962年编写的《鸳鸯蝴蝶派研究资料》于1980年和1982年分别在上海、香港两地再版。1980年代末，范伯群编纂鸳鸯蝴蝶派小说选集和论集，重现了民国通俗派与新文化精英在1920年前后就文学体式、语言、功能的几次辩论，视两者为同代、平等、竞争的关系，而非自然而然的"新陈代谢"[3]。千禧年后编写的

---

[1]　鲁迅：《中国小说的历史变迁》，香港今代图书公司，1965年，第33—41页。

[2]　Perry Link, *Mandarin Ducks and Butterflies: Popular Fiction in Early Twentieth-century Chinese Cities*, Berkeley: University of California Press, 1981.

[3]　范伯群：《礼拜六的蝴蝶梦：论鸳鸯蝴蝶派》，人民文学出版社，1989年；范伯群：

几部中国通俗文学史，奠定了民国通俗流派作为独立研究课题的基础，呼吁学界重审通俗文学在现代文坛的位置 [1]。与此同时，中国现代文学史的书写更见客观包容，民初文学图景的描摹亦更加细致；更有作为高等院校教材的现代文学史论表明，在民国初立、百废待兴的"真空"期，"鸳鸯蝴蝶派"或"礼拜六派"创作旺盛，既与时代思潮同步，也注重格调雅趣，并因能模糊雅俗界限而甚具现代意义，并与新文学有诸多交集，理应纳入现代文学版图 [2]。

国外学界也曾反思中国现代文学史的"进化"范式，尝试提出不同的诠释。1977年，英国学者白之（Cyril Birch）指出，清末民初小说的"滑稽—讽刺"模式与"文革"期间高度教化式的政治寓言之间，有一脉相承的训诫意味，此乃中国虚构文学的根本倾向；而新文化时期小说中的"悲剧—反讽"只是主旋律中的一次变奏，并将一去不返。[3] 白之的预言在"文革"后不攻自破，但无疑在生硬的"传统—变革"或"新陈代谢"的模式之外，提出了另一种关注历史现象潜伏性和延续性的史观。王德威对于晚清文学的研究（1995），连贯通了晚清小说与中国当代小说的传承脉络，将民初通俗文学纳入现代

《民国通俗小说：鸳鸯蝴蝶派》，台北国文天地杂志社，1990年。

[1]　范伯群、孔庆东：《通俗文学十五讲》，北京大学出版社，2004年；范伯群、孔庆东、汤哲声：《20世纪中国通俗文学史》，高等教育出版社，2006年；范伯群：《中国现代通俗文学史》，北京大学出版社，2007年。

[2]　程光炜、刘勇、吴晓东、孔庆东、郜元宝：《中国现代文学史（1917—1937）》，中国人民大学出版社，2010年，第241—243页。

[3]　Birch, "Change and Continuity in Chinese Fiction," in Merle Goldman ed., *Modern Chinese Literature in the May Fourth Era*, Cambridge, MA: Harvard University Press, 1977, pp.385—404. 此处所引的中文归纳，参见白之《白之比较文学论文集》，微周译，湖南文艺出版社，1987年，第149—172页。

文学的谱系。王德威着重复数形式的"modernities"（多重现代性 [1]），暗示晚清小说的现代性尝试一度被"五四"提倡的现代性"版本"所遮盖，其实验精神在1980年代重现于中国大陆及港台地区文学，证明鸳鸯蝴蝶派之流不曾被取代、淘汰或战胜，而且仍具活力。"没有晚清，何来五四"的说法流行起来，清末民初通俗文学成为研究热点。

目前，中国现代文学史的书写范式已从"进化"转为"并行"，并行各方之间的"互动"更是近年研究趋势。曾有学者试将中国文学现代化描述为一种"先锋"和"常态"[2] 双线并行、"多元共生"[3] 的历程；术语的转变，乃带有取代"精英"和"通俗"，尽量避免固有价值判断的尝试。美国学者罗鹏（Carlos Rojas）则借用巴西后殖民主义"食人论"的观点，把新文学和通俗文学理解为同大于异、互相蚕食、各自壮大的同源体 [4]。或受"多重现代性"的启发，近年不断有学者提出史料，证明新文化精英的"现代"提案只是当时的其中一种意见。1915年至1916年，《东方杂志》主编杜亚泉与《新青年》

---

[1] 王德威原书以英文写成，标题为 *Fin-de-siècle Splendor：Repressed modernities of Late Qing Fiction, 1849—1911*。中文版本为宋伟杰译《被压抑的现代性：晚清小说新论》，北京大学出版社，2005。译者指出，中译书名中"现代性"不能体现"modernities"的复数意义（参见王德威《被压抑的现代性：晚清小说新论》，第10—11页）。笔者遂采纳中译本对该词的另一译法"多重现代性"（参见王德威《被压抑的现代性：晚清小说新论》，第16页），以突显原著作者对"现代性"本身多元、多向（而非单一、单向）可能性的强调意味。

[2] 陈思和：《先锋与常态——现代文学史的两种基本形态》，载《文艺争鸣》2007年第3期，第59—68页。

[3] 范伯群：《多元共生的中国文学的现代化历程》，复旦大学出版社，2009年。

[4] Carlos Rojas, Introduction: the disease of canonicity, in Carlos Rojas, and Eileen Cheng-yin Chow eds. *Rethinking Chinese Popular Culture：Cannibalization of the Cannon*, London and New York: Routledge, 2009, pp.1—3.

创办人陈独秀在杂志上有关"全盘西化"的激辩 [1]，20、30年代初新文化阵营与"礼拜五"派 [2] 在多本同人杂志上的骂战 [3]，都是有力证据。不少互动场面，正是凭借民初文学杂志中的文本线索重构而成。这些来自民初期刊的证据，更让研究者意识到，中国现代文学起源还有不少悬案深藏于期刊文本之中，有待发掘。日本汉学家樽本照雄修正了阿英的《晚清小说目》，把小说采录范围扩大到杂志，得出杂志是小说的第一载体的结论，亦提出清末民初小说研究须奉行"杂志主义"[4]。内地学者也开始提出重回杂志语境、探索文本原初生态的方法，逐渐形成搜证层面的又一转向 [5]。本文的取证聚焦于民初文学杂志，旨在挖掘互动的实例，亦是本节所述两大转向下的一次尝试。

系统论的观点

上文论及，以"互动"角度重述文学历史，有助再现文人

---

[1]　Leo Lee, "Incomplete Modernity：Rethinking the May Fourth Intellectual Project," in Milena Doleželová-Velingerová and Oldřich Král eds., *The Appropriation of Cultural Capital*：*Chinas 'May Fourth Project*, Cambridge Massachusetts: Harvard University Asia Center, 2001, pp.31—65.

[2]　根据文章作者 Michel Hockx 的解释，"礼拜五派"泛指 1920 年代末至 1930 年代活跃于上海的一群杂志文人，他们的作品和作风偏向旧派情趣和传统道德，多为娱乐消遣而缺乏严肃立意，固颇受新文化精英的抨击。代表人物包括曾朴（1872—1935）、曾虚白（1895—1994）、张若谷（1903？—1960？），代表刊物为《真善美》（1927—1931）。

[3]　Michel Hockx, "Perverse poems and suspicious salons: the Friday School in modern Chinese literature," in Carlos Rojas and Eileen Cheng-yin Chow eds., *Rethinking Chinese Popular Culture*：*Cannibalization of the Canon*, London and New York: Routledge, 2009, pp.15—39.

[4]　樽本照雄著，陈薇译：《清末小说研究集稿》，齐鲁书社，2006年，第179—181页。

[5]　刘增杰：《中国现代文学史料学》，中西书局，2012年，第97—126页。

群体彼此角逐、相互定位的动态场景，亦能展示文本地位受社会文化因素左右的过程。这一角度，与1970年代以来翻译学界称为"系统论"（system theory）的研究视野相符。"系统论"一词，泛指以色列学者埃文－佐哈尔（Itamar Even-Zohar）的多元系统论为起始，面向译入语语言及文化的研究体系。[1]多元系统理论之前，翻译学界盛行的"规范性"（prescriptive）研究，主要基于"原文—译文"的对比分析，旨在枚举和分析翻译策略，厘定评价标准和翻译指引。埃文－佐哈尔的研究方法不同于此，偏向视所有翻译文本为一个有机而动态的整体，探索其活动的历史和社会环境；译文文本共同构成目标语文学系统下的一个子系统。多元系统论指出，由符号主导的人类交际形式（如文化、文学、语言、社会），须视为系统而非由各不相干的元素组成的混合体，才能做出充分的理解和研究。任何一个系统都是由不同成分组成的、开放的结构。使用"多元"这一字眼，是要明确表达动态的、异质的系统观念 [2]。所谓异质，指一个多元系统是由若干个不同系统所组成，是系统的系统，这些系统并不是独立个体，而是彼此交叉重叠，相互依存，共同组成一个有机组织而运作；所谓动态，指这些系统之间的关系，以及它们在多元系统中互不平等的地位，永

---

[1] 有关"系统论"（system theory）的术语来源与范围，参见荷兰学者 Theo Hermans, *Translation in Systems: Descriptive and System-oriented Approaches Explained*, Manchester: St. Jerome, 1999, pp.31—45。美国学者 Maria Tymoczko 亦曾使用"systems theory"一词，参见 Maria Tymoczko, "Trajectories of Research in Translation Studies", in *META*, 50, 4, 2005, pp.1082—1097。

[2] 原文参见 Itamar Even-Zohar, "Polysystem Theory", in *Polysystem Studies, Poetics Today* 11: 1, Spring 1990, pp.9, 12。译文参见埃文－佐哈尔《多元系统论》，张南峰译，载《中外文学》2001年30卷第3期，第18、21页。

远处于变动状态，其中的变化能推进多元系统的演变。换言之，多元系统论假设一切符号现象都在庞大而复杂的结构和关系网中，它们的运作既受所处系统的影响，同时亦导致系统产生演变。这种对层次、关联和互动的关注，与本文的研究视角是一致的。

多元系统论对于翻译研究的主要贡献之一，是把研究者目光从原文译文之间的关系，转向译文与译入语文化之间的关系。[1] 埃文－佐哈尔的系统论模型常被指过于抽象和理想化，难以应用于实际研究（见下文论述）。在他的基础上，图里（Gideon Toury）的描述翻译学（Descriptive Translation Studies）尝试为翻译研究设计一套方法论，提出"规范"（norm）等可用于描述翻译现象的概念。埃文－佐哈尔和图里在1970年代末的研究集中于文学文本，较少涉及文本以外的环境因素。由此，1980年代的英美翻译学界出现了着眼于译本之外在环境的研究转向。勒菲弗尔（André Lefevere）提出视翻译为"改写"（rewriting）的理念，用以强调原文在各种历史条件和社会文化因素影响下被解释、改变和控制的过程 [2]。勒菲弗尔认为，影响改写的条件和因素是具体可见的；找出这些因素，有助解释改写如何推动文学演化。[3] 从中可见，"系统论"自身的发展脉络，乃以翻译现象为中心，向外辐射出越来越广阔的要素网络，将翻译文本置于愈加完整的语境中

---

[1] Mona Baker and Gabriela Saldanha, *Routledge Encyclopaedia of Translation Studies*, London & New York: Routledge, 2009, pp.197—199.

[2] Susan Bassnett and André Lefevere, *Translation, History and Culture*, London: Pinter Publishers, 1990, p.10.

[3] André Lefevere, *Translation, Rewriting and the Manipulation of Literary Fame*, London: Routledge, 1992, p.2.

加以观察，从译本与语境的交互影响追溯其形态的成因。本文的写作前设之一，是将上海通俗文学杂志与新文化刊物看作同一时代下的文化产物，认为两者的翻译实践应有相互呼应之处；换而言之，文人互动的场景，应能从杂志翻译中得到有效体现。这一前设，固然也与系统论的研究视野相通。

值得注意的是，本文对译本的观察，虽然参考多元系统论的研究角度，但论证的终点与之并不相同。多元系统论以寻找系统运作和演变规律为依归，深信系统规律可以通过观察系统的结构和互动而归纳。这一目标曾引来不少批评。根茨勒（Edwin Gentzler）指出，多元系统在寻求建立普遍客观定律的过程中，有简单化、笼统化、绝对化的倾向[1]。意在寻找规律的研究者可能会过分重视合乎其理论假设的证据，而有意或无意地忽略了不符合假设的证据[2]。赫曼斯（Theo Hermans）认为，多元系统论所得出的抽象规律，容易把文学或文化的演变描述为自动化的、循环不息的、依从某些固定不变的历史规律的演变过程，因而带有浓厚决定论色彩。[3] 此外，多元系统论自提出时就强调要与静态观划清界线，注重系统历时性的动态发展。然而，研究者在任何时间点尝试归纳系统的普遍规律，都必然是重返静态史观之举。庄柔玉亦指出，用共时性定律来

---

[1]　Edwin Gentzler, *Contemporary Translation Theories*, London & New York: Routledge, 1993, p.121.

[2]　Ibid, p.124.

[3]　Theo Hermans, *Translation in Systems: Descriptive and System-oriented Approaches Explained*, 1999, p.24. 本段所引根茨勒及赫曼斯对多元系统论的批评，中文归纳参照庄柔玉《多元的解构——从结构到后结构的翻译研究》，台湾学生书局有限公司，2008年，第11，16—17页。

绝对化历时性现象的做法，是多元系统自身矛盾之所在 [1]。故此，本论文乃从杂志翻译入手，剖析文人的互动过程。研究的目的乃为当时的文坛动态提供一次近乎"慢镜回放"的梳理，而非寻找或总结客观规律。

从"经典化"看"通俗"的相对性

上文指出，以"互动"为线索重构文化动态场景，比起过去单一而线性的述史角度，更能理清文人群体彼此角逐、相互定位的过程，也有助洞察一个文化中权威阶层的历史性（historicity）。这一观点，同样可见于多元系统论中对"经典化"（canonization）现象的描述：

> 所谓"经典化"，意谓被一个文化里的统治阶层视为合乎正统的文学规范和作品（即包括模式和文本），其最突出的产品被社会保存下来，成为历史遗产的一部分；而所谓"非经典化"，则意谓被这个阶层视为不合正统的规范和作品，其产品通常最终被社会遗忘（除非其地位有所改变）。因此经典性并非文本活动在任何层次上的内在特征，也不是用来判别文学"优劣"的委婉语。某些特征在某些时期往往享有某种地位，并不等于这些特征的"本质"决定了他们必然享有这种地位。显然，某些时代的文化中人可能把这类差异看作优劣之分，但历史学家只能将之视为

---

[1]　庄柔玉：《多元的解构——从结构到后结构的翻译研究》，第13页。

一个时期的规范的证据。[1]

　　以上论述透露了埃文－佐哈尔的一个假设：在一个文化中，作品地位的主宰者，是该文化的统治阶层。一个文化的"统治阶层"具体指什么人或什么机构，埃文－佐哈尔虽无明示，但在不止一处将之等同为"官方"，并且提到，在许多国家，教育系统正是官方指定的"经典"和"非经典"得以流通生效的渠道[2]。"通俗"作为文学作品的一种分类标签，其生成和生效的过程，与"经典"获官方教育体系确认的过程，是难以分割的。

　　从字面上看，统治阶层的价值判断，似乎总会自然而然被统治阶级以外的社会群体所接受，作品的经典或非经典地位得以保持。然而，政策的实行，文本的流通，都需要时间。经典化和非经典化的过程，亦不可能总以某项政策的颁布，或某个权威文本的发表为完成的标志。多元系统论着眼于历时、动态的变化，而非共时、静态的对比。推而论之，文学多元系统中的"经典"，固然要通过与文化系统中的其他因素互动，才能稳固其地位；被"非经典"化的文本，亦不太可能甘于停留在非中心的位置，而去冲击新确立的"经典"，两者的位置是相互界定的。由此论及清末民初的杂志界，在1917年文学革命以前，《新青年》为主的文人与上海文学杂志的文人之间，并没有"精英"和"通俗"的明显分化，各色杂志的内容和杂志人的实践每每有交错重叠。几年之后，形势突变，"精英"和"通俗"变得针锋相对，继而高下分明。一般的史料和史论，

---

[1]　译文参见埃文－佐哈尔：《多元系统论》，第24页。原文参见 Itamar Even-Zohar, "Polysystem Theory", pp.15—16。

[2]　译文参见埃文－佐哈尔《多元系统论》，第24—25页。

都是从官方和精英的角度去再现这段"新旧交替"的历史。至于上海通俗杂志文人如何主动去参与、"消化"这场变革，却很少讨论。本文从这一问题出发，试图从翻译文本中寻找这段过程的蛛丝马迹，从而探索翻译在此中所发挥的作用。

"精英"与"通俗"并无绝对分化，甚至是由人为划分的观点，是不无道理的。尤其在识字率偏低的历史时期，文化生产者只有少数人，"精英"与"通俗"实难分割。例如，近代以前的中国，词、曲、小说本是非正统的通俗文学体裁，其创作者和读者却是受正统教育的精英阶层。当代流行文化产品如杂志、电影、舞台剧等，在清末民初西风东渐之时，都是由文化精英引介、发展和经营的，消费群体也仅限于精英阶层。在西方也有类似情况，如17世纪的法国，通俗文本如口袋书卡（chapbook）的读者主要来自精英阶层，包括贵族女性；而同时期英国中产阶级、知识分子是田野诗歌、乡村歌谣等民间文艺作品的发掘者、整理者、消费者乃至生产者，具有"双重文化"（bicultural）身份 [3]。这些史实表明，现代初期社会的文人身份是复杂多变的。仅仅以"精英"或"通俗"作为标签，来界定这一时期的文化产品或文人，难免会掩盖文人活动的多样性，简化或扭曲文化产品的内涵，亦难免会将一个时期文化场景，呈现为几个互不干涉的流派所拼接而成的版图。与其生硬地划分"精英"与"通俗"类别，强调两者的区别，不如由其模糊界限入手，探知互动的可能。

纵观前文所引的主流史论，不难发现，"通俗"的定义确实相当模糊。范伯群的研究，向来致力于冲击"五四"以来知

---

[3]　Peter Burke, *What is Cultural History*? 2nd Edition, Cambridge, UK: Polity Press, 2008, p.28.

识精英话语占主导的历史观念，指出曾遭"新文学"贬斥的文学流派的历史价值，因而习惯与"精英"对比而论，来突显"通俗"的特点。他认为，在中国现代文学的源流中，"知识精英文学"和"大众通俗文学"是对应存在的，前者侧重"借鉴革新"，"重探索性、先锋性"，有"高瞻远瞩"的视野，"崇尚永恒"；后者则注重"继承改良"，符合市民的"期待视野"，"祈盼流通"。[1] 这种以对比来阐释"通俗"内涵的写法，在其行文中十分常见。他也同时指出，"通俗"并不等同于"非精英"，而是一种符合都市市民"认识基点""底色"和"基调"的文化现象。[2] 从这点补充可见，要清晰定义"通俗"，单凭对比的手法和对立的角度尚不足够，还须加以描述。不过，对于研究者而言，"基点""底色""基调"等概念，只可供描述印象，而难以应用于研究和论文写作。可以说，范氏的论述不仅没有解决"通俗"的定义问题，反而突显了其定义的难处。

　　中国小说史家陈平原也曾以"严肃""高雅""文人"等字眼，作为"通俗"的对立面，但没有用对比思维来定义"通俗"，而更倾向于指出其复杂和模糊之处。他认为"通俗"的概念向来没有严格界定，而是约定俗成。对文学而言，"通俗"大致包括外在形式（如章回体裁、白话）和作品所表现的品格两个层面。因此，文学史所谓的"通俗"，既可能指作品面向文化程度较低者的定位，也可能指作品浅陋鄙俗的趣味。但这两个特征，并不是有此即有彼，陈为此已提出不少例证。[3]

---

[1]　范伯群：《中国现代通俗文学史》，第1—2页；范伯群、孔庆东：《通俗文学十五讲》，第11—14页。

[2]　范伯群、孔庆东：《通俗文学十五讲》，第11页。

[3]　陈平原：《中国现代小说的起点——清末民初小说研究》，北京大学出版社，2005年，第99页。

由此可见，"通俗"一词实有不同指向，研究者难以从词义或文学理论中归纳出可靠的判断标准。根据最新版的《汉语大词典》，"通俗"一词的解释是"浅近易懂"，"通俗文学"则包括历史上的民间文学，以及"现实创作的通俗化、大众化，具有较高商业价值、以满足一般读者消遣娱乐为主要目的的文学作品"；又称"大众文学""俗文学"，这是相对于"严肃文学""雅文学"而言的。[1] 在此，词语的定义涉及几种解释方法，包括列举类型（"历史上的"和"现实创作的"），描述特征（"商业价值""消遣娱乐为目的"），同义词和近义词（"大众化"和"通俗化"，后者固然有循环定义的疏漏），从中可见"通俗"的复杂内涵和长远历史。该词条不同于过往各种词典的版本之处，在于用"严肃"和"雅"作为"大众"和"俗"的参照以助解释。这说明文学的分类和命名确实存在相对性。

再者，"通俗"在时间上也有相对性。文学性质和价值的判断标准会随时代而改变，一部作品在某一历史时期被视为通俗，在另一历史时期却未必如此。莎士比亚戏剧、狄更斯的城市小说，以及中国的《诗经》《红楼梦》，最初是源于百姓或以百姓为主要受众的作品，后来均成为文学经典。早期黑白电影如《小城之春》（费穆导演，1948），在制作时是针对女性观众的影片，"文革"期间曾被批判，在2005年却被香港电影金像奖评为中国百年电影的最佳华语片第一名，成为电影文化的经典。因此，"通俗"的确不能视为作品的永恒标签，而只反映某一时期对该作品的评价。"通俗"的标签本身，与作品本身的内容和导向并无必然关系，更多的是反映某一历史时空的价值判断。上文所引《汉语大词典》的解释中，有"通俗化"一词。在构词法

---

[1] 汉语大词典编纂处：《汉语大词典》，上海辞书出版社，2008年，第931页。

中容许加入"化"这一指涉过程的欧化字，恰恰暗示一部文艺作品"通俗"或"非通俗"，可以经过时间或人为作用而实现。与此同理，"经典"或"非经典"，也不是作品本质所决定，而是人为赋予的标签。多元系统所说的"经典化"正有此含义。

本文用以描述四本文学杂志的"通俗"一词，同样不是杂志属性或内容的客观判断，而是一个历史标签，先由位处"经典"（canon）的新文化精英命名和定义，而后沉淀至今。目前，中国现代文学史界仍多以"通俗"一词概括上述四本文学杂志。陈平原以"雅—俗"的二元对立，来解释清末民初小说界的演变时，称梁启超在晚清发起的"小说界革命"，是"由俗入雅"的尝试；民初《礼拜六》等杂志的兴起，则是小说"由雅向俗"的标志。[1] 民初鸳鸯蝴蝶派的研究权威范伯群在专著中提到"通俗期刊"的典范，也包括这四本杂志。[2] 而大部分以"现代文学史"为标题的史论，意谓囊括所有文学类别，但实际上只收录"精英文学"；"通俗文学"往往被排除在外，只在"通俗文学史"中才见其踪迹。[3]

由此可见，"通俗"确是常见标签，其中暗含的价值判断，亦经学界广泛援引而成为固见。刻意采用"通俗"一词，乃希望正视标签的存在，从而表明所谓新旧优劣的判断，究其本

---

[1]　陈平原：《中国现代小说的起点——清末民初小说研究》，第92—114页。

[2]　见以下章节："包天笑独办的《小说大观》和《小说画报》"、"不是'顽固壁垒'的前期《小说月报》"、"现代期刊第二波：其他文学期刊鸟瞰"、"《新声》、《红杂志》和《红玫瑰》"、"《礼拜六》的复刊及《半月》《星期》《紫罗兰》的创办"、"从《小说世界》引起的若干问题的思考"。范伯群：《中国现代通俗文学史》，2007年。

[3]　笔者所参考的文学史论见于164页脚注 [3]。值得留意的是，2010年出版的《中国现代文学史（1917—1937）》（程光炜、刘勇、吴晓东、孔庆东、郜元宝编，中国人民大学出版社）已将通俗文学纳入其中。

源，多为文人群体区分你我的策略；"通俗"的标签所掩盖的互动与对话，正亟待发现与重构。

综合本节所述，本文欲从杂志翻译一窥民初文人的互动关系，实出于三点理论背景。其一，当前现代文学史中"精英"为主线的文本宏大叙事已引起反思，注重文人流派多样性和互动性的视角更有助于重构文化场景；其二，翻译研究中系统论侧重探讨译本的面貌和地位与其生成流通环境之间的关系，其中多元系统论启发研究者思考文本之间的关联及其对文本系统演进的影响，锐意洞悉文本阶层关系的历史性。倘以系统论观照民初杂志翻译，自会涉及译本所属之各种期刊杂志、文人流派之间错综复杂的关系，研究路向自与上述文学史书写的转向暗合。其三，所谓"通俗"与"精英"的分野，不论在广义的文化研究，或是国内的文学历史书写，都未有明确界定；这些概念的模糊之处，恰恰说明背后文人群体或有交集，流派和阶层的形成过程仍有待理清。此三结合，可为本文课题之必要性略作说明。

"通俗"一词，在前文常以引号括出，借此强调这一命名的相对性。为了便于阅读，下文用到"通俗"时，若作为民初上海某群文人或刊物的统称，则不用引号；若提到文学派别之间的争辩和主流史观的意见时，则会使用引号，以保留其定义的相对性。

三、不拒"经典"：通俗杂志的同步选译

1923年6月，上海商务印书馆旗下畅销通俗文学杂志《小

说世界》接到一封读者来信，称杂志某篇译作是抄袭而来，请编辑部调查。编辑部随即公开来信和回复，澄清该篇译作属于重译，而非抄袭，又解释目前国内译事活跃，且多注重翻译名家名著，一本多译的情况实属常见。编辑部为避免日后再有同类指责，遂将最常被选译的短篇小说家和短篇小说集列出，供译者参考，以免重译。列表如下 [1]：

1. Tolstoy Twenty Three Tales	托尔斯泰短篇小说集
2. Chekhov Short Stories	乞呵夫短篇小说集
3. Maupassant Short Stories	莫泊桑短篇小说集
4. English Short Stories	英国短篇小说
5. Tigore's Short Stories （按：疑为 Tagore 之误）	泰戈尔短篇小说集
6. Russian Famous Short Stories	俄罗斯短篇杰作
7. O. Henry's Short Stories	欧·享利短篇小说 （按：疑为"亨利"之误）
8. Allan Poe's Short Stories	爱伦波短篇小说

　　编辑部建议，以上小说家和小说集的作品都已有译本，译者不必再译。不难发现，表中有不少名字，都是新文化精英奉为圭臬的欧美作家。例如，俄国托尔斯泰（Leo Tolstoy，1828—1910）、契诃夫（Anton Chekhov，1860—1904）[2] 和法国莫泊桑（Guy de Maupassant，1850—1893），都是新文化精

----

[1]　参见刊方《编辑琐话》，载《小说世界》二卷十一期，1923 年 6 月 15 日。本文引用《小说世界》《小说月报》《小说大观》及《中华小说界》的文段均只注明来源文章的题目、见刊期数及日期，而页数从缺，乃因原刊以篇为单位标记页码，即每期每篇文章均从"一"开始标记页数，而笔者参考之原刊的影印本合订本和缩微资料，亦无重新标记页数。

[2]　即表中的"乞呵夫"；下文的"爱伦·坡"即表中的"爱伦波"。本文论述部分采用目前通用的外国作家译名。

英所称的"写实主义"（Realism，后称"现实主义"）或"自然主义"（Naturalism）的代表作家。1915年秋《新青年》创刊不久，陈独秀已在《现代欧洲文艺史谭》一文中宣告"现实主义"及"自然主义"为当前世界文艺潮流。文中列举的作家，除上述几位，尚有法国佐拉（Émile François Zola，1840—1902）、龚古尔兄弟（Edmond de Goncourt，1822—1879；Jules de Goncourt，1830—1890）、福楼拜（Gustave Flaubert，1821—1880）和都德（Alphonse Daudet，1840—1897），俄国屠格涅夫（Ivan Turgenev，1818—1883），以及挪威易卜生（Henry Ibsen,1828—1906）等人。[1]1917年，《新青年》的改革檄文《文学革命论》首次对中国文学提出"写实"呼召。陈独秀"三大主义"之一，正是"建设新鲜的立诚的写实文学"[2]。1921年，《小说月报》改组为新文化刊物，亦将写实主义作品的译介列为重点。[3]

上表列出的印度诗人泰戈尔（Rabindranath Tagore,1861—1941）和美国诗人爱伦·坡（Edgar Allan Poe，1809—1849），则是1920年代备受新文化精英推崇的作家。《小说月报》在1923年9月至10月推出上下两卷"太戈尔"，译介泰戈尔诗歌和有关文学评论；1924年1月又译出爱伦·坡的诗歌专论 The Poetic Principle（1850），为白话新诗举范。

上述作家和作品自1910年代新文化运动酝酿期以来，逐

---

[1]　陈独秀：《现代欧洲文艺史谭》，载《新青年》一卷三号，1915年11月15日，第269—270页。

[2]　陈独秀：《文学革命论》，载《新青年》二卷六号，1917年2月1日，第563—566页。

[3]　刊方：《改革宣言》，载《小说月报》十二卷一号，1921年1月10日。

渐被树立为新文学模范。在此过程中，翻译自然成为新文学自我发展的主要途径。最初明确提出以翻译西方文学为新文学之要务的，是胡适1918年在《新青年》发表的《建设的文学革命论》一文。胡适认为，当前的中国文学，无论体裁、题材、结构或布局，均不够完备，"实在不够给我们做模范"，此处的"我们"即立意从事新文学创作的人。相比之下，西洋的文学创作，"材料之精确，体裁之完备，命意之高超，描写之工切，心里解剖之细密，社会问题讨论之透彻"，都值得学习借鉴。新文学自谋发展的主要方法，正是"多多地翻译西洋的文学名著做我们的模范"[1]。寻求"模范"的呼吁，带有强烈的学习与模仿意欲。换言之，翻译而来的"模范"，其文学形式对未来的文学创作将有——起码是"模范"的构筑者希望有——某种指导功能；文学形式亦将经过杂志这一媒介而广为渗透延展。再者，《新青年》的文人圈子与民国政府教育部、北京大学多有重叠，份属有能力确立"经典"的官方机构。所以，此处的"模范"，不论就运作性质或建立者而言，都近似于多元系统论中的"经典"。

胡适所说的"西洋文学"，并非整个西方文库。他所举的范例，多为西欧尤其是英法名著，亦包括陈独秀所推许的"写实主义"作家。胡适的呼吁发出之后，《新青年》的文学翻译数量明显上升。[2] 在"寻求模范"的翻译思维之下，《新青年》

---

[1]　胡适:《建设的文学革命论》，载《新青年》四卷四号，1918年4月18日，第343—360页。

[2]　研究表明，第三卷译文字数占全卷约12%，第四卷突增至近30%。参见林立伟《文学革命与翻译：从多元系统理论看〈新青年〉的翻译》，载《翻译学报》2003年第8期，第21—38页。

的译介往往注重原著的"名家名著"地位。刊方亦习惯搜集有关原著的文字材料与译文同册刊出，如作者生平、文学评论、历史背景等，务求翔实再现原著所处的语境；刊方还会撰写导读与评论，配合出版。如此一来杂志出版一部译介名著时，往往同时推出一系列与之相关的翻译与原创作品，杂志如同专供研读西方作家的"课本"。刊方显然亦有意塑造"课本"的效果，甚至为某些西方作家推出杂志专号，例如《新青年》四卷六号为《易卜生号》（1918年4月）。这一译介模式，在改组后的《小说月报》也得到延续，例如第十四卷第九至十号的两册《泰戈尔号》（1923年9至10月）。这些形同教材的译介作品，无疑就是新文化精英所构筑的"模范"，是新文学之新"经典"的组成部分。

　　由此可推知，《小说世界》于1923年公布的上述清单，意味着新文化精英在1910年代中后期提出的新"经典"，在1920年代初已经普及流通，翻译工作亦趋于饱和。《小说世界》的编者、读者和译者均意识到外国文学为主的"经典"的存在，且有意选译，并在选译时避免重复，正可视为主动参与扩充"经典"的"形式库"（repetoire）的表现。循着多元系统论的思维，从这些迹象或可说明，精英提出的"经典"已有渗透延展的趋势；通俗文学杂志的文人圈子并不抗拒"经典"。

　　值得留意的是，早在新文化精英忙于酝酿"经典"之际，精英圈子以外的译者已经在翻译相同的作品。在此仅以获译介较多的作家为例，略举一二。俄国屠格涅夫的作品，《新青年》有陈嘏转译自英译本的《春潮》（一卷一号至四号，1915年9月15日至1916年12月15日）和《初恋》（一卷五号至二卷二号连载，1916年1月15日至1916年10月1日）。这两部小说连载的同一时期，《礼拜六》有短篇《鬼影》（第73期，1915年10月23日），《中华小说界》有《杜谨纳夫之名著》的四个短篇（二卷七期，1915年7月1日）。法国都德的短篇小说 *La Dernière Classe*，胡适1912年译为《割地》，刊于上海《大共和日报》（1912年11月5日），其后又出现《礼拜六》静英女士的译本《最后之授课》[1]，该杂志主编周瘦鹃也曾根据一出改编自都德小说 *Le Petit Chose* 的黑白无声电影，译出影戏小说《阿兄》（第24期，1914年11月14日）。都德作品的译作还有《小说大观》的《猴》（*Le Singe*）（瘦鹃译，第五号，1916年3月30日），《小说世界》的《顽童卖国记》（达观译，二卷三期，1923年4月20日）。法国莫泊桑的短篇小说，则有《礼拜六》的《密罗老人小传》（天虚我生译，第38期，1915年2月20日）和《伞》（半秋译，第74期，1915年10月30日），以及《小说大观》的《鹦鹉》（第五号，1916年3月30日），1920年代仍有《小说世界》的《溺者》（克文译，二卷十号，1923年6月8日）、《绯绯小姐》（达观译，八卷十三号，1924年12月26日）和连载专栏《星期消遣录》（赵开译，一卷八号至二卷六号，1923年2月23日至5月11日）等篇。丹麦小说家安徒生（Hans Anderson，1805—1875）的小说，则有《礼拜六》周瘦鹃译自英译本的《噫！祖母》（第64期，1915年8月21日）和《断坟残碣》（第68期，1915年9月18日）两篇。由此可见，上海通俗文学杂志和新文化精英刊物，在1910年代已对相同的欧美作家产生兴趣，译事活动有遥相呼应之势；到1920年

---

[1] 都德著，静英译：《最后之授课》，载《礼拜六》第42期。1915年3月20日，第24—27页。

代，一方面，新文学的"经典"得到官方认可，另一方面上海通俗文学杂志对这些"经典"作家的翻译仍在继续，对新"经典"并不抗拒，乃至默认。

然而，两方刊物在选译文本时虽有暗合重叠的迹象，译介思维却从一开始已有明显分别。由于论证规模所限，下文仅以几位外国作家的译介为例，逐一探讨。又为论证的相关性与严密性考虑，本文选择译例遵循以下原则：一、译例的原文，皆出自新文化精英所指定外国文学"经典"的代表作家之手，且译文在来源期刊占据一定篇幅，因而具有代表性；二、所选的作家在同一时期的通俗杂志亦有译介，以便于进行对比；三、用于平行对比的两方杂志翻译文本，尽可能在时间上相近，以显示在几近同步的翻译活动中，两方策略有何异同。译例的文本分析旨在表明，新文化刊物的译介往往就是新文学的"经典"的构建过程，刊方和译者对原著和作者抱有推崇的敬意，亦会从译本引申出文学观点，宣示文学主张；通俗文学杂志则没有表现如此策略，亦不谈论理论和"主义"，而是另有侧重，是为对新生"经典"的一种回应。

四、"经典"的引入：屠格涅夫的译介为例

前文提到，《新青年》早期评论已将"现实主义""写实主义""自然主义"视为当前文学大势，俄国屠格涅夫则为代表作家之一。屠格涅夫所著长篇小说的译本《春潮》，从《新青年》1915年9月创刊连载至1916年底，对于该杂志小说的译者和作者而言，正有范本之效，也是"经典"构建的开端。

1915年7月和10月，上海通俗文学杂志《中华小说界》和《礼拜六》也分别在刊内首次译介屠氏作品。这一几近同步的翻译选择，表明两方刊物的译者都同时意识到写实风潮正盛，并为本国文学之所缺，而有意引入，且先从大家入手。此外，通俗与精英杂志的选译难分先后，三位译者对屠氏的译名亦各有"屠格涅甫""杜瑾纳夫""杜及内甫"三种，可见两方文人虽有相同的翻译对象，却未必有相互影响，而更可能是自发选译的结果。因此，两方选译的动机、译本的呈现，正正值得对比探讨，以观察在新文化"经典"初建、未及流通时，通俗文人已然对"经典"文本抱持何种态度。

三个译本中，《新青年》的《春潮》和《中华小说界》的《杜瑾纳夫之名著》所提供的原著及作者数据较为完整。若观察两个译本的首页（下图），不难发现，两者最明显的区别在于标题附近原著与作者讯息的呈现。《杜瑾纳夫之名著》文题之下仅有"半侬"一名，没有标明其为译者，亦没有明确透露此为译作。若没有留意"名家小说"的分类或细读字体较小的译序，读者较难察觉翻译的事实，而易产生直观的错觉，认为文章是杂志文人"半侬"对某位外国作家的介绍。仅从排版上看，译者似乎比原著作者更为显眼，并呈现为文章的拥有者。

对比之下，《春潮》的标题下面作者和译者全名兼备，"俄国屠格涅甫原著"居最右边，"陈嘏译"在其左侧。中文若以纵向书写，顺序是从右到左，从上到下。换言之，按照最自然的阅读习惯，读者应该是先接触原著和作者，再看到译者。可以推知，杂志的编辑者有意将原著和作者安排译者之前，点明文章为译作的事实，文章的拥有者无疑是作者屠格涅夫，而非译者。此与《中华小说界》的译例恰好相反。目光所及的先后

左：《杜瑾纳夫之名著》（《中华小说界》，1915年7月1日）

右：《春潮》（《青年杂志》，1916年9月第二卷更名为《新青年》）

之差，实有地位的轻重之别。

《春潮》的译序，也强调他不屈于权贵的一生，突显其坚毅敢言的形象，配合他的"写实"的风格。换言之，译序大致以"写实主义"这一标签为依归，译者是以鉴赏和学习的心态来呈现作者形象。译者在赞美作品"意精词瞻"之外，更注重作者"身世多艰""得罪皇帝，被系狱"和"终生不复返国"等事实。这些铺陈与文末"咀嚼近代矛盾之文明，而扬其反抗之声"的描述互相呼应，为作者塑造了坚毅敢言的形象。此处的译者依然可透过标题下的署名和序言而为读者所见，但并没有通俗文学杂志译者所享有的对译作的占有权，形象亦不及原著的作者鲜明。从译序措辞行文又可知，译者对原著和作者抱有敬意，并未植入个人的文本解读，并向读者交代译文乃转译自英译本的事实，体现出一种面向原文和作者的翻译规范。

相比之下，《中华小说界》的译者更注重的是"措辞立言，均惨痛哀切，使人情不自禁"的阅读体验；翻译的动机之一，是以此等佳作，"饷我国小说家"。[1] 译者既是以"读者"的角度去欣赏原著，同时也以小说家"同行"的角度来推荐和分享原著，并没有附上"主义"的标签。

1915年10月，《礼拜六》的翻译小说《鬼影》同样译自屠格涅夫的作品，译者对作者的介绍亦出现了"写实"二字：

> 英国海滨杂志记者原按云：俄文家宜万杜及内甫，善著写实小说，为世界第一，其著作悉本诸己所亲历，与虚构者不同。此篇事情虽离奇，固宜万所身经也。文字极生动之致，读之如目击其事也。

就此所见，译者所根据的原文，来自英国海滨杂志；序言则译自英文杂志刊登原著时附带的介绍文字。"写实"一词，相信也来自英文。由于无法得知译者手中的"英国海滨杂志"为何物，故不能查证译者所说的"写实"是否从"realist"一字而来。此处的"写实"在字面上无疑与《新青年》此时致力推崇的"写实"一模一样，而屠格涅夫又是"写实主义"的代表人物，因此或可推测，《礼拜六》的译者对《新青年》此时的翻译活动和文学术语已有所知悉；在译介屠格涅夫的作品和介绍文字时，亦很可能自然用上了"realist"此时通行的对

---

[1] 杜瑾纳夫著，半侬译：《杜瑾纳夫之名著》，载《中华小说界》二卷七期，1915年7月1日。引文出自译者序言。

等词"写实"。如此一来，似乎正因文人选译有所交叠，新文化构建"经典"的术语得以渗入通俗文学杂志的话语。

两类杂志虽已同时出现了"写实"的译介文学，但杂志对该词的理解实有不同。按照《礼拜六》上述译者的表述，所谓"写实"是相对于"虚构"而言，意思指是作者写亲自目睹、亲身经历的真实事件。《礼拜六》译者甚至受这一理解的影响，而将作者屠格涅夫化为小说中的担任叙事者的主角，以求"眼见为实"的效果。事实上，《鬼影》一篇，经查证节译自屠格涅夫1869年短篇小说 *A Strange Story*。[1] 原著根据屠格涅夫对俄国社会阶级分化的观察而写成，故事则从一个青年旅行者的角度，以第一人称叙事；作者屠格涅夫并非没有参与其中。由此可见，《礼拜六》所说的"写实"近似于"纪实"和"报道"。在下节分析可见，精英话语中的"写实"，与通俗文人的"写实"，并不具有相同的内涵。

五、不要主义：通俗杂志的戏谑与导读

《新青年》初创刊时，通过梳理文艺思潮，推出了"写实"的口号，也介绍了一些代表作家，但未对"写实"一词做清晰定义。"写实主义""现实主义"（realism）和"自然主义"（naturalism）三个术语更是经常互换使用。直到1918年陈独秀提出文学革命的"三大主义"，才将"写实"明确解释

---

[1] 此为英译名。本文参考1899年英译本 *A Desperate Character and other Stories*。译者 Constance Garnett（1861—1946）是最早从事屠氏作品英译的译者，其译本亦为当时最通行可靠之选。

为"新鲜的立诚的",相对于"迂晦的艰涩的山林文学"的文学类别。[1] 换言之，新文化精英的"写实"一方面指坦诚、直接、明了的写作态度，另一方面亦指摆脱传统文学模式限制的写作手法，而且是一种可以指导写作和思想的"主义"。

1920年代以后，新文化刊物盛行"主义"的探讨，亦常以"主义"去界定西方作家的属性。1921年《小说月报》改组后，新设《海外文坛消息》栏目，刊登外国作家简介。是年二月号栏目内容尤为丰富，共介绍八位当代外国作家，其中五位都有"主义"的分类，如法国法郎士（Anatole France，1844—1924），被称为"勇敢的文学家和社会主义者"，西班牙伊本讷兹（Vincent Blasco Ibáñez，1867—1928）是"人道主义小说家"，巴西格拉沙亚伦哈（Graça Aranha，1868—1931）是"无政府主义者"，美国辛克莱（May Sinclair，1863—1946）是"乐观主义者"，英国倍纳德（Arnold Bennett，1867—1931）则是"女子主义者"。[2]

同一时期的上海通俗文学杂志，并没有顺应"主义"的潮流。译者介绍新的外国作家时，"主义"的有无，正是文人派别的标志。例如，法国作家巴比塞（Henri Barbusse，1873—1935），在1921年3月首次由《小说月报》得到介绍。杂志专栏《海外文坛消息》中"巴比塞的社会主义谭"一则，重点讲述巴比塞反对专制的光明社和光明运动；刊方还引述了他在巴黎报纸 *L'Humanité* 的政治评论《社会主义者之天职》，并称

---

[1] 陈独秀：《文学革命论》，载《新青年》二卷六号，1917年2月1日。

[2] 刊方：《海外文坛消息》，载《小说月报》十二卷二号，1921年2月10日。

他为"社会主义"作家。[1] 在1921年底，《礼拜六》率先译出巴比塞短篇小说九篇，均来自其短篇小说集英译本 *We Others*（1918）。[2] 译者选译的原因，却与"社会主义"无关，而主要因为巴比塞的"宗旨是弭战"，"描写战祸极其深刻"。[3] 上海通俗文学杂志在一战期间，刊方文人已不时借翻译和创作，以及战事影像的转印，表达对战争受害者的同情与关注（见第六章第一节）。巴比塞的译介，正是反战呼吁的延续。事实上，巴比塞在一战期间确实主张反战；1918年他移居俄罗斯，加入布尔什维克党，1923年归法，加入法国共产党，因此也确实可称为社会主义者。换言之，同为1921年的译介，《礼拜六》的译者看中的是作家和平反战的主张，而《小说月报》注重的则是作家的"主义"所代表的政治立场和文艺精神。

　　相比之下，1920年代上海通俗文学杂志对外国作家的介绍，除了没有"主义"之外，亦明显更注重趣味性。这些杂志设有类似《海外文坛消息》的栏目，但内容多为外国文人逸事、趣闻和小道消息。《红杂志》栏目《欧美小说家列传》，[4]

---

[1]　刊方：《海外文坛消息》，载《小说月报》十二卷三号，1921年3月10日。

[2]　译者周瘦鹃，《瘫》，第125期，1921年9月3日；《力》，第127期，1921年9月17日；《意外》，第129期，1921年10月1日；《定数》，第131期，1921年10月15日；《四人》，第133期，1921年10月29日；《阿弟》，第135期，1921年11月12日；《夫妇》，第137期，1921年11月26日；《骏马》，第139期，1921年12月10日；《守夜人》，第142期，1921年12月31日。原著是1918年短篇小说集 *We Others*：*Stories of Fate, Love and Pity*，英译者 Fitzwater Wray。中译者在译序的某些描述，例如小说集是新出版物，封面对巴比塞的宣传语句是"Author of 'Under Fire'"等等，均与该英译本的特征吻合；以上小说，亦能在其中找到对应的原文。因此，笔者确信该英译本是杂志译者所根据的原著。

[3]　巴比塞著，瘦鹃译：《瘫》，载《礼拜六》125期，1921年9月3日。

[4]　天恨：《红杂志》，1924年第40期起连载。

《红玫瑰》的《小说家之怪癖》[1] 以及《小说世界》的《世界文坛噪声》[2] 都属此类。

此外，通俗文学杂志的文人与读者亦不时表现出对"主义"的抗拒和讽刺。《礼拜六》曾有文言：

> 学术维新人，多研究德谟克拉主义，孟罗主义，浪漫主义，然余所最崇拜最信仰者，则大顽皮主义是也。[3]

杂志人自称宁可奉行"大顽皮主义"，无疑在调侃新文化精英提出的各种各样严肃的"主义"。《红杂志》《红玫瑰》的幽默栏目《西笑》也常借新女性的议题，多番调侃罗素"恋爱自由主义"和杜威"实验主义"。[4]《小说世界》曾有读者来信说，订阅外国杂志时应根据个人兴趣，言辞之间亦透露不要"主义"：

> 我们最好从性之所近，去订阅一二份，譬如妇女家庭杂志（*Ladies Home Journal*），成功（*Success*），文艺界（*Literary Digest*），星期六晚邮（*Saturday Evening Post*）等等，都是很普通的杂志，价钱也廉，没有任何

---

[1] 郑逸梅译自《英国滑稽日报》，1924年第12期起连载。

[2] 《小说世界》，1923年6月1日起《编者与读者》栏目下连载。

[3] 陈野鹤：《余之顽皮史》，载《礼拜六》第132期，1921年10月22日。

[4] 叶嘉：《"实用"的演变：民初上海杂志译报实践初探》，载《编译论丛》八卷一期，2015年3月，第27—33页。

主义的宣布 propaganda 在内。[1]

　　这段读者来信获得刊方选用并发表，表明刊方认为读者的意见有可取之处，值得分享。"没有任何主义的宣布"成了选订杂志的条件，可见刊方与读者对盛行各式"主义"并不热衷。尤其值得留意的是，这封不要"主义"的信件，在1923年6月8日见刊；同年6月10日出版的《小说月报》，则是以俄国社会主义革命小说为主要内容的《俄国革命专号》；同一个月，早期新文化运动刊物《新青年》改组为中国共产党中央理论性机关刊物。从这一时代背景看来，上海通俗文学杂志在1920年代的译事与创作中不提"主义"，甚至不要"主义"的主张，实已表明自身在杂志文化场景，正处于与新文化刊物截然不同的位置。

　　至于一些没有标签为"XX主义"的外国作家，两方杂志依然呈现不同的译介思维。例如，在1920年代，两方刊物都开始留意美国短篇小说家欧·亨利（O.Henry，1862—1910）的作品。《礼拜六》的译者、核心文人周瘦鹃对他的介绍如下：

　　　　欧亨利（O. Henry）是美国有名的短篇小说家。他的真姓名叫作威廉西德南德（William Sydney Porter）。一八六七年生在北加罗令那省的格林卜洛城。童子时，往戴克萨斯州，在一个畜牧场上做了几年工，后来漂泊到霍斯顿城中，投入一家报馆做事。一年后，他在奥斯汀城买了一种报，开办起来，自己

----

[1]　刊方：《交换》，载《小说世界》二卷十期，1923年6月8日。

做文章，自己作画，可辛勤极了。不上几时，却遭了失败，便又漂泊到中美洲，他在那里穷极无聊，混不过去，只索回到戴克萨斯州，在一家药店中服务两礼拜，便移到纽奥连司州。到这时他才做小说过活，有"四百万""城中之声""菜籽与国王"种种短篇的杰作，著作共有二百多篇，如今都成了名。欧美文家都称赞他是"美国的毛柏桑"。他死时去今不过十年左右，还在壮年时代。美国人至今很悼惜他呢。这一篇原名"The Last Leaf"，看他写情造意，是何等的好手笔。[1]

是篇为1921年译介小说《末叶》（*The Last Leaf*）的译后记。译者着重介绍欧·亨利的生平经历。有关其辗转职业生涯的叙述，占了后记的大半篇幅。译者选用"漂泊"（出现两次）、"穷极无聊"、"混"等字眼，将欧亨利塑造为一个半生辛苦落魄，终究成名的文人形象。

《小说月报》在1922年译介了欧·亨利的另一名篇《东方圣人的礼物》（*The Gift of the Magi*）。译者为新文化同人、文学研究会发起人之一郑振铎。译后记的介绍内也有生平简介：

> O. Henry 的原名是 William Sidney Porter。约在一千八百六十六年的时候，生于美洲之北加罗林那（North Carolina）。很小的时候，就随着他的母亲迁至 Texas 住。在 Texas 住了好数年，他只是非常活泼自

---

[1] 欧·亨利著，瘦鹃译：《末叶》，载《礼拜六》102期，1921年3月26日。

在地在牧场上游戏。长成的时候，对于著作极有兴趣。他的最初的作品，登载"The Houston Post"上，后来又到中美洲去旅行了一趟。归后，就在本地一间药材铺里当书记，仍旧闲时投稿到 New Orleans 的各日报上，大概都是小说，很受纽约及其他各埠的人的欢迎。自此以后，一直到了一千九百十年他死的时候，他都不断地为创作作品的努力，他的名字也一天高似一天，当时的人都极为他的作风所感化。[1]

对比可知，两则译后记所陈述的事件基本一致，但呈现的作者形象却极为不同。例如作者在牧场的生活，《礼拜六》描述为"童子做工"，此处则是"活泼自在"的"游戏"；又如中美洲一行，《礼拜六》形容为败走，"穷极无聊"地混日子，此处却是"旅行"。根据有关传记，欧·亨利在1896年前往中美洲洪都拉斯时，其身份是银行侵吞公款案的疑犯。[2] 两则介绍均无有关记载，是译者所持资料不详，或是两位译者均有意略去此事，目前无法查证。但"旅行"无疑比"败走"更有违事实。《礼拜六》中的欧·亨利一生漂泊辗转，写作生涯多舛。《小说月报》所塑造的欧·亨利却生气勃勃，一帆风顺。作者的两种文本形象，既映现鸳鸯蝴蝶派的哀情色彩，亦反映北京精英为了介绍名家范文而有意"抑恶扬善"的策略。

对于小说阅读方式，两份杂志的译者亦有不同见解。关于

---

[1] 欧·亨利著，郑振铎译：《东方圣人的礼物》，载《小说月报》十三卷五号，1922年5月10日。

[2] Encyclopædia Britannica Online, "O. Henry". https://www.britannica.com/biography/O-Henry.

《末叶》，译者周瘦鹃认为看点在于"写情造意"的"好手笔"，意即强调小说给人的情感体验。译者行文亦有诉诸读者、共同分享的意味，尤其是篇末"看他"一句。通篇读下，可知译者是以该篇小说的"读者"的角度来理解原著。在《东方圣人的礼物》的后记中，郑振铎则以"批评家"的角度，对欧·亨利的全体小说作品做出评论：

> 他的作品极简明，极紧迫，又极有精神，充满着有意识的滑稽。因他带着地方的色彩过多的缘故，外国的人却是极少读他的小说的。所以他的名字，除了美国以外，在别的地方都不甚知道。
>
> 在文学史上看起来，他的作品似乎也缺少些永久的价值。大概他的永久价值的减少，就是因为他的作品带了太多给当时的人欢迎的性质的缘故。
>
> 但无论如何，他的文学的艺术终究是非常高的。

郑氏一方面肯定作者的写作风格和艺术价值，另一方面又指出，由于地方色彩浓厚，又缺乏"永久的价值"，故只能博得当时当地的读者欢心，在国外知名度不高，流传不广。郑氏的译后记，并非针对这篇原著小说做出评论，而是将之视为范例和素材，借此提出对作家的全面评论，并引申出有关文艺价值的宏大课题。新文化刊物中的翻译小说，实有"教材"和"讲义"的性质，译者的角色亦不是"读者"，而是提供读法、引导读者的"批评家"和"教师"。

值得注意的是，富地方色彩和受读者欢迎此二特点，都被郑氏视为作品无法具备永恒价值的根本原因。这两点也是上海通俗文学杂志受到新文化阵营贬斥的特质。在这一译例中，郑氏虽无提及国内文学流派，但是他将原著作者地方色彩和受欢迎程度视为一部文学作品的败笔，并将之灌输给读者，无疑等同于对上海通俗文学杂志的否定。不论是"经典"或"非经典"的译介，两方杂志文人的观点与角度实已透露出彼此角逐中相互定位的一些重要策略。

六、结语

由以上译例可知，在新文化运动前后，新文化精英和上海通俗文学杂志的译事多有重叠，新文学"经典"的流通似乎亦无窒碍，但两方文人背后的翻译思维和解读方式并不相同，"经典"背后精英的文学价值观并没有全面渗入非精英的上海通俗杂志圈子。作为沟通中外文学之媒介的杂志译者，对于自身在跨文化交际中的角色亦有不同的认知。两方文人在种种有关翻译的选择和阐述中，已反复宣示自我，并针对对方文人的立场，做出或显或隐的针砭与对抗。

前文提到，一个文本被视为"经典"或"非经典"，并非由文本本身的内在特征所决定，而是由文本所在的历史、社会、文化环境，以及该文化中统治阶层的价值判断所决定。这一"决定"，是否能以某部政策或权威文本的出现为"经典化"完成的标志？文化系统的各个参与者对现行或新立的"经典"，是否顺利接受而毫无抵触？论文及此，或可再做思考。1920年左右，新文化精英与民国教育部的结合，而成为"经典"的唯一生产者。新文化精英以欧洲写实主义作品为模板和"经典"，推行文学改革，杂志翻译潮流亦随之改变。就本文所见，上海通俗文学杂志对于初建的新文化"经典"，实有诸多疑问和意见；源于晚清的翻译思维，亦并未消失殆尽。此时上海通俗文学杂志，显然没有全面接受新文化精英翻译而来的"经典"，对于配合"经典"而推出的各种"主义"，更是充满反感。换言之，这一时期的"经典化"过程，往往伴随着叛逆和质疑，亦确实不是单由某部官方文件的颁布，或某份改革宣言的发表就可宣告完成的过程，而是文化场域各参与者相互角逐的结果。本文出于篇幅考虑，研究范围仅在两派杂志之二三，文本分析亦重于少数具代表性的译例，固然恐为一隅之见。但就研究所得，民初二十年的文化变迁中，文人对翻译而来的"经典"所持的态度，确实可用于观察文人在文化场域中意图占据的位置，描摹两方文人之间的互动过程，对于翻译之于近现代文学史的意义，相信亦有一定启发。

跨学科视野中的翻译

《燕岩集》翻译之刍议 *

金明昊 **

张柳雅 译

一、前言

　　我非常荣幸能够受邀参加纪念韩国文学史顶尖文豪朴趾源先生逝世200周年学术大会并宣读论文。往事历历在目，还记得1987年我曾在韩国汉文学研究会（韩国汉文学会前身）主办的燕岩诞辰250周年纪念学术会议上做过关于《热河日记》的发表。[1] 时间如白驹过隙，转眼间20年已过去，学者们前赴后继的努力也化成了丰硕的民间成果。如今，燕岩及其文学已成为全民熟知的常识。很多教科书除了收录《两班传》《许生传》和《虎叱》等文章，也将《热河日记》等编入其中，"法古创新"一词作为集中体现燕岩文学论的词语，已像成语故事

* 本论文发表于2005年10月7日大东汉文学会举办的"纪念朴趾源先生去世200周年"的学术大会上（地点：岭南大学博物馆）。刊于《大东汉文学》第23辑，大东汉文学会，2005年12月。

** 本文作者为国立首尔大学教授。

[1]　金明昊：《燕行录的传统与热河日记》，《韩国汉文研究》第十一辑，韩国汉文学研究会，1988年，第41—51页。

一般广泛使用。由韩国汉文研究会主持建成的燕岩先生事迹碑——安义官衙旧址（咸阳君安义小学校园）也成了学术探访的圣地；甚至还有很多人慕名前往热河日记现场——中国热河（承德）进行探访。

燕岩研究正在朝着大众化的方向发展，但令笔者遗憾的是，《燕岩集》的全译工作仍然进展缓慢。尽管《燕岩集》之《热河日记》的全译本很久之前就已问世，但是关于一般诗文的翻译却仍有很多疏漏。本人在民族文化推进会（韩国古典翻译院的前身）的劝说和作为学者厚重的责任感促使下，开始了对《燕岩集》中燕岩诗文的全译工作。去年（2005）出版了部分成果韩文译著版《燕岩集2》，时值燕岩先生逝世200周年，笔者计划今年出版《燕岩集1》。

笔者之所以能够完成这部学界引首以望的《燕岩集》全译，其中雨田辛镐烈先生功不可没。从1978年起，先生就开办了《燕岩集》讲读会，每周对燕岩的诗文进行翻译和口述，直至先生逝世。[1] 先生的子弟们虽曾计划将《燕岩集》作为先生的遗作予以翻译出版，但鉴于口述原稿数量之庞大，不得不望而却步。笔者作为先生的弟子之一，因为从事燕岩文学的研究，便挑起了这一重担。由于当时笔者专注于瓛斋朴珪寿（燕岩之孙）的相关研究，计划研究工作结束后整理雨田先生的《燕岩集》翻译，但这一晃便是十多年，而笔者对瓛斋朴珪寿的研究也一直未能结束。这就使得《燕岩集》翻译原稿整理工作被长久地耽搁下来。在这期间，民族文化推进会将《燕岩集》

---

[1] 《燕岩集》讲读会的主要参加者包括郑良婉、宋载绍、林荧泽、金惠淑、郑惠媛、朱明姬、金均泰、郑元杓、郑学成、姜玲珠、金明昊、崔美汀、朴熙秉、沈庆昊。

选定为优先翻译项目，并于2003年8月拜托我以雨田先生合译形式对《燕岩集》进行翻译。时逢燕岩逝世200周年，也考虑到燕岩诗文全译出版的重要性，笔者便开始专心致力于此。[1]

二、翻译成果综述

截至目前有多种燕岩诗文选译本。在综述这些翻译成果之前，我们有必要对《燕岩集》中收录的一般诗文进行整理。最为广泛流传的原文是朴荣喆的活字本（1932），该版本的《燕岩集》共有17卷，其中第1卷到第10卷是一般诗文，第10卷到第15卷是《热河日记》，第16卷和第17卷是《课农小抄》。朴荣喆版本的《燕岩集》中收录的诗文种类大致可分为以下几类（括号中所注为篇数）：

　　1. 序（30）：序（20）/自序（3）/引（1）/赠序（3）/送序（2）/寿序（1）
　　2. 记（35）[2]

---

[1] （追记）辛镐烈、金明昊合译的《韩译燕岩集1·2》于2006年完刊，现以电子版形式刊载于韩国古典翻译院。此外，《韩译燕岩集》修正版于2007年由Dolbegae（石枕）出版社以《燕岩集上·中·下》三卷出版。

[2] 《安义县厉坛神宇记》（卷1）是朴齐家受燕岩所托而作的文章。这篇文章以《厉坛记》为题被收录在朴齐家的《贞蕤阁文集·第四卷》中。在《厉坛记》的题目下注释有"代人"一词。此外，原文还以空格代替了安义一词，加之以"邑名"的小注。由此推断，《安义县厉坛神宇记》应该的确为朴齐家受燕岩所托而作的诗文。然而，原文经过修改，修改不仅删掉了20多个字，还增加了另外的150余字。这些文字与原文文段字体形态相异。可见，燕岩应当对这篇文章进行了多处修改。笔者也将其看作是燕岩的文章而计算在内。

3. 跋（12）：跋（3）/题跋（7）/书后（2）[1]

4. 书牍（101）：书（52）/尺牍（49）

5. 传状（14）：传（8）[2]/行状（1）/家状（1）/事状（3）/谥状（1）

6. 碑志（18）：墓志铭（5）/墓碣铭（9）/墓表阴记（1）/神道碑（1）/纪迹碑（1）/塔铭（1）

7. 哀祭（11）：祭文（6）/进香文（2）/哀辞（3）

8. 论说（5）：论（4）/说（1）

9. 奏议（7）：疏（2）[3]/状启（2）/报牒（2）[4]/对策（1）[5]

10. 杂著（3）:《原土》（卷10）等[6]

11. 书事（1）：卷5《书李邦翼事》

12. 诗（42）：卷4《映带亭杂咏》32题

由此可见，这一版本的《燕岩集》共收录了燕岩的42首

---

[1]　除了《书广文传后》（卷8）之外，笔者将《李梦直哀辞》（卷3）后记也看作一篇独立的书后计算在内。因为在《燕岩集》目录中，以《书后附》的形式对这篇后记进行了交代。鉴于这篇文章是仿照韩愈的《欧阳生哀辞》所作，而韩愈的《题哀辞后》通常被视作与《欧阳生哀辞》不同的作品，所以此处作者也将这一书后单独计算在内。

[2]　《放琼阁外传》中的《易学大盗传》和《凤山学者传》由于已经失传，笔者在计算时将其排除在外。

[3]　笔者将《答巡使书》（卷2）的附录《监司自劾疏草》视作独立的一篇疏予以计算。因为金泽荣的《重编燕岩集》也以《代庆尚监司自劾疏》的题目将这篇疏独立收录在内。

[4]　笔者将《上巡使书》（卷2）的附录《兵营报草》和《上巡使书》（卷3）的附录《报草》分别视作了独立的一篇报牒。

[5]　《酒禁策》（卷3）因为已经失传，计算时将其排除之外。

[6]　笔者将《答任亭五论原道书》（卷2）的附录《书后杂说德性理气共二十四条》和《上巡使书》（卷2）的附录《附论邪学源委凡几条》分别看作独立的杂著。

一般诗作以及237篇文章。

就燕岩诗文翻译的主要成果，大致可概括如下内容[1]：

1. 洪起文（1960），《朴趾源作品选集1》[2]：翻译13首诗及78篇文章[3]

2. 李翼成（1992），《朴趾源》：翻译31篇文章[4]

3. 李家源、许敬震（1994），《燕岩朴趾源散文集》：翻译21篇文章及热河日记拔萃

4. 金血袥（1997），《还闭汝眼》：翻译95篇文章[5]

5. 郑珉（2000），《求似者非真也》：翻译文章48篇

其中，洪起文（1960）的译著尤为引人注目。这本选集

---

[1] "八一五"光复后，韩国第一本关于燕岩作品的译著当属李民树的《燕岩选集（第一辑）》（通文馆，1956年）。然而该译著的翻译对象局限于《两班传》《虎叱》《许生传》《广文者传》《闵翁传》《马祖传》《濊德先生传》以及《李烈妇事状》等八篇作品。同时，该译著在翻译过程中还有较为严重的随意省略、补充和意译的情况。此外，李乙浩等人共同译著的《韩国实学思想》（三省出版社，1977年）介绍了李东欢的译著《燕岩的社会思想·经济思想·文学思想》在内的代表性文章14篇（其中包括《热河日记》和《课农小抄》的抄译本）。

[2] 1991年平壤文艺出版社以《朴趾源作品集（1）》为题重印了这本译著。（该版本以金河明的题解替换了洪起文的题解，删除了《与诚之》《与人》《伯姊赠贞夫人朴氏墓志铭》等三篇文章。）洪起文的《朴趾源作品集2》翻译了《热河日记》的一部分。2004年韩国Bori出版社以《我是笑笑先生》为题重新编订出版了洪起文的《朴趾源作品集1》。（李商镐译的《热河日记》还包含了《许生传》和《虎叱》）

[3] 单独计算了《书广文传后》，包括了《课农小抄》中的《限民名田议》。

[4] 包括了《课农小抄》中的《限民名田议》和《总说》抄译。

[5] 包括了从《热河日记》中节选的15篇文章以及《限民名田议》。

不仅是《燕岩集》翻译的开山之作，翻译水平也相当高超。为了方便读者欣赏燕岩的诗文，作者除了收录诗歌，还按类型均衡地选定了文章，并翻译了其中近三成的文章。此外，作者还在开头添加了《朴趾源作品小议》《翻译凡例》和《燕岩集题解》，末尾附了《朴趾源年谱》以方便读者阅读。

为了纪念燕岩200周年诞辰，洪起文（1903—1992）曾在日本殖民时期的1937年发表过《朴燕岩的艺术和思想》一文。[1] 在这篇文章中，洪起文高度评价了燕岩的作品，他指出："燕岩的作品虽由汉文写成，但他却在写作过程中有意识地追求了民族文学的个性。"这种观点为后来燕岩研究指明了方向，即使在今天看来也可以称得上是真知灼见。同样，洪起文（1960）的《朴趾源作品小议》以及《燕岩集题解》不仅深入探讨了燕岩文学的特性，与金泽荣版本的《燕岩集》一同，批评了朴荣喆版《燕岩集》中存在的诸多问题。

《翻译凡例》还清晰地列出了翻译的五项原则，包括作品选择标准、作品排列顺序、题目名称的翻译、内容翻译方法和注解的标准等。这是后来的《燕岩集》译本都无法比拟的地方。由此我们也可以看出译者治学态度之严谨以及译著之尽心。一般来说，译者在翻译过程中很难实现忠实于原文和译文的大众化这二者之间的平衡。洪起文尽可能减少对汉文的含蓄性进行意译和润色，始终坚持着"少添加原文没有的内容、少删除原文已有的内容"原则。在注解过程中，译者没有停留在对固有成语的解释，还对易错句子，即容易导致误译或误解的句子，

---

[1] 《朝鲜日报》，1937年7月27日—8月1日，6次连载，《韩国汉文研究》11（1988）曾对此做过介绍。

以及原文错误或省略的地方进行了详细明了的注解。笔者认为，洪起文先生的这种翻译态度正是当代翻译学者应当学习的地方。[1]

洪起文的这本译著到了1990年代才介绍到韩国的学界。以此为基础，1990年代以后出现的选译本在很大程度上促进了古典著作的大众化。正是因为这些学者前赴后继的努力，韩国民众对燕岩著作的理解和认识不再局限于个别汉文小说，扩大到了大部分燕岩的诗作。尤其要指出的是，燕岩的小品散文引起了民众的很大关注。然而，无论是从翻译作品的数量还是从学术水平，这些作品都难以超越洪起文（1960）的译著。它们在作品选择和实际翻译时或多或少地受到了洪起文译著的影响。很多作品在忽略书志研究的情况下进行了翻译，也造成了很多局限性。

三、对专业性学术翻译的追求

为了真正超越洪起文（1960）的成果，我们不仅要对燕岩的诗文进行全译，还要在翻译过程中充分反映出译者对燕岩研究以及学界研究成果的掌握，以实现真正的学术性翻译。此外，译者还应当对现存的《燕岩集》异本进行广泛的收集和研究，以此为基础编定出可信的校勘本。[2] 注解也应当超越语句

---

[1] （追记）参考姜玲珠《小议洪起文的燕岩作品翻译成果》，《民族文化》第48辑，韩国古典翻译院，2016年12月。

[2] （追记）2012年檀国大学东洋学研究院发行了《渊民文库所藏的燕岩朴趾源作品笔写本丛书》19卷。金明昊：《燕岩文学之深层研究》，Dolbegae（石枕）出版社，

的简单释义，而将创作时期、创作背景、作品间的相互关系、难解及晦涩的词句等进行详细的阐释。

就《燕岩集》的异本研究来看，金允朝教授关于朴荣喆版本和国立中央图书馆所藏的胜溪文库本的对比研究可谓是开山之作。金血祚教授则对活字版金泽荣的《燕岩集》（1900）、《燕岩续集》（1901）、《重编燕岩集》（1917）、朴荣喆本等四种版本，以及崇实大学所藏的手抄本自然经室本、延世大学本、胜溪文库本、岭南大学本、燕岩后代所藏的《烟湘阁集》[1]、《云山万叠堂集》[2] 等六种异本分别进行了详细的研究和整理。[3]这一研究成果促进了学界对燕岩诗文的深入研究。如果一定要指出其不足之处，文章有些地方忽略了异本间的差异，也未能对这些差异做出作者自身的判断，没有指出所有异本都同时出现的错误，也就是原文本身带有的错误。

此次燕岩诗文全译不仅包含了上述提到的异本，还另外参考了以下手抄本。

1.《并世集》：尹光心编，国立中央图书馆藏书。
含《丛石观日（＝丛石亭观日出）》等2首诗及《赠弘

2013年，第225—316页以《热河日记》为中心对《燕岩集》异本进行了分析探讨。

[1]　1册，"燕岩山房"私稿纸。《楚亭集序》等27篇。收录在朴荣喆的《烟湘阁选本》第1·2卷中。包括了《热河日记》中的《夜出古北口记》《一夜九渡河记》《文丞相祠堂记》《黄金台记》《象记》等5篇文章。

[2]　1册，"燕岩山房"私稿纸。《澹然亭记》等33篇。收录在朴荣喆的第1·2卷《烟湘阁选本》中。包括了《热河日记》中的《夜出古北口记》《一夜九渡河记》《文丞相祠堂记》《黄金台记》《象记》等5篇文章。

[3]　金允朝：《探讨朴荣喆本〈燕岩集〉中存在的错误及其遗漏之处》，檀国汉文学会，《汉文学论集》，1992年，第10页。金血祚：《燕岩集异本的考察》，韩国汉文学会，《韩国汉文研究》，1994年，第17页。

文馆正字朴君墓志铭》等文章11篇。

　　其中《挽赵淑人》一诗未被收录在朴荣喆本的《燕岩集》中。此外，朴荣喆本中收录的《士章哀辞》的前半部分有100余字的缺漏，此处摘录了全文[1]。

　　2.《钟北小选》：燕岩后代藏书，1册。含《叙（＝钟北小选自序）》《夏夜宴记》《观物轩记（＝观斋记）》《麈公塔铭》《鬻梅牍（＝与人）》等11篇。[2]

　　《并世集》中《麈公塔铭》的末尾还添加了如下段落："地黄汤喻　演而说偈曰　我服地黄汤　泡腾沫涨　印我欢颜　一泡一我　一沫一吾　大泡大我　小沫小吾　我各有瞳　泡在瞳中　泡中有我　我又有瞳　我试嚬言　一齐蹙眉　我试笑焉　一齐解颐　我试怒焉　一齐搤腕　我试眠焉　一齐阖眼　谓厥塑身　安施垩泥　谓厥绣面　安施鍼丝　谓画笔描　安施彩色　谓檀木镌　安施彫刻　谓金铜铸　安试皷橐　我欲拨泡　欲抱其腰　我欲穿沫　欲抚其发　斯须器清　香歇光定　百我千我　了无声影　咦彼麈公　过去泡沫　为此碑者　现在泡沫　伊今以往　百千岁月　读此文者　未来泡沫　匪我暎泡　以泡暎泡　匪我暎沫　以沫暎沫　泡沫暎灭　何欢何

────────────

[1]　参考金允朝：《"并世集"所载燕岩作品探究》，安东汉文学会，《安东汉文学会论集》，1994年，第6页。

[2]　（叙）结尾写道"辛卯（1771）孟冬青荘漫题"，由此可推测出手抄年代。金荣镇在《朝鲜后期明清小品的接受和小品文展开样相》（高丽大学博士学位论文，2003年）中将其看作是洪大容的手泽本，并将其评价为收录燕岩作品手抄本中的最佳善本。（101页注解310）

恒。"李圭景的《诗家点灯》在介绍《麈公塔铭》全文时，在"评曰"中引用了上文（但与《并世集》有几字差异）。在梅宕（李德懋）评阅的《钟北小选》中以眉注的形式写道"余读麈公塔地黄汤喻 演而说偈曰"，继而将上述的段落引用在内（但与《并世集》和《诗家点灯》有几个字及顺序的些许差异）。由此可见，上述引用的段落并非燕岩所写，而是出自李德懋之手。另外，《诗家点灯》中也有"评之又评曰"以及"假佛语，寓儒旨，用笔微而婉，江郎曰，黯然销魂，余断章取义，以评麈公塔"的字句。这与《钟北小选》结尾的评语相一致，也再次说明了这一段落出自李德懋而非燕岩。

3.《燕岩诸阁记》：国立首尔大学藏书，1册，"燕岩山房"私稿纸，《百尺梧桐阁记》等7篇。其中，《李处士墓碣铭》中还收录了朴荣喆本中没有的两段评语。[1]

4.《百尺梧桐阁集》：藏书阁藏书，手抄本1册，《安义县社稷坛神宇记》等15篇[2]。

---

[1] 从县社废兴处，铺述感慨，文气菀然。凡为人作遗事而可备一县一国废兴沿革之故实者，必一县一国磊落奇伟之士，然几许不为世间恶笔所抹杀奄奄无生意哉，处士不幸为一县之士，亦幸而得此文，足以不朽千古。

[2] 包括《热河日记》中的《夜出古北口记》《一夜九渡河记》《象记》等三篇。《烈女朴氏传》头评与《燕岩诸阁记》相同。檀国大学所藏的《百尺梧桐阁集》共有两册。

5.《荷风竹露堂集》：成均馆大学藏书，"地"1
册[1]，"燕岩山房"私稿纸，《安义县县司祀郭侯记》等
41篇。[2]

6.《烟湘阁集》：成均馆大学藏书，1册，"燕岩
山房"私稿纸，《痴庵崔翁墓碣铭并序》等碑志11篇。[3]
值得注意的是，该版本在结尾附录了《文稿补遗目录》
和《热河日记补遗目录》。[4]

7.《燕岩集（散稿）》：成均馆大学藏书，1册。
虽然这本书只收录了《丽陵参奉王君墓碣铭》《云峰
县监崔侯墓碣铭》《伯嫂李恭人墓碣铭》等三篇文章，
但其资料价值巨大。

虽然朴荣喆本《参奉王君墓碣铭》记载"丙寅月
日终　寿八十三"，但是因为逝者的生年是肃宗丙辰
年（1676），如果享年83岁的话，亡故年份应当是英
祖34年（1758）戊寅年才对。上文的《丽陵参奉王君

---

[1]　檀国大学所藏《荷风竹露堂集》是"天"1卷。据此可推知《荷风竹露堂集》当
初应当是包含"天""地""人"三卷的巨著。

[2]　收录在朴荣喆本卷一·二《烟湘阁选本》中。此外还包括了《热河日记》中的《夜
出古北口记》《一夜九渡河记》《象记》《黄金台记》《文丞相祠堂记》等五篇文章。

[3]　前文所提到的燕岩后代所藏《烟湘阁集》收录了序和记，与此处所指的书作相异。

[4]　文稿补遗目录：忍斋记／实窝记／静存窝记／灌泉小集记／与人／与观斋／报巡
使草／上巡使书（请由）／醉默行状／丁亥草／壬戌草／烟湘偶笔／书许生后事／士
训（＝原士）／菊花诗轴序／□□画苑序／用砖说／老赖日记序／廋辞小引／跋辞（岭
南湖西）／尺牍　随录文集一千三百四十章冁画卷（＝冁画溪蒐逸）及补遗不计。

　《热河日记》补遗目录：金蓼小抄／杨梅诗话／天涯结邻集／热河宫殿记／热河
太学记／段楼笔谈／记李士龙文。

《墓碣铭》中除了记载是丙寅年，还正确地记载了亡者享年71岁的内容。朴荣喆本的铭辞虽已遗失，但是《丽陵参奉王君墓碣铭》却保存了"聚尘成泰恒，孰知厥德恒，德无大小然，遗厥嗣业恒"的铭辞。《伯嫂李恭人墓碣铭》中用"祗源"代替了"趾源"，俞晚柱的《钦英》中也将燕岩称作"祗"，可见祗源是燕岩的简称。

8.《东文集成》：宋伯玉撰。包括序·论·引（6）/墓志·碣碑·书牍（9）/记（2）/热河杂著（19）共26篇。

朴荣喆本《痴庵崔翁墓碣铭》中记载着"翁之友某丈"，"某姓某丈，翁之交友"的语句。这里作者分别指出人名为"翁之友高敬恒"，"林君岬，翁之父友也"。高敬恒是开城高名的处士，而林岬则是以《海东乐府》闻名的林昌泽之侄。[1]

9.《丽韩十家文钞》：金泽荣（1921），包括《会友录序》等17篇文章。[2]

此外，笔者参考的其他文献还包括《赠司宪府持平芮君墓志铭》中收录的《慕初斋实纪》（芮归周）[3]，《嘉义大夫行三

---

[1] 金泽荣：《崧阳耆旧传》卷1 学行传，高敬恒，卷2 文词传，林昌泽。

[2] 包括《热河日记》中的《幻戏记题辞》《夜出古北口记》《一夜九渡河记》《限民名田议》《诸家总论后附说》等5篇。

[3] 以《墓志铭》收录在卷1中，字句可能有些许出入，但是考虑到该处也指出原文

道统制使谥忠烈李公廓神道碑铭》中收录的《全州李氏敬宁君派世谱》[1]，《承旨赠吏曹判书罗隐李公谥状》中收录的《罗隐先生文集》（李东标）[2]，《炯庵行状》和《轮回梅十笺》等文集中收录的《青庄馆全书》（李德懋），《安义县厉坛神宇记》和《北学议序》等收录的《贞蕤阁文集》（朴齐家），《搜山海圆歌》和《笠联句》等收录的《泠斋集》（柳得恭），《夏夜访友记》收录的《自问是何言》（李书九），《愚夫艸序（＝燕石集序）》中收录的《燕石集》（俞彦镐），《蛞蜣转序（＝蜋丸集序）》中收录的《几何室诗藁略》（柳琏）等。

笔者灵活运用上述文献，不仅对原本进行了细致的校对，还在此基础上，对难解之处用通俗易懂的方式进行了注释。这里介绍部分注解的相关事例。

对异本之间存在的差异给出笔者的判断和主张。例：

《酬素玩亭夏夜访友记》（卷3）中，燕岩自赞"鼓琴似子桑□户　著书似扬雄"中遗漏了一个字。岭南大学本、胜溪文库本、延世大学本和金泽荣本去掉了这一空白，写作"鼓琴似子桑户"。笔者对此做了如下注解"子桑户是庄子《大宗师》中出现的人物，子桑户死后其莫逆之交——孟子反和子琴张二人或临尸编曲，或临尸鼓琴，相和而歌。因此，并不是子桑

中有"请作墓碣铭"的字句，可以大致推知该文章原受托之作是墓碣铭，但这里将其改做了墓志铭。此外，文章末尾还明确记载了"圣上十六年壬子月日　通训大夫安义县监潘南朴趾源撰"，可知这篇文章应该作于1972年。

[1]　结尾有"通政大夫行安义县监，兼晋州镇管兵马节制都尉，朴趾源撰"的字句，由此推知文章作于燕岩就任安义县监期间。

[2]　收录在卷8中。作者标记为徐有邻，可知这篇是燕岩代徐有邻所作。

户在鼓琴。这里可能是混淆了子桑户和同样出现在《大宗师》篇中的子桑。具体来说，子桑的朋友子舆裹食前往子桑家拜访，发现子桑正在鼓琴悲叹自己窘迫的处境"。因此，原文"鼓琴似子桑□户 著书似扬雄"正确的断句方法应该是"鼓琴似子桑□户 著书似扬雄"，同时这一缺漏的字可能是"闭"。也就是说，这句话记作"鼓琴似子桑闭户 著书似扬雄"可能更为恰当。但这种推测也存在问题，这与前句都用"××似××"的五字句形式不相符。并且尽管有苏洵"闭户读书"的说法，却鲜有扬雄"闭户读书"的记录。如此看来，子桑户中的"户"字可能是衍字。

就异本共同的错误，笔者指出它们可能是手抄或印刷上的误字、脱字、衍文和衍字。例：

①《拟请疏通疏》（卷3）中对于"记曰：'父母有若庶子庶孙，甚爱之，没身敬之不衰。'陈澔注曰：'贱者之所生也。'"有如下注解："此句出自陈澔的《礼记集说》第五卷《内则》。"但是无论是这里引用的内容还是陈澔的注解都与《礼记·内则》原文有所出入。完整的字句应该是"记曰：'父母有婢子若庶子庶孙，甚爱之，虽父母没，没身敬之不衰。'陈澔注曰：'婢子，贱者之所生也。''婢子'可释作贱妻之意，但陈澔将其解释为'贱妻所生子嗣'"。

② 诗《留宿潼关》（卷4）中错误地将潼关解释为东关。笔者在此处注释道："潼关是陕西、山西、河南三省要地，与朝鲜使臣朝贡路相去甚远。《热河日记》之《馹汛随笔》7月21日一条中也记载道'阻涨河，留东关驿'。"

③《答苍厓》（卷5）开头的"还他本分"是"还守本分"

的误写。笔者对此注解如下："因为'守'和'他'字的草书十分相近，可能撰者将其误认作了'他'。"在这封信的末尾，再次出现了与"守分"相近似的表达。金炳昱的《哭亡子墓文》中也有相似的例子——"惟愿从今以后，早谢名途，还守本分。"（《磊楼集》卷四）

④ 对于《蝉桥堂记》（卷7）"譬彼风声，声本是虚，着树为声"的词句，笔者注释如下："'声本是虚'将'风'误写作了'声'；《烈女咸阳朴氏传并序》（卷1）中有'风者有声而无形也'的说法。"

对于异本中存在的共同错误，笔者指出这可能是由于原文的错误。也就是说，燕岩可能在引用人名、地名、书名、原典出现了失误。例：

①《答巡使书》（卷2）"附论邪学源委凡几条"第五条"汉武帝元光二年……"中写到，单于把雁门尉史看作了"天主"是最早使用"天主"的事例。这是依据《资治通鉴》卷十八汉纪十世宗孝武皇帝元光二年的记事。然而《资治通鉴》的文章和作为其典据的《史记》《韩长孺列传》《匈奴列传》或《前汉书》都将这一词语记作了"天王"。由于燕岩主要参考的是《资治通鉴》，导致原文出现了少量的错误。例如，第六条中将人名"雍由调"误记作了"雍曲调"，第八条中将人名"伏古敦"误记作了"伏名敦"。第八条中将人名"候吕陵氏"误记作了"候陵吕氏"。笔者在注释中对此都一一进行了说明。

②《伯嫂恭仁李氏墓志铭》（卷2）和《祖父章简公府君家状》（卷9）中将"卓茂"错误地记作了"卓武"，并解释道，卓茂是后汉光武帝时被提拔的太傅的人物。

③关于《绝句四首》（卷4）第三首的转句"蔗尾闲谈推第一"，笔者注释道："这与李调元《尾蔗轩闲谈》中'将袁枚称作当代第一才士'的意思相同，蔗尾是尾蔗的误写。尾蔗是指从甘蔗味道较苦的末梢吃起，比喻'渐入佳境。'"[1]

④《书李邦翼事》结尾除了记载"邦翼所记道程，舆周行备览等书，沕合不差，故附录焉"，还记录了道程。这里出现很多地名的误记，例如将"浙工"记作了"江南"，而将"镇江府"误记作了"近江府"等。笔者在考证《清史稿》地理志的基础上，一一纠正了这些错吴。[2]

纠正了其他编辑上的错误。例：

因为《答任亭午论原道书》（卷2）结尾的朴宗侃（＝朴宗采）按说中写道"书后杂说德性理气共二十四条"，所以附录的杂说第四条"性之为字　从心从性（缺）　心直指　则气之盛而有质者也……"中"心直指　则气之盛而有质者也"应当区分作别条。为了防止断句错误引起的混淆，第17条中自"烛有时而昏"以下的文句也应当区分为别条。只有这样，所有条目合计成24条。笔者在注释中对此进行了解释，并对上述内容重新进行了分段。

---

[1]　金泽荣的《重编燕岩集》将该诗的第三首取名为《怀赠袁随园》，予以单独收录。《大东诗选》中也以相同的题目进行了转载。（由此可知，金荣镇的《朝鲜后期明清小品的接受和小品文展开样相》中 [130 页，注释395] 中将《怀赠袁随园》视为《燕岩集》遗漏的作品当是误判）另外，由于燕岩和袁枚之间并没有交往，这里将其看作"怀人诗"不太恰当。（胜溪文库本《燕岩集》的头注也以"恐非"进行了评价）第三首的起句和承句直接引用了袁枚的诗《博汇城》。

[2]　辛镐烈、金明昊译：《韩译燕岩集 2》，民族文化推进会，2004 年，第140—142页，参考原文48—49页。

为了方便读者鉴赏，笔者还对创作时期，创作背景，素材和主题，作品间相互关系等重要内容进行了补充说明。例：

　　①关于《麈公塔铭》（卷2），笔者注释如下："原文的麈（鹿＋圭）是麈字的误写。前者是鹿的一种，后者则属于獐，二者是不同的动物，由于汉字类似很容易被误写。与鹿相比，麈体型更大，据说它们一摇尾巴，群鹿都会跟着跑，因而也被视为鹿中之王。因此借用王中王的说法，有麈中麈的说法。麈尾则常被高僧所持，有去除烦恼和愚钝之意，因而常由高僧当作拂尘使用，也叫僧麈。"燕岩的内侄李正履认为这篇文章是斥佛之作；燕岩之子朴宗采将这篇文章给某位老僧看，在'斥佛之作'的问题上，老僧也同意李正履的说法。（朴宗采《过庭录》卷4）因此，我们可以大致推断这篇文章并不是为当时某位高僧的舍利塔所作，而是将僧麈拟人化地比作某位假想的高僧，以塔铭的形式来对佛教进行批判。

　　②关于《答巡使书》（卷3）的注释如下："由目录中的书信题目——《答巡使者论咸阳狱书》，我们可以推断这篇书信应当作于1792年（正祖16年）。书信的背景是燕岩赴任安义县监，在监管道内可疑狱事时，受庆尚监司郑大荣所托，作了这篇书信向庆尚监司表达自己的看法。《上巡使书》的书写背景也与此相同。《燕岩集（卷2）》中还收录以《答巡使论玄风县杀狱元犯误录书》为代表的其他类似书信4封。"

　　③关于《祖父章简公府君家状》（卷9）的注释如下："这篇家状作于燕岩晚年。根据朴宗采的《过庭录》，当时燕岩双目视力低下，胳膊也常感麻痹，通过向儿子口述，由儿子代为完成。朴宗采的《过庭录》将这一事实记录在1802年因章简公墓移葬问题而导致的与俞汉隽的山讼事件之后，1805年燕岩逝

世之前。此外家状中还以小注的形式追记了1803年章简公墓地移葬扬州的事实。由此推断，这一家状应该作于1802年左右。"

笔者对晦涩深奥，容易误译的词句注明了解释依据。例：

对于《答任亭午论原道书》（卷2）中出处不明的地方细加解释和注明。例如，笔者将"马牛之其起柄也，圆蹄先前，耦武先后，人之利用，右便于左，夫然则安在其男左而女右也，亦安事乎吉凶之异尚哉"翻译成了"牛马从马厩中起立时，马通常会先提起前蹄，而牛则会先抬起后蹄。[1] 人也一样，比起左边，人们更习惯右侧。[2] 因此哪有'男左女右'之法 [3]，以及'吉事尚左，凶事尚右'[4] 的说法。"同时将脚注38—41的内容也一并加注其中。

纠正了之前译著中一直沿袭下来的错误。例：

①洪起文（1960）把《琴鹤洞别墅小集记》（卷3）中"左

---

[1] 牛马……抬起后蹄：原文中"圆蹄先前，耦武先后"中圆蹄指的是蹄子为圆形的马，而耦武指的是牛蹄裂成两半的牛。"造化权与"中记载马属阳物，蹄为圆形，起先前足；牛属阴物，蹄裂，起先后足。《周易玩辞》卷15"马牛"。

[2] 人也一样，比起左边，人们更习惯右侧：原文是"人之利用 右便于左"，《热河日记·漠北行程录》8月7日的内容对�国御马法进行了批判，同时记载了"人之体用 右利于左，这一点与马相同"。

[3] "男左女右"：《礼记·内则》中指出，幼儿出生的第三个月之末，要选择一个吉日为幼儿剪发。但按规矩不能把胎发全部剪掉，要留下一部分，男的留个"角"，女的留个"羁"，或者男的留左边，女的留右边，即男左女右。此外，男孩出生后要在门左侧挂箭，女孩儿则在门右侧挂毛巾。行礼时，男子上抬左手，女子则上抬右手。

[4] "吉事尚左，凶事尚右"：《老子》中有"吉事尚左，凶事尚右"的说法。《礼记·檀弓上》中将吉事看作阳，拱手时应是左手向上，而凶事则是阴，所以拱手时是右手向上。此外，《仪礼集说》卷12中指出，男子在吉拜时应该举左手，丧拜时举右手；女子则相反。

温元帅，右马元帅，前赵玄坛"一句视作不得已而进行意译的代表性事例，并指出："温元帅、马元帅、赵玄坛都是鬼神的名字。如果将这些词语当作固有名词，只按音译的方法进行翻译，不仅导致阅读的乏味，还会令读者产生困惑。因此，将这些固有名词换作普通名词更为妥当。即将温元帅，马元帅，赵玄坛等词语换成神将或鬼神等。"（《翻译凡例》第17页）但是因为温元帅是道教敬奉的武神，所以笔者注释道："温元帅与马元帅、赵元帅（赵玄坛）、关元帅（关羽）一道被视为道教的'护法四神'，俗称'四大元帅'。这里或是在描绘他们的形象，或是意指写有他们称号的旗帜。"

②先前的译著对《闵翁传》（卷8）中的"参伯罗产"做出如下阐释，"罗州产的人参当之无愧是第一""人参当属新罗的土产品最佳"，"山参为自然生"等。但"参伯罗产"其实应该是说"岭南产的人参最好"。笔者在注释中对此进行了解释："朴思浩的《心田考》卷3《应求漫录》中指出我国的人参中，岭南产的称作罗参，岭东产的称作山参，而江界产的叫作江参。"

③先前的译著还将《两班传》（卷8）中的"漱口无过"解释为"刷牙时不可过度用力"。但这句话其实是"通过刷牙来去除口中异味"的意思。因此，笔者在注释时指出："古时称口中有异味为'口过'。唐朝武后（武则天）虽然深知宋之问很有才干，但因其'口过'过重而未予以起用。"

④《虞裳传》（卷8）中因为有很多难解晦涩的诗句，容易出现误译。举例来说，先前的译著中将引自李彦瑱《海览篇》中的"西泰利玛窦"一句误译为"西方人利玛窦"。笔者在注

释中将其纠正为"西泰是利玛窦的字"。

四、后记

朴荣喆本的《燕岩集》作为翻译的脚本，不仅收录了燕岩的全部著作，也是最初公开发刊的译文。我们不能仅仅因为朴荣喆的亲日行径就否认其在《燕岩集》翻译领域做出的巨大贡献。然而，我们也应该注意到编纂过程中出现了对原文的错误解读以及印刷失误，这一版本有些地方还遗漏了燕岩的文章。今后我们有必要对这些遗漏的作品进行进一步的发掘和考察。[1] 可以说，完成《燕岩集》的补遗篇是今后学界的重要课题之一。另外，朴荣喆本沿袭了手抄本编排的方式，导致了《燕岩集》编排次序的混乱。鉴于此，我们需要在解构朴荣喆本《燕岩集》的基础上，按种类和创作时间对所有的燕岩作品进行重新编排和整理。

为了翻译《燕岩集》，笔者仔细阅读了所有诗文，获得了

---

[1] 李家源：《"燕岩集"逸书·逸文以及附录之小考》，国语国文会，《国语国文学》39·40合并号（1968）；金允朝：《探讨朴荣喆本〈燕岩集〉错误和遗落之处》，檀国汉文学会，《汉文学论丛》10（1992），第318—320页；金血祚：《燕岩集异本的考察》，第172—174页；成均馆大学藏书，《烟湘阁集》，参考文稿补遗目录（脚注30）。此外还有燕岩文章《贞蕤阁文集》卷4，《答孔雀馆附原书》，以及《诗品论（假题）》。（金血祚：《朴趾源的散文文学》，成均馆大学大同文化研究院，2002年，416—417页，注释303。）最近，朴熙秉和郑珉教授一同翻译介绍了首尔大学博物馆所藏的《燕岩先生书简帖》中收录的30封书信。只流传题目的书信有《清脾录序》和《渤海考序》等。一直以来被误认为是燕岩文章的《清香堂李公（＝李先生）墓志铭》，《竹阁李公（李先生）墓志铭》被证实是其妻兄李在诚所作，而《千字》《史略不可读说》《通鉴节要不可读说》则是茶山丁若镛的作品。

以下几点体会。近年来，有很多关于朝鲜后期"实学"名称与其实质名不相符的质疑，有些甚至对历史本身提出了质疑，也有很多人怀疑实学在近代民族主义和近代思想起源中所起的作用。针对这一问题，笔者认为就思想史来看，如果说高丽末朝鲜初期的性理学是通过佛教对儒学进行变革的"新儒学"（Neo-Confucianism），朝鲜后期的实学就是通过西学实现儒学史第二次变革的尝试，我们也许可以将实学看作是"新新儒学"。实学应当是在西学东渐的世界史趋势下试图将儒学变革为近代思想的最终失败的一种尝试。[1]东亚最早接受西欧列强主导的世界资本主义体制的17—18世纪，即"实学时代"到如今在全球范围内最终确立世界资本主义体制，我们可以把这段时间看作世界化与主体性相矛盾的，同质而又连续的时代。实学的现代意义就在于此。

从这一角度来看，燕岩诗文中最为引人注目的当是《绘声园集跋》。燕岩在这篇文章的开篇写道："古之言朋友者，或称第二吾。"这出自利玛窦《交友论》的第一条"吾友非他，即我之半，乃第二我也"[2]。他接着继续沿用利玛窦的说法写道："是故造字者，羽借为朋，手又为友，言若鸟之雨翼而人之有两手。"交友论的原注中有"友字古篆作㕜，即两手也，可有

---

[1] 在这一点上，笔者十分同意林荧泽教授将实学定义为"西学东渐的全球史背景下思想觉醒的产物"这一观点。林荧泽：《从茶山学团到海洋打开学知：以李纲会为例》，成均馆大学东亚学术院学术会议资料集（2005.9.7），第93页。

[2] 《交友论》（1595）是利玛窦为了迎合中国人的口味，将西方哲学家关于友情的发言和谚语进行修改编撰后介绍给中国人的书籍。该书当时备受欢迎，成为了"西学东渐"思潮的发端，是具有里程碑似的文献。（平川祐弘：《利玛窦》，《东亚》，2000年，第264—267页）交友论第一条引自西塞罗（Cicerco）的友情论（de Amitica）。（宋荣培译注：《交友论·外2篇》，首尔大学出版部，2000年，第7页注释7）

而不可无，朋字古篆作羽，即㚼习羽，鸟备之，方能飞。"[1] 燕岩从初期作品《放琼阁外传》开始极力主张朋友之间的信义。这可能是儒学伦理中唯一与近代平等思想相近的地方。燕岩主张超越两班党派间的分裂与对立，超越庶民和平贱民之分、华夷之别，追求真正的友情。因此，尽管他排斥天主教，将其视为邪学，却仍然十分赞同西方书籍中关于友谊之道的劝说。

笔者原本想在纪念燕岩逝世200周年之际，完成一篇题为《燕岩与西学》的论文，探究西学对燕岩实学思想的影响，由于一直忙于《燕岩集》的翻译而未能如愿。也是因为这种遗憾，笔者决定在这篇文章末尾赘述一点不成熟的想法，希望未来能够有机会完成这篇论文。[2]

---

[1] 这里是《交友论》第56条"上帝给人双目双手双足 欲两友相助 方为事有成矣"的原注。"朋"字没有定论，一说认为其为"倗"字之假借字，一说认为其为凤字古字，一说认为其由两个"月"字、或两个"肉"字、或两个"贝"字合成。"友"字是由两个表示手的"又"字组成，是会意字。

[2] （追记）参考金明昊：《西学对燕岩实学思想的影响》，《燕岩文学的深层探究》，Dolbaege（石枕）出版社，2013年，第1 3—177页。

论如何精确品味汉诗

宋寯镐 *

陈伟根 译

本文旨在帮助读者尽可能了解和体会韩国的汉诗蕴含的内容和品味汉诗的方法，旨在保留汉诗作者的内心情感和创作技巧，勾勒出汉诗文学的风貌。

时至今日，韩国人普遍认为汉字和汉文是别人的东西。然而，韩国的祖先因为没有自己的固有文字，不得不借用汉字和汉文，他们通过学习和吸收，几乎把汉字当成自己与生俱来的东西。汉字变成了日常的生活手段，在记录和表达所有想法和感情方面，是必不可少的工具。因此，古人自然而然地认识并接受汉诗是韩民族的文学载体。实际上，对于古人来说，相比于用韩文创作诗歌，汉诗创作显得更加简单和自然。

从地缘政治层面来说，韩国从历史初始阶段就位于东亚地区，处于以中国为中心的共同文化圈。汉字和汉文是这一共同文化圈的基本工具。韩民族不可避免地要学习和使用汉字和汉文，他们选择了积极而主动地学习和接受汉文。

---

* 作者为延世大学名誉教授。

韩国的祖先很早就尝试学习和使用汉字和汉文，结果在融入和参与这一共同文化圈方面取得了丰硕的成果。特别是在汉文学的精髓——汉诗创作上，古人更是积极踊跃，在国内外都取得了不俗的成果和影响。汉诗的创作不仅能够实现个人的出人头地，也是当时国际文化人必备的素养，在提高国家地位、改善与他国的外交关系方面，汉诗创作也是必不可少，必须具备的一项条件。

高句丽的乙支文德和新罗的真德女王，都曾用诗歌发挥了外交斡旋的作用。新罗晚期的崔致远，更是驰誉诗坛。唐朝时期，他凭借自己的才华，获得了个人的声望，还提高了新罗的国际地位和文化声誉。高丽的李齐贤、李穑在中国也是赫赫有名。权近、李廷龟等人，用诗文解决了与中国的外交问题。申维翰和朝鲜王朝末期的"诗四家"在中国和日本都声名远扬。他们的事迹足以证明韩国的汉诗和汉文达到了相当高的水平，发挥了巨大的作用。

一、读懂诗歌

读懂汉诗是指将这些汉诗作品看作一个整体，了解其中蕴涵着什么，表达了什么，以及为什么能有这些情感的流露。换句话说，就是要了解作家留存在作品中的情感、观念的本质和种类，了解这些本质如何充分转化为声音，化为歌谣（所谓声音和心气合一的"声气之和"），或者是如何充分转化为画面，描绘成景象（所谓带有声音的"有声画"）。我们要尽可能通过想象，代入作家的角色，回归到作品创作的时光和空间，重温作品。

比如崔寿峸的《题壁》（也有人说这首诗的作者是无名氏或是郑希良）中的："水泽鱼龙国，山林鸟兽家。孤舟明月客，何处是生涯"，若用散文的脉络做解，就是"水和池塘是鱼的国家，山林和树林是鸟兽的家，一叶孤舟，一轮明月，和孤独的游子，何处才是生涯啊？"。可见用韩国语解析这首诗歌，就无法清晰地把握这首诗的主题和诗思的具体轮廓，也就无法推断诗思的情感本质。然而，颈联"孤舟明月客"中的"客"明显是这首诗的主体，就算我们不知道这过客是作者的替身还是虚构的人物，仅从"一叶孤舟和游子"，以及"月光皎洁的夜晚和游子"来看，确实是"漂泊流浪的孤独游子"。

这首诗将主体设在了如此艰难的处境中，通过首联和颔联的鱼和鸟兽与这一处境形成了对比，由此抒发情感。如果将此作为一个整体来解释，即可译成"鱼把水塘作为自己的国家，鸟兽把山林作为自己的家"，尾联的"生涯"就可以超越词典的字面义，灵活地扩大该词的外延，译成"栖身之地"，和颈联相连，翻成："月光皎洁的夜晚，身处在一片孤舟的游子，能在何处找到栖身之地呢？"

以此细品这首诗，就是"游子乘着一片孤舟，在月光皎洁的夜晚四处漂泊，鱼尚且有水塘这样能安定生活的地方，鸟兽在山林中也有安定生活的家，而游子的处境却连鱼虫鸟兽都不如，哪里都没有安身之处"，是一首无可奈何，长吁短叹的诗歌。

又比如白光勋的《题杨通判应遇青溪障，名士奇》中的"薄领催年鬓，溪山如画图。沙平旧岸是，月白钓船孤"仅看诗文，很难把握诗思的内在实质及其轮廓，自然也搞不清诗的主题。

　　为了读懂这首诗的深层含义，我们首先要知道，以前的书生即便做了官，也不会认为官宦生涯是真正的生活，反而觉得纯粹朴素的乡村生活才是真正的生活。首联的"薄领"是指官府的文书，寓意着饱受公文处理折磨的官宦生活。公文使人衰老，两鬓斑白。首联就是感慨和叹息令人厌烦的世俗官宦生活。颔联的"溪山"指的是故乡般的乡村山水。颔联发出了充满喜悦与惊讶的赞叹："啊，这般山河美景尽在屏风的画里啊！"首联的叹息在颔联变成了喜悦与惊讶。话者（作者）面对这幅画，尘封的故乡记忆自然而然地浮上了心头。

　　颈联和尾联描写的屏风画（实际只是青溪图）是自己儿时享乐的故乡美景。两句诗共同展现了一幅乡村夜景：光风霁月的夜里，只有一艘小渔船。我不在其中，既感到一丝孤独，又为不在这夜景而感到可惜。

　　带着上面的寓意重新鉴赏这首诗歌，就可以译为："公文处理催人老，乡村山水美景跑进了画！沙子满地的小丘陵就在此地，月光皎洁的夜里，只有一艘小渔船，真孤独啊！"

　　着手研究汉诗解析和品味工作之前，还要省察几项基本工作。我们要一一回顾和了解古人在汉诗创作过程中的时空背景、与之相呼应的价值观，以及汉诗本身的语言文字特征。

二、从现在和世俗回归到过去和自然，肯定青少年和晚年时光，寻求真实纯朴的人性

　　就如所有文学的终极目标是人性化，韩国汉诗的终极追求

也是成为一个拥有美好性情的人。因而首先要了解韩国汉诗追求的理想人格是什么样的。为了深入挖掘这一问题，首先要了解当时创作汉诗的知识分子阶层，所谓书生阶层，以及当时生活在偏远乡村的农夫和妇女，甚至可以包含近来我们的父亲和兄弟们普遍认可的日常生活的价值，即关于人性的观念。

　　不论是我们的祖先，还是当今的我们，都会觉得所谓的好人，就是真诚的人，或是纯朴的人。真诚与纯朴，不是人格中两个互不相关的侧面，而是相得益彰的互补关系。一个善良真诚的人自然是纯朴的，纯朴的人当然也是真诚的。

　　古时候，人们认为真诚纯朴的人性是上天的恩赐。这种观念反映了天与人的关系，蕴含着古人的愿望与期许。人们相信，真诚纯朴的人生活着的世界也是真诚纯朴的。这种信念让他们超越现实，追求理想的境地。

　　如今在偏远农村地区，人们遇到一个老实纯朴、不说谎、近乎傻瓜，安分守己的人会说这个人"好古真啊！"或者说"这人真天真啊！"也会说："真像古人啊！"

　　如若仔细推敲和品味人们评价老实纯朴的人时的"好古真""真天真"以及"真像古人"，就会发现它蕴含着两种观念的根源。

　　其一就是真诚和纯朴的人性作为本质的东西，是上天赋予的东西。从教育和教养的角度来看，这句话启发人们要效仿上天，在世俗生活中，抛弃一切欲望（物欲、名利心、性欲等），重新找回上天赐予的真实纯朴的人性。人们对此深信不疑，恳切希望能做到这一点。

　　将天赋的真实纯朴的人性完全内化为自己的人格，积极面对世间诸事，刚正不阿，堂堂正正应对协调的才是大丈夫和君子的气魄。这与孟子所说的"浩然之气"是息息相关的。抵挡世俗无数的诱惑（富贵与功名等）和威胁，安分守己，保护好上天赋予的真诚纯朴的人格，陶冶性情，与孟子所讲的"养夜气"相连。

林椿的《逸斋记》中提到老人"内天外人"，金克己的《有感》也谈到"浮名伤真性"，可以看出金克己担心虚妄的名声会让我们失去天生的纯朴真诚的性情。郑钦之在《甲山邑馆》中写到"居民但自知耕凿，纯朴依然太古风"，颂扬回到乡村，回到古代，回归本真的信念。李奎报也在《东明王篇》中颂扬道："太古纯朴时。"又比如李珥的《至夜书怀》中，写有"处心阔如天"，要让自己的心性如同苍天一样广阔和坦荡。金麟厚在《题柳上舍诗卷》中，写下"怡怡一堂内，友爱是天真"，确信一家人和和睦睦，感情深厚，是源于上天赋予的真诚纯朴的性情。我们无数的古人，就这样赞美上天赋予的纯朴人性，劝勉人们陶冶性情，反躬自省。

直到今天，我们依旧能看到偏远乡下的村民对犯大罪或错误的人说："你会遭天谴的。"又或者说是："你不怕老天爷吗？"庄稼无论是收成好，还是颗粒无收，都会把它看成"天意"，听天由命。从这些方面来看，可以确定古人虽然没有把上天当成宗教意义上的神，但却认为是所谓"至公无私""光明正大"的绝对典范，既敬畏上天，又跟随和效仿上天。

另外一点是将古人视为楷模的观念。这一观点认为古人更加纯朴忠厚，保留了更多上天赋予的品格。我们的祖先认为活在当今的人们被淹没在各种欲望的诱惑之中，已经不再那么真实纯朴了。因为这一认识根深蒂固，他们提倡把古人当作榜样，向古人学习，效仿古人，最终做到恢复我们各自原本应有的那个真诚纯朴的自我。因为诗人都抱有这种想法，汉诗也就不约而同地追求复古。我们的祖先不仅相信古人真诚纯朴，还认为他们生活的民风和社会也是非常淳朴的。

这样的看法在儒家，称为"至治"的时代，即以唐尧舜禹之前的时代为界限。当时的人们性情真诚，民风淳朴，不需要人为的干预治理，自然而然实现天下大治。因而韩国的汉诗时常出现回到"古代"的情况，这个"古"不是单纯的物理时间概念，还涵盖着古时候淳朴的民风和风俗。将古人视为楷模，追求达到古人的境界，在汉诗创作上呈现为回归古代的特点。

崔思齐的《古意》写道："羲轩去太忙，天地何早辟。"崔思齐不禁感慨那真实纯朴的上古时代伏羲氏、轩辕氏走得那么匆忙，真的太可惜了。李奎报在《老巫篇》的并序中写道："世质民淳，将复太古之风。"他也确信在古代，所有东西都保留了上天赋予的样子，世间质朴忠厚。

李滉在《陶山十二曲》中写道："古人见不到我，我也见不到古人。虽然见不到古人，古时候的路还在眼前。古时候的路就在眼前，我们难道不追随前人的脚步吗？"李滉以此表明要走古人走过的路。这首时调里指的"古人"最终指向的人物是孔子一样的圣人，但广义上，包含了所有质朴忠厚的古人。文中提到的"古时候的路"，原则上是指儒家圣贤们的道义，但也包含所有真诚生活过的古人行迹。

金麟厚在《饮酒》中写道："芒芒邃古初，大朴含清真。"他认为离现世越远，人和所有事物被上天赋予的本质越是纯朴。

崔庆昌在《武夷洞》中写道："落日临清池，披襟照我面。古迹尚依然，古人不可见。"诗人想见古人却见不到，感到非常可惜，不禁慨叹，赋诗一首。这里的古人自然也是和前文一样，指的是拥有真诚纯朴品格的人物。

李德懋在《潮村宗人光燮舍，遇心溪宗人光锡及朴在先》中写道："谩咏非今体，微醺即古心。"李德懋表达了讨厌当今的诗体，欲效仿古人的心情，因为实现了仿古的心愿，即便只是片刻间，也感到非常高兴。

不仅是古人，当今的我们也认为古代的东西是真诚纯朴的，并希求那些境界，这种意识依旧留存在我们内心深处。在大雪纷飞，银装素裹的城市，马路上的车辆少很多的时候，冒着白雪行走的人们感觉就和古时候的人一样，十分素朴和真实。被大雪盖住的一间间房屋，令人感到十分静寂，我们不禁会联想起那远古时期某个自然纯朴的乡村。我们通过这种感性的认识，发觉内心深处依旧存有仿古的意识。

把古人当成楷模的前提是认为古人真诚纯朴的性情是上天赋予的。归根结底，这和之前提到的"真实纯朴的性情是从上天得到的"思想是一致的。

古人们想离开人心刻薄狡诈的世俗空间，比如像首尔（当时是首尔和开城等城市），脱离尘寰，在自然田园或乡村寻找民风淳朴、老实忠厚的人。因而他们十分向往在水平空间回归到田园乡村。这刚好是我们的祖先希求的东西，他们坚信真诚纯朴的人，不是在首尔或其他城市，而是在自然田园和乡村。因此，回归田园与乡村就是要和真诚忠厚的人一起生活，在那样的风俗民俗中被同化，恢复本来的自我。这是不知不觉间流露出的人的本能。

实际上，这种观念作为我们思想的基础，依旧留存在我们内心中。比如说，我们会对首尔人说："首尔吝啬鬼。"觉得他们老谋深算，诡计多端。相反，我们都认为住在偏远乡村的村民们是老实憨厚的。几年前，住在江原道偏僻山村的英子姑娘的事迹上了电视，我们对她的故事都感到新鲜好奇，都怀着真实质朴的思乡之情观看过她的故事。

李亮渊的《村家》中写道："我裳茂山布，较麤君所着。随俗不染青，终是太淡泊。"他说自己居住在山间小屋，穿着茂山产的麻衣生活，这粗麻布和首尔人穿的衣服不一样，相比于他们昂贵舒适的细布，我这麻布粗衣布料粗糙、价格便宜。然而却不随波逐流，不为追求美观用蓝色染料染布。自己非常喜欢质朴无华、十分素净的粗麻布。换句话说，这首诗表达了诗人抛弃世俗人为的装扮，愿被天然造就、自然生成的真诚纯朴所同化的感情。

申纬也在《春日山居》中写道："县市人心恶，山村物性良。茅茨三四屋，鸡犬尽羲皇。"城市人心险恶，相反，深山老林里的村庄，连动物都是生性善良，用茅草做房顶的几间小屋，有几只鸡和小狗，它们如同生活在远古的伏羲氏和黄帝轩辕氏时代，真实纯朴，性情温顺。他认为以前的人和生活在自然乡村里的人都是真实纯朴的。相反，现在的人们和生活在城市里的人相对来说就不那么真实纯朴了。

除了上文提到的作品，还有许多作品，尽管它们没有直接涉及真实忠厚的人性或纯朴的风俗，其前提都认为古代、自然的田园风光和乡村的民风民俗是纯朴的，这是创作意识的基础。只有认识到这一点，才能把握先人创作的汉诗所追求的人性化内涵。

还比如现在广为人知的"士农工商"，是根据身份和职业划分的社会阶层。我们应该注意到四民意识也是以真实纯朴的人性为中心，根据身份和职业是否保有和在多大程度上保有真实纯朴的人性的差别来划分的。书生（士）作为真实纯朴的存在，修身养性，陶冶情操，要始终自觉担负起率先垂范的重任，因而"士"自然在首位。农夫虽然不带有自觉性，他们依照上天的自然规律，保留着真诚纯朴的人性，过着没有贪念，无欲无求的生活，所以农民排在次位。工匠制造工具为人类带来了便利，但他们追求的是人为的功能，而非保留原本自然的状况，所以工匠排在农民后面。商人追逐的是利润，而不是与生俱来的真实性，他们还激发人类的欲望，所以商人放在了最后一位。

在与生俱来的真实性和朴实人性的观点方面，古人也会按照年龄区分人群，甚至可以说是歧视。其实当今的人们大体也会同意这一点。韩国的汉诗登场的人物主要是老人或小孩，可以看出我们的祖先非常肯定少年和老年人的人性，与之相反，非常否定青壮年时期的人性。

事实上，少年时期的小孩确实天真烂漫和单纯。相反，青壮年时期的年轻人相对来说充满无穷无尽的欲望（比如物欲、名利欲、性欲等），并深陷其中，很多时候不能做到知足常乐。估计是因为讨厌年轻人，韩国语的"庄重"一词来源可能和"不再年轻"有关，是由"不再年轻"缩略后产生的单词。过了青壮年时期，日渐衰老的老人因为欲望几乎都已消耗殆尽，重新找回曾经因为陷入欲望而失去的真实纯朴的人性。谁都无法否定这一过程。

如上文提到的，每一个时期天生的真实性和朴实人性都互不相同，把保有丧失，以及恢复的过程画成图的话，就是下图。

根据人性区分人群的观点，以及上天赋予的真诚朴实的人性（即终极追求的模型），在古人无数的汉诗作品中都被提及和探讨。追求人性成了无数汉诗作品永恒不变的终极主题。前文提到的"复古""归隐自然山水和田园"，以及"肯定少年和老年时期"等观念，都是自我和我们为了重新找回那真实纯

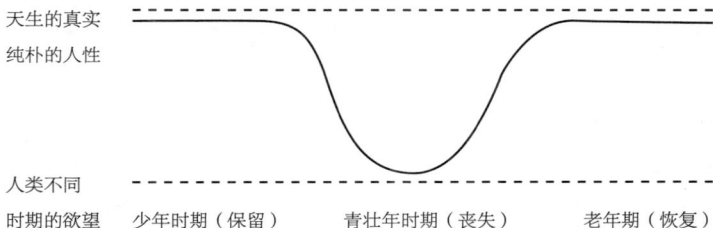

天生的真实
纯朴的人性

人类不同
时期的欲望　　少年时期（保留）　　青壮年时期（丧失）　　老年期（恢复）

朴的人性而不懈追求的过程。

追求真实纯朴的人性观，不是从某个宗教真理中领会到的，也不是接受圣贤的教诲领悟的，而是自然而然产生的，认为人理所当然地要追求这种境界。这种观念不仅关涉到个体的人格，还包括了拥有这种人格的主人公形成的文化和社会。

古人和当今的我们都认为，培养端正的品行、陶冶情操必须要克制欲望和不弄虚作假。这在追求真实纯朴的人性过程中，是非常自然，也是理所应当的事情。

三、韩国语的语言文字与汉文的区别

这部分旨在探讨韩国语的语言文字和汉字汉文的不同而产生的问题。韩国的汉诗作品在语言表达和结构上，可谓艰深晦涩，内容高深，难以理解，还蕴含了深奥的意义和奥妙的情感，

如若草率马虎、走马观花式地阅读和鉴赏，是读不懂汉诗的。为了品味汉诗，我们首先要研究两种语言不同的语言特性。

韩国语和汉语在语言感觉、语言色彩和词汇所包含的概念性格和范畴方面都有相当大的差异。

比如说，韩国的汉字辞典，把"赤""朱""红"都解释为"红"，我们无法弄清这三个汉字实际指代的红色到底有什么不同。"见""视""观""看""觐"等汉字均解释为"看"，同样也弄不清这五个汉字实际指代的情况有什么不同。我们只有深刻领悟这些汉字所在的汉文结构，在上下文中，有机灵活地把握当中的用法和例子，才能辨别这些汉字所指代的状态或情况有什么不同。比如白乐天的《慈乌夜啼》中，提到乐"乌（乌鸦）"。在中国，乌鸦会四处寻找可口的食物，衔回来喂给母亲，所以被认为是孝顺仁慈的鸟类。但在韩国，大家普遍认为乌鸦是不祥的凶兆，或是黑心的存在。我们应该要接受和容纳这些不同看法或观念。

另外，我们还要深入了解韩国语和汉语在句法上的不同点。比如"秦发军三十万"这句话，若按韩国语的语法和语序来翻译，应该是"秦朝调动了军队三十万"，这就变成了双宾语句。如果我们了解汉语语序中，修饰词也可放在体词后面这一规律，就能正确地翻译这个句子，译成："秦朝动员了三十万的军队。"去掉一个宾语，刚好符合韩国语的语法和表达习惯。

杜甫的《春望》中有"国破山河在，城春草木深"这两句诗。《杜诗谚解》一书对这两句诗的解释是："国家破亡，只剩下山和江。城里，春天的草和树依旧茂盛。"这一释义将"春"看作是名词的副词形态。但作家杜甫分明是想表达："国家破碎，只有山河依旧；春天来了，人烟稀少的城里草木茂密。"将"春"解释为动词，意味着"春天来了"。诗人将反复无常的人间和永恒不变的自然做了对比。我们的祖先只是简单地按照辞典的字面义来解释诗句，他们没有意识到汉语的语序在句法中起着重要作用，词汇和汉字根据语序的功能，其词类属性和句法成分都应该灵活处理，随机应变。

对于"名词（城）+ 名词（春）"形式的搭配，大部分译者习惯将前面的汉字设为定语（"城的"或者是"城里的"），后面的汉字解释为句子结构中受支配的体词，最终解释成诸如"定语修饰语 + 名词被修饰语 = 城里的春天"这样的句式结构，认为决定句子成分的功能是在功能性语言单位（比如韩国语的助词和词尾）。他们没有认识到汉语是有语序的，忽视了汉语自身的语法习惯，因而没能翻译出"主语 + 谓语 = 城春（城里春天来了）"，无法体现汉语特有的灵活性。

当然，"城春"这个词可以翻译成"城里的春天"（定语修饰语 + 名词被修饰语），也可以翻译成"城里春天来了"（名词型主语 + 从名词转成动词的谓语）。若举"君君，臣臣，父父，子子"这一例文，我们就不难看出汉语的语法习惯。从杜甫的诗思切入，"城春"所要表达的实质内容也应属于后者。另外"城春草木深"在修辞上，和前句"国破山河在"形成了对句。与"破"相对应的"春"也应该解释为动词。从诗的内容切入，大自然的万物依旧充满万千思绪，与人间的种种虚无缥缈的事情形成了强烈的对比。以此看出，"春"不是静态的时间概念，而是动态的时间，强调"尽管人间种种虚无，春天又来了"。想要灵活运用这些翻译技巧，需要熟练把握汉语语法在词性转化方面的特点。

再回到前面的这两句诗，研究一下古人在《杜诗谚解》中的解释："只剩山和江"和"唯独草和树木依旧茂盛"。这解释中的"只有江"和"只有树木"，很容易会把它们翻译成"江和树"。这种翻译并不会影响这首诗的大体意思，也不是非常严重的误译。但是我们的先人们在"江河树木"后面没有搭配主格助词，而选择了限定助词，强调了"只剩山和江，象征时间和季节的春天又来了，循环往复，唯独草和树依旧茂盛。"杜甫隐晦地把永恒不变的美好自然和虚无缥缈的人世做了对比，强有力的抒发了心中苦恨的情感。我们的先人正确地把握了杜甫的创作意图，"以唐朝皇室为首的人们，希望这一切永久不变，而人间种种执念最后都化为虚无"。

另外因为汉语是孤立语，动词和形容词没有形态变化（如韩国语的词尾之类），时态也没有外形标记。（韩国语的时态用各种功能单位呈现形态变化。比如过去时的"去了、看了、吃了、去过的"，过去回想的"看过某人做什么事，去的过程中、之前住过的"，过去推测的"去过吧、看过吧、去过吗"，现在时的"正在去、正在吃"，现在进行时的"正在住"，将来时的"将要看、将要发生"，未来推测的"将要吃吧"等都是单词内部的形态变化。）

例如孟浩然的《春晓》："春眠不觉晓，处处闻啼鸟。夜来风雨声，花落知多少。"（春日里贪睡，没想到天已破晓，到处都能听到鸟鸣。昨天夜里风声雨声一直不断，那娇美的春花不知被吹落了多少？）如若没有仔细斟酌时态，翻译成"春天在沉睡，不知道已经破晓，处处都能听到传来的鸟声。夜晚到来，因为风雨的声音，能知道花掉了多少吗？"的话，我们也就无法准确把握这首诗隐含的时间线索。

但是如果像原文翻译的内容（括号里的翻译）那样，仔细推敲这首诗隐含的时态，保留过去回想（没想到）、现在（听着）、过去判断（因为声音一直不断）、未来疑问式推测（被吹落了多少？）等时态，我们就能清晰准确地知道诗所描绘的情况。诗人在被清晨的鸟鸣声吵醒后，起床坐在房间里，回想着昨晚的情景（风雨声一直不断），并用疑问的形式推测了结果（花被吹落了）。

郑梦周在《春兴》中写道："春雨细不滴，夜中微有声。雪尽南溪涨，草芽多少生。"（春雨淅淅沥沥地下着，连水滴都没有落下，夜深后，发出了一点声音。雪都融化后，南溪水位将会上涨，不知又会长出多少青草？）如果不考虑时态进行翻译，我们就弄不清诗的时间线索，不能从结构上准确把握诗的整体内容。

作品的译文（括号里的翻译）灵活准确地掌握了这一作品的时间发展线索，保留了过去回想（不会落下）、现在（发出声音）、将来判断（将上涨）、将来推测（会长出多少）等时态。早春的某天夜晚，作者听着窗外的细雨声，回想着白天刚下的淅淅沥沥的春雨，预计雨会越下越大。雨继续下的话，冬天的积雪都将会融化，雪水将会流入溪中，使南溪水位上涨。没过几天，曾被大雪覆盖，枯死的溪边野草又会长出多少啊！作者勾勒着即将到来的春景，意兴正浓，睡不着觉，在房中独自坐着的景象活灵活现地展现在我们眼前。

杜甫的《月夜忆舍弟》中有这样一句话："有弟皆分散，无家问生死。"我们的先人在《杜诗谚解》翻译成："有兄弟但都离散各去一方，都没有地方打听家人的生死。"虽然没有误解诗的整体大意，却没能体现出深藏在字里行间中的情感深度和分量，也没能读出诗人急切的心情。

想要完全读懂这首诗，要先知道两点。一是在"有"和"无"做谓语的汉语句子中，习惯省略大主语（这里是"我"），小主语（这里是"弟弟"和"家"）通常会放在谓语后面。二是前面提到的，体词（这里指小主语）的修饰语也可以放在后面。文中省略的"我（杜甫自己）"是大主语，"弟"和"家"是小主语。"皆分散"和"问生死"放在后面修饰小主语。这两句就翻译成："我只剩下失散的弟弟们，连打听家人生死的地方都没有。"细细品味这两句诗：不该与弟弟失散，但却发生了这种情况；应该有打听生死的地方才对，但却没有。意思是"绝不应该有的情况（弟弟们都失散）发生了，应该有的东西（打听生死的家庭）却没有（因为都四处走散了）"。我们才能明白作者是用近乎反语的叙事手法，诉说着心中深深的哀怨和悲伤。

以上算是语言特点的浅谈，这对于评价古人在多大程度上体会认识到汉文的语言特点，如何运用在汉诗创作上，以及留下了何等水平的作品等等方面，都是非常必要的。

四、与现代不同的古代时空距离意识

这部分将要探讨时间和空间的概念问题。

在时间方面要讨论两个问题，一是古人对时间的观念和现代人有非常大的区别，二是前文提到的，古人认为不同年龄段的人性是不一样的，这和如今我们的想法大有不同。

古人的寿命比较短，他们对时间的流逝感到非常的可惜和迫切。人们普遍认为这一生和永恒不变的自然相比，太虚无太短暂。特别是死亡这一生命的最终归宿，让人们意识到死亡是命运注定的，从而形成了绝对的自我意识。"人的生命本质上是一种悲伤的存在"，这种观念在古代深入人心，根深蒂固。古人的寿命比现代人要短太多，由此抒发的感情，必然萌生出饱含悔恨和悲伤的诗。

然而，古人对于离别的时间概念和对生命的时间认识是截然相反的，他们觉得分别的时间太漫长了。古时候交通工具不发达，主要靠步行往来两地，即使是非常近的距离，都觉得非常遥远。分隔两地的时间，与真实的物理距离相差很大，感觉相隔更加遥远。这般空间距离的概念成了感情的基础，自然产生出无限的遗憾和悲伤。

接下来看一下空间概念的问题。空间观念涵盖对距离的认知。我们祖先的距离概念与我们大不相同。

现在由于交通工具日新月异，极其发达（比如高铁和超音速飞机等），通信手段（互通视频的计算机和手机等）多种多样，人际间的交流来往十分方便，很容易排除内心的孤独。现代人很少能切实体会到离别的时空距离感。而在古代，交通和通讯都不发达，不仅是结了婚的妇女，对于男性来说，距离不到一百里的别离，也不容易相互往来，消息都很难传递。我们若是身临其境，亲身体会古人们面临的迫切问题，想必能理解古人的心情，与古人产生共鸣。

要想切实感受和鉴赏古人的汉诗，体会当中包含的兴致与恨，必然要转变观念，不能认为时空距离不值一提或容易克服，应该更加重视它们，慎重对待空间和时间的距离。

五、水平视角下的儒家诗和垂直视角下的佛教和道教诗

这一节要讨论的是古人们接受儒释道思想理念的问题。先从结论着手，以儒家的思想和价值观为基础的诗歌，都是以现实为中心，带有水平视角的同情倾向。相反，以佛教或道教的价值观和教理为基础的诗歌，都是追求自我的超脱（虽然佛教最终顿悟的境界，也是完全的水平视角）。另外儒家或佛教的诗歌都是作者接受和吸收其思想和价值观，并将其内化于心，创作出来的。道教的诗与此相反，因为道教的思想在现实中很难被接受内化和践行（特别是像长生不老这样的思想），所以大部分诗歌都只是姑且把它作为一种方式。

儒家的理念和道德准则很早就融入韩民族的生活和历史，宛如是与生俱来的、本民族的固有元素一样。因此，我们现世中追求的理想社会和理想人格，大部分都是根据儒家的社会观和人性观建构起来的。以现实为中心的儒家价值观在古人的世俗生活中，成了整体社会的尺度和标准，深入人心。这也让古人形成了以现实为中心的水平意识和价值观。所以儒家的汉诗追求的不是垂直超脱的世界，而是探讨水平世界的人类和社会中的喜怒哀乐。

无论是中国儒学主张的"天人合一"和"天人感应"，还是韩国儒学主张的"天人无间"和"天我无间"，都是作为修身养性的目标，努力做到返璞归真。他们把"天"作为心中的主体来接受，没有神化"天"，因而不能说是垂直的超脱。

实际上，古人无数的汉诗作品都在讨论水平现实中的东西。我们不能否认，不管作者有意还是无意，他们都是以儒家

的水平世界观和人性观为背景创作汉诗的。

佛教的顿悟和涅槃，最终是追求从世俗现实的束缚中解脱出来，超脱凡尘。达到顿悟和涅槃境界的高僧们创作的诗歌不仅仅是文学作品，还带有摒弃世俗一切烦恼，六根清净的境界后，抒发的感悟和独白。他们的诗通常被叫作禅诗，是实现了垂直超脱的境界。对于那些并不信仰佛教的普通知识分子，和那些接受儒家思想的书生，佛教里的超脱世俗的倾向和人性观成了为人处事之道，修身养性的素材，被援引到作品中。儒生们有时会为了践行儒家的价值，把佛教的思想作为积极入世的一种方法加以借用（比如说金时习为了保全节操和义理，毫不犹豫地成为僧人，并且展现在他的诗歌中）。高山仰止的高僧和超脱红尘的寺庙，成了他们学习文艺和陶冶性情的学习对象和修身养性的清净场所（和僧人们来往的诗歌非常多）。

金富轼的《甘露寺次韵》中的"自惭蜗角上，半世觅功名"引人深思，在后世许多作品中，被引用为自省材料。一般文人和儒生的诗学观点中也能发现佛教的事物观，比如说陈澕的《月桂寺晚眺》中，写有"水分天上真身月，云漏江边本色山"，这是自然借鉴佛教理念的写照。

尽管佛教的人间观是追求垂直视角下的超脱，佛陀依旧被一般民众当作理想的人格典范。平民百姓会对一言不发，与世无争，天生老实忠厚的人说："真像菩萨啊。"我们不难看出佛教的观念同样影响到了一般的民众，在民众的日常观念中占据了一席之地。

道教的"无为自然"和"逍遥"的含义，以及源于道教的羽化成仙的愿望，对于我们的先人来讲，虽不能成为现实践行积极超脱世俗的人格，但在日常生活中，成了弭平现实不满的一种想象方案。文人经常会讲"神仙般的日子"，又或者是在诗中经常举例提及道教理念来解释为人处事之道。

六、当今外向静态化的意识态度和古人内向静态化的意识态度

这一节要探讨又一个有助于品味汉诗的问题。就是现代人的日常观念和古人非常不一样，我们需要考虑并理解当中的不同。

如今韩国基本完成了城市化。现代的人造空间，交通工具和通信手段日新月异，发展一日千里，随之而来的纷扰和变化不容小觑，我们的思想观念和行为也在许多方面，陷入了争强好胜的欲望之中，情感和意志变得越发外向和动态化。而在古代，人们生活在亲近自然的田园乡村中，交通和通信手段并不发达，悠然自得，泰然自若，生活也相对平淡单纯，恬淡寡欲，情感和意志自然是内向而静态的。我们要换一种思维去接近和理解古人的思想观念和内心世界。

在那种静态化的时空，内向静态化的书生创作出来的内向思辨的道学诗和一般文人墨客创作的诗歌，不管是兴致还是恨，都是含蓄内敛，回归内心，而不是外向地直抒胸臆。了解这一点，我们才能明白为什么古人认为委婉含蓄的诗歌更加难能可贵，以及鼓励并追求这种创作风格的时代背景。我们也能够更加容易地把握这些作品的风格。

七、韩国汉诗的声韵和所蕴含的情感旋律

这一节要重新审视汉诗的平仄、脚韵和当中蕴含的情感旋律。

我们的古人将汉诗看成东亚共同文化圈的一种手段，汉诗的音韵规定作为一般性规则，适用于一切汉诗，不管它是否与诗人的内心情感相呼应。严格来说，汉诗的音韵并没有完全传达出我们祖先的情感和心意。

当然我们的祖先们接受汉字的历史非常悠久，习惯使用汉字，许多汉字、汉字词和汉文都化为己用。比如"江""山"这类汉字，取代了韩国语的"garam""moi"等固有词，成了韩国语词汇，"东海""地方""港口"等大量汉字词也都成为了韩国语的词汇。"语不成说""气候变化"等四字格成语也被吸收和广泛使用。我们的祖先接受和使用的汉字词数量远远超过现代韩国语，这些汉字词都被转化成母语来使用。我们从古代流传下来的歌谣、歌词、时调等作品，足以证明这一点。曾在中国留学的崔致远、李穑等文人，他们的诗（比如《黄山江临镜台》和《浮碧楼》等）和李达的诗（例如《江陵别李礼长之京》），可以看出作者的情感完美契合在汉字的音韵中。

然而，即便是崔致远这样在中国留学的文人，显然也不可能做到和中国人一样，让汉字的音韵完全契合日常生活中的喜怒哀乐，融为一体。我们祖先创作的汉诗音韵，虽然和中国一样都是分节音（用清晰响亮的声音将音节切分开来，比如"中"字是由声母"zh"和韵母"ong"组成的），对于中国人来讲，这样的音韵是与生俱来，自然形成的，与他们的心理活动相呼应。但对于我们的祖先来讲，无论怎么说，与内心情感相呼应，

内化于心是非常困难的。因为他们都是通过机械地学习来记忆和使用，对于他们来讲只能起到辨别音韵的作用。这是再自然不过的事情。

通过单方面学习和练习掌握的声韵，缺乏自主性和灵活性，除了上文提到的几位文人之外，其他文人作品中的音韵在精神层面的相关性和文学叙事方面可以说没有研究价值。

比起生搬硬套的声韵，非分节音（音节只有长短高低强弱之分，不能用清晰响亮的声音划分的音节）能充分表达作者内心喜怒哀乐等丰富的情感，不局限于作品的每一个词，每一句，每一行，乃至整首诗，达到所谓的声气之和（例如《碑木》和《成为希望的国度》等本民族歌曲）。我们应该尽可能接近作者创作时的心境，重现作者当时的内心世界，唱出作者的心声，才能真正鉴赏和品味汉诗作品。

八、韩国汉诗和韩国古代绘画、古代音乐之间的关联性

这一节探讨的是韩国的汉诗和韩国古代绘画、音乐之间是否具有关联性的问题。韩国的汉诗和古代绘画、音乐都诞生在同一片国土上，以相同的文化和历史为土壤，拥有相同的认识和背景。不仅如此，最重要的是它们的创作主体和分享主体都是同一个民族，所以推测它们之间有相通的要素不无道理。

下面来探讨一下汉诗、古代绘画和音乐在表达目的、艺术追求，以及在表达手法上有何共通元素和风格。古人留下的汉诗包含了他们的恨与兴致，如果我们仔细研究情感的表达形

式，就会发现与直抒胸臆、毫不犹豫地吐露心声、酣畅淋漓地发泄相比，古人认为含蓄隐晦、间接抒情的形式更好。

再来看一下古代音乐的表现方式，比如几种民族乐器，锣、长鼓，玄鹤琴的节拍和曲调，民谣和唱曲的曲调，大部分都不是直接的、外向奔放的，而是含蓄隐晦、内敛深沉、间接表达的。这一点展示了汉诗和古代音乐不仅在表达目的和追求上有共同点，在表达方式上也有共通之处。比起兴致的表达，汉诗和古代音乐在恨的表达上，更加内敛委婉，具有典型性。因为在韩国历史上，政治和阶级文化等桎梏无处不在，十分沉重，我们的祖先们只能转向内部来排解情感，这是被迫形成的结果。他们还要遵循高深的伦理道德原则，习惯于忍耐，面对一切外部冲击，选择默默承受，自行排解消除，做到自律。

正如我们在前文所探讨的，我们的祖先们在少年和老年人中构建了汉诗的榜样，追求真实纯朴的理想人格。而韩国的古代画作通过想象或理想画出来的人物几乎都是童子和老人。可见，韩国的汉诗和古代绘画在追求的理想人格和榜样，以及追求的目的方面都有共通点。

海外《论语》英译文学阐释译本之思想改写

强　晓[*]

《论语》是我国先秦时期一部语录体散文集，首创语录之体，记载了儒家创始人孔子及其弟子的言语行事，也较为集中地反映了孔子的思想。《论语》的英译始于英国弗雷泽（J. Fraser），1691年[1]，他以比利时耶稣会传教士柏应理（Philippe Couplet）等人于1687年在巴黎出版的拉丁文译著《中国哲学家孔子》（*Confucius Sinarum Philosophus*）为蓝本，将其改编为英文版的《中国哲学家孔子的道德》（*The Morals of Confucius, a Chinese Philosopher*），在伦敦出版。[2]

据统计，《论语》的海外英译本（包括全译本和节译本）迄今已超过40个，自1691年到今天的三百多年间，众多的译者孜孜矻矻，乐此不疲，用不同的方式解读、诠释和再现这部经典。随着国内外《论语》英译研究不断发展，研究的视角也

---

* 　强晓，复旦翻译系讲师，主要研究方向为典籍英译。曾在《翻译季刊》《中国翻译》和《上海翻译》等期刊发表论文。

[1] J. Fraser, *The Morals of Confucius*, London: Randal Taylor, 1691.

[2] Cheuk-Woon Tamm, "On Studies of Confucius," in *Philosophy East and West*, 3.2, 1953, p.148.

越来越开阔。然而，研究的主流依然是将《论语》视为一个历史和哲学的文本，深研历史、细致考证、探微哲思的"学术型""厚重型"或"哲理型"译本总是重点研究的对象。当然，《论语》有深厚的历史文化背景，也蕴含了深刻的思想，这样的研究进路也无可厚非。但有趣的是，我们发现，出于种种原因，有些译本对原作的阐释却带有鲜明的文学色彩，这一类译本同中有异，有了一百多年的时间跨度。更重要的是，这种文学阐释的视角，直接影响了其思想内容的呈现，有必要作为一个译本群进行细致考察。

一、《论语》的文学性

郑振铎认为，《论语》的文字极简朴直接，但却能完全表现出孔子的思想。[1] 冯沅君指出，《论语》主要由简短话语组成，风格简单而直白，但却也有一些孔子与弟子间的生动对话。[2] 刘跃进也表示，《论语》文辞简约，虽是理论文字，但也有记事的成分，逼真地再现了孔子和众弟子的形象和性格，具有一定的文学价值。[3] 骆玉明认为，《论语》的记录者，并没有在文学上追求一定效果的意识，其语言比较接近口语，文字简

---

[1]　郑振铎：《插图本中国文学史》，中国文联出版社，2009年，第48页。

[2]　见 See Yuan-chun Feng, *A Short History of Classical Literature*, Beijing: Foreign Language Press, 2009, p.27。此书为冯沅君和陆侃如合著的《中国古典文学简史》的英译本，最早于1957年由中国青年出版社出版。

[3]　刘跃进：《中国文学通史（第一卷）：先秦至隋代文学》，江苏文艺出版社，2013年，第125—126页。

括，不加以充分论证。但其中有些章节，通过简短的对话、简单的情节和一定的场景描写，显示出人物的某些特征，也具有一定的文学意义。[1] 李泽厚也认为《论语》虽无一贯系统，但读完全书，却可"有一相当完整的生动印象"，书中孔子有说有笑、有情有欲，学生们也各有风貌个性。[2] 根据阳清的统计，《论语》中约四分之一章节是有语境的独论、二人对话或多人交流，其中一部分具有一定文学特性。[3] 如骆玉明提到的"正名之争""子见南子""曾点之志"等章节，谭家健提到的"子之武城""荷蒉者闻磬"等章节，[4] 钱穆提到的"颜渊死，子哭之恸""道不行，乘桴浮于海"等，[5] 朱光潜提到的"子在川上曰：'逝者如斯夫，不舍昼夜。'"。[6]

除了部分能体现人物个性情感的章节外，也有人认为《论语》简约的文风也可视作一种文学特性。钱基博就认为，《论语》"语约而有余于意，其味黯然而长，其光油然而幽"；[7] 游国恩等人也指出，《论语》语言简练，用意深远，有一种雍容含蓄的风格；[8] 扬之水认为《论语》精微凝练，应该在直录的基础上经过剪裁甚至语言文字的锤锻。[9]

---

[1]　章培恒、骆玉明：《中国文学史》，复旦大学出版社，1996年版，第121—131页。

[2]　李泽厚：《论语今读》，生活・读书・新知三联书店，2004年，第3，12—13页。

[3]　阳清：《论语文学研究》，中华书局，2012年，第172—175页。

[4]　章培恒、骆玉明：《中国文学史新著》，复旦大学出版社，2007年，第91—92页。

[5]　钱穆：《中国文学讲演集》，巴蜀书社，1987年，第52—54页。

[6]　朱光潜：《诗论》，漓江出版社，2011年，第101页。

[7]　钱基博：《中国文学史》，华中师范大学出版社，2011年，第29页。

[8]　游国恩、王起等：《中国文学史》，人民文学出版社，1963年，第70页。

[9]　扬之水：《先秦诗文史》，辽宁教育出版社，2002年，第83页。

二、海外《论语》英译的文学阐释译本

《论语》英译的文学阐释，是指译者意识到或努力挖掘《论语》的文学性，并且尽量在译文和注释中体现原文的文学性。文学诠释的思路大致有三种：一是将原文视为一种传记文学，力求表现孔子及众弟子的个性情感，二是努力再现原文简约的文风、创造出"警句"（aphorisms）的效果，三是将原文视为一种带有文学性的哲理散文。三种思路常常综合使用。需要澄清的是，文学阐释并不一定意味着忽略原文的历史性和思想性——实际上，由于《论语》的思想性远超过其文学性，对其单一而纯粹的文学阐释也是不可能的。接下来，我们将逐一考察较为典型的五个文学阐释译本，分别阐述其文学阐释视角在译本中的体现。

（一）辜鸿铭译本（1898）[1]

辜鸿铭的译本首先在标题上就独树一帜，在正标题"The Discourses and Sayings of Confucius"之后，加上了副标题"A New Special Translation, Illustrated with Quotations from Goethe and Other Writers"，"歌德"和"作家"的定位，凸显了文学性。

在序言中，译者称，对于理雅各博士译文的不满是自己翻译《论语》的直接动因，他认为理雅各（James Legge）的"文学训练还很不足，完全缺乏文学鉴别力和感知力"，而《论

---

[1] Hung-Ming Ku, *The Discourses and Sayings of Confucius: A New Special Translation, Illustrated with Quotations from Goethe and Other Writers*, Shanghai: Kelly and Walsh, Ltd., 1898.

语》的译者不光要有渊博的经书知识和严谨的态度，还需要是个"文人"。他还认为，如果让英国诗人和文化批评家阿诺德（Matthew Arnold，1822—1888）评价《论语》的话，他一定会将其称作"生活之评论"（"criticism of life"）。所谓"生活之评论"，是阿诺德对于诗歌的主张，他认为诗歌应具有思想性，应该表达一种人生哲学（Arnold, 1953：299—325），[1] 所以他自己的诗歌情感较为内敛，常常更加注重反思（Mulhauser，1953：ix-xi）。[2] 译者借阿诺德的这一说法，间接表现了他对原文的文学态度——即《论语》像阿诺德的诗歌一样，用文学的形式表现了一种人生哲学。

译文共有86条脚注，其中属于单纯的历史文化背景介绍的只有14条，而且都极为简略。注释最大的特点是时常比附西方的历史、宗教、哲学、政治、文学或风俗，借此来阐明原文中人物特点、人物关系以及原文思想内容，这类注释共44条，占到总数的一半多，而且总的看来篇幅明显比历史背景类的注释要长。而这些注释中，引用西方诗人或文学家的诗句或话语的占了近一半，有近20处，其中除了几处诗歌（主要是和原文中《诗经》的引文对应），大部分是篇幅短小的警句，出自伏尔泰、丁尼生、歌德、卡莱尔、斯威夫特、华兹华斯等。

---

[1] Matthew Arnold, *Selected Poetry and Prose*, New York: Holt, Rinehart & Winston, inc., 1953, pp.299—325.

[2] Frederick L. Mulhauser, "Introduction", in Matthew Arnold, *Selected Poetry and Prose*, New York: Holt, Rinehart & Winston, inc.,1953,pp.ix—xi.

（二）赖发洛译本（1909，1925，1935）[1]

赖发洛的译本（1909）的辅文本包括了7页的导论、163条脚注和14页的人名地名索引表。导论在历史背景下简要介绍了孔子的生平，在结束处也略提到《论语》的成书及真伪。163条脚注中，大部分为介绍历史背景，大多简略，有90多条不超过4个词。乍看上去，赖发洛的译本似乎像简化版的历史阐释。但仔细研读导论不难发现，译者对于孔子生平的描述，文笔生动而富有情感，明显不同于历史阐释中客观、就事论事的文风，读上去更像是历史人物传记，而不是历史。

赖发洛译本文学态度最大的体现，还在于他处处竭力再现原文的语言风格。在导论的结尾处，他指出，精炼和流畅是《论语》语言的显著特点，这必然是长期润色和打磨的结果。赖发洛的译文正体现了这种精炼和流畅，读来有明显的"警句"风格。首先，从译文正文的字数上看，赖发洛的译文是《论语》所有英译本中字数最少的一个。其次，译文在简洁的同时，还较为流畅，并没有为了追求简洁而牺牲译文的可读性，没有挑战英语的语法、大量使用句子的碎片。此外，从翻译策略上看，正如译者自己所说，他一直努力让译文更加贴近原文、更加贴合原文的语序和措辞，从而促成了译文的简练。

值得一提的是，赖发洛的《论语》英译本共有三版，跨时近30年，而且在两次的修订中，译文在遣词造句上都有较大的改动。在这么长的时间段内两次对译文形式进行大刀阔斧的修改，在《论语》英译史上可谓独此一家 [2]。经笔者比对，这

---

[1] Leonard A. Lyall, *The Sayings of Confucius*, London: Longmans, Green and Co. Ltd., 1909/1925/1935.

[2] 理雅各和刘殿爵也曾在修订版中修改译文。但理雅各的改动极少，且主要涉及

些改动较少涉及对原文内容理解的变化，而大多只是译文表达形式的改变，在更贴近原文句型结构的同时，变得更加生动形象、朗朗上口。赖发洛的译文正像译者所说的《论语》原文一样，也经历了长时间的润色和打磨。这一锤词炼句的过程，从另一个侧面反映了译者的文学态度。

（三）林语堂译本（1938）[1]

林语堂的《论语》译本并不是全译本，也不是单独成书，而只是《孔子的智慧》（*The Wisdom of Confucius*）全书的一部分。该书分为11章，《论语》（译作"Aphorisms of Confucius"）是其中第五章，排在导论、孔子传、中庸、大学之后。在这章中，译者选取了《论语》的204个章节，约为原文总章数的四成，重新排序后分为10类，还添加了12则《礼记》中的话和1则《孟子》中的话。

译者在译序中指出，读《论语》犹如读巴特利特（John Bartlett）的《名句大全》（*Familiar Quotations*），其中的警语名句会让人回味，引起"无限沉思想象和赞叹"。《论语》的美除不光在于它的思想，还在于用极简的语言表现出了孔子的性格，类似中国的山水画，用寥寥数笔便可表现出无穷的意味。他还将《论语》的美和鲍斯威尔（James Boswell）的传记文学《约翰逊传》（*The Life of Samuel Johnson*）做比，认

对原文的理解变化；刘殿爵除了改变了一些对原文理解外，主要是力求使行文变得更加紧凑，据史嘉柏（Scharberg）统计，这些行文上的变化大约平均每页有一个，不过，他认为这些改动总的来说微不足道，而且很多和原译文一样啰唆。参见 David Scharberg, "'Sell it! Sell it!' : Recent Translations of Lunyu," in *Chinese Literature: Essays, Articles, Reviews,* 23, 2001, p.128。

[1] Yutang Lin, *The Wisdom of Confucius*, New York: Random House Inc.,1938.

为孔子和弟子们的谈话如同 Johnson 和他的文人朋友们的交谈一样有魅力，还认为孔子的性格有和 Johnson 类似的霸气和自信，所以即便是发"武断偏执之论"也自有动人的力量，而孔子的众弟子也是各有个性。在全书的导论中，林语堂还指出，孔子情感丰富、充满艺术家的气质，他既和蔼温逊、又疾恶如仇，有时也会发风趣诙谐之词。

译者对于原文的分类和排序也体现出其文学态度。十大类的前五类，按顺序分别是"孔子自述与旁人之描述""孔子之情感与艺术生活""谈话之风格""霸气"和"急智与智慧"，凸显了孔子的性格、与他人的对话风格，以及他所说的带有普遍性道理的警句。而真正体现孔子核心思想的"仁"和"君子"等概念，则被排在了后五类。从篇幅看，前五类共116条，后五类仅88条。

（四）庞德译本（1951）[1]

庞德的《论语》译本最早发表于美国著名的文学杂志《哈德逊评论》1950年的春季号和夏季号上，1951年又和他之前所发表的《大学》和《中庸》英译本结集出版。所以他1951年版的译本共有两个译序，都只有一页，简要谈到了他对于《论语》和孔子的看法以及翻译过程中参考的资料。他认为，《论语》的文风简洁，其中的对话栩栩如生，而他翻译《论语》的目标，正是要努力再现这样的简洁文风和谈话感觉。他的译文的确相当简洁，其字数在所有译本中，仅多于赖发洛译本。

---

[1] Ezra Pound, Confucius: *The Great Digest, the Unwobbling Pivot, the Analects*（10th Printing）, New York: New Directions Publishing Corporation, 1951/1969.

庞德对于《论语》的文学态度，主要体现在他对汉字的意象诠释（pictogrammic[1] interpretation）上。虽然他并未将《论语》本身视为文学作品，但他对汉字的解读方式却是充满诗意和文学性的。在理解《论语》时，他虽然也参考了理雅各和波蒂埃的译本和注释，但他常常根据自己对汉字的意象诠释来解读原文，给出与他们不同的诠释。庞德曾说过，他在1937年的夏天花了6周的时间，在一本极为博学的注释本的帮助下，"闭关"研读了四书原文。每当他和该注释本意见相左，或是对某些内容感到困惑时，他只能通过看"汉字和偏旁部首的样子（the look of the characters and radicals）"来继续他的解读。他最终得出的结论是——学者在研究儒家经典时"知道"得太多，"看到"得太少。[2]

很显然，庞德对于汉字所用的"意象诠释"法，并没有多少学术上的根据，他没有从词源学的角度考察汉字的含义，而是把汉字当成了一幅脱离于历史之外的静止不变的图画，所以他的阐释随意性较大，还常常把汉字的声旁也当成意义。在译序中谈到他翻译时参考的资料时，庞德提到了芬诺洛萨（Earnest Francisco Fenollosa）的《作为诗歌媒介的汉字》（*Written Character as a Medium for Poetry*）一文。庞德的确沿用了芬诺洛萨对于汉字的"以形表意"的图画式的解读，但正如芬诺洛萨自己所承认的，他不是语言学家，也不是汉学家，他对于汉字的这一解读是为了充分欣赏中国文化和艺术之

---

[1] 庞德自己在译文的注释中使用了这一表达，见第218、241页。

[2] Noel Stock, *The Life of Ezra Pound*, London: Routledge & Kegan Paul, 1970, pp.440—441.

美，尤其是诗歌之美。[1] 庞德却将这种方法推而广之，用在了"非诗歌"的《论语》中，并常常把该方法当作确定文意的最终标准。

（五）利思译本（1997）[2]

利思的译本主要分为导论、正文和尾注三大部分，分别为17页、99页和108页，还有一个3页多的前言。利思在前言中写道："虽然这部作品是我毕生研究汉学的结晶，但我却未像发表学术作品时那样署上我的本名[3]，而是用了笔名，其用意是要表明这是一部'作家'的翻译。"在谈到已有的译本时，利思认为，有些译本文笔优雅却准确不足，有些译本虽内容准确却表达不够精当，所以，他希望自己能"兼顾学问与文学"（"reconcile learning with literature"）。

在导论中，利思将《论语》和记述耶稣生平和教诲的《福音书》做比较，认为读这两本书，都不能光凭学者的研究和考证，而更要有"灵敏的听力"（"ear"），要有艺术家和小说家对于风格的敏感，这样就会发现两部作品中都贯穿了明显统一的风格，而这种风格背后，正是耶稣或孔子的强有力的个性。所以他又说，孔子有力而复杂的个性是《论语》的脊梁，是整本书的黏合剂。读者若足够敏感，便可从中听出孔子"独特的声音"。在利思眼中，孔子绝不是一个古板严肃、一本正经的

---

[1] Ernest Fenollosa, *The Chinese Written Character as a Medium for Poetry*, San Francisco: City Lights Books, 1936, pp.5—6.

[2] Simon Leys, *The Analects of Confucius*, New York/London: W. W. Norton & Company, 1997.

[3] 利思的本名为李克曼（Pierre Ryckmans）。

布道者和老学究，而是一个对生活充满激情、感情丰富、强壮英武、有冒险精神和行动力之人。

和辜鸿铭一样，利思也在注释引用了不少文学家的话，也有约20处。从这些注释涉及的文学家看，除了莎士比亚和济慈，基本都不是单纯的小说家、戏剧家或诗人，而是也擅长哲理散文的多面手，有的甚至本身也是哲学家——如尼采和乌纳穆诺。引用中警句类只占到两三成，大多篇幅较长，有的甚至有好几百字，大多有具体的形象、论证充分、鞭辟入里、娓娓道来，个别还有故事情节。译者还不断在注释中加入自己的评点，阐明引言和原文的联系，旨在证明《论语》的"现代性"和"普适性"。

三、文学阐释视角带来的思想改写

在以上的五个译本中，文学阐释视角带来的思想改写具体又可分为四类：一是由于译者的文学观带来的改写，二是文学性注释带来的改写，三是形象、动感的语言带来的改写，四是为表现孔子个性情感而带来的改写。

（一）译者文学观带来的改写

这一类的改写在辜鸿铭和庞德译本中较为突出。例如：

（1）（孔子曰）"不知命，无以为君子也；不知礼，无以立也；（不知言，无以知人也。"）（20.3[1]）

---

[1] 本文中提到的所有《论语》章节编号，都按照杨伯峻《论语译注》（2009）中的划分标准。

辜译：…Without religion a man cannot be a good and wise man；without knowledge of the arts and of the principles of art, a man cannot form his judgment；…

这是《论语》全书的最后一章，辜译除了将"命"译为"宗教"，将"礼"译为"艺术"，还在注释中将"言"解释为"文学"，并指出，宗教、艺术和文学是君子修身的三要素——与其说这是对孔子思想的总结，倒不如说是对译者所信奉的浪漫主义文学思想的总结。事实上，据笔者统计，辜译中六成以上的"礼"都用了"art"或"arts"，并常对其出现的上下文进行相应的改写。如他将"礼之用，和为贵"（1.12）译为"In the practice of art, what is valuable is natural spontaneity"，将"礼云礼云，玉帛云乎哉"（17.11）译为"Men speak about Art! Art! Do you really think that merely means painting and sculpture？"，等等。此外，辜译不但常将"命"和"天命"译作"religion"，还不时将"道"甚至"礼乐"也译作"religion"，还将"夷狄之有君，不如诸夏之亡也"（3.5）中的"夷狄"译作"heathen"。这种改写有时还体现在注释中，如"礼后乎"（3.8）一章的主旨一般认为是"礼必以忠信为质，犹绘事必以粉素为先"，[1]辜译却在注释中将其概括为"质朴天然之美为最美"，将原文诠释为了单纯的对于艺术之美的探讨。

虽然总的看来，这种改写与原文偏离较大，难免有削足适履之感，但也有一定积极意义。首先，在附会浪漫主义文学观的同时，它也消除了某些概念的历史局限性，如将"礼"译为"艺术"。其次，"art"和"religion"也未必不能传达出原

[1]　程树德：《论语集释》，中华书局，2013年，第185页。

文的部分内涵。辜译曾在"礼"第一次出现时（即1.12），就"礼"字的翻译加上了长达300多字的注解，并表示之所以最终选择了"art"这个词，是因为它既能表达出和"nature"相对的"artificial"之意，又能表达"the idea of what is proper and fit"。用"art"表示"合适恰当"似乎略显牵强，不过倒的确可以揭示"礼"中人文的、脱离野蛮的含义。另外，辜译所用的"religion"也并非指狭义上的欧洲意义的宗教。在《中国人的精神》中，辜鸿铭曾指出，宗教的本质是解释宇宙之神秘，为人们提供一种安全感和确定感，因此，诗人和艺术家不需要狭义上的宗教，因为艺术可以让他们看到宇宙中的美与秩序——艺术便是他们的宗教。[1] 这和浪漫主义思想是一致的，也就是说，浪漫主义者虽重视宗教，但他们关注的是宗教带来的精神和信仰的力量，他们对于宗教的教条和仪式是冷淡甚至反对的。[2] 从这个意义上说，"religion"与"天命"以及例（1）中的"命"倒的确有相通之处。

同样，庞德也因自己信奉的"精确"的文学观而改写了原文：

（2）……名不正，则言不顺；言不顺，则事不成……（13.3）

庞译：...If words（terminology）are not（is not）precise, they cannot be followed out, or completed in action according to specifications...

正如浪漫主义思想对辜鸿铭不仅是文学观，还是一种世界

---

[1] 辜鸿铭：《中国人的精神》，上海三联书店，2010年，第13页。

[2] 黄兴涛：《文化怪杰辜鸿铭》，中华书局，1995年，第23页。

观，对于庞德而言，这种语言上的"精确"也不仅仅是一种文学观。事实上，庞德从开始进行诗歌创作时，便一直认为诗歌中"精确"（他用的正是"precise"一词）的描述是一种"美德"（"virtue"），反映出诗人明晰的想象，是诗人力量和真实性的基石。使用具体的意象正是"精确"的一种体现。而且，对于庞德而言，这种"精确"并不仅仅是一种文学观，还蕴含了追求客观、真实和自然的文化观和世界观。[1] 所以，庞德因此而改写的章节还有5.27、7.38和9.5等，虽不如辜译改写的范围大，但也有一定的系统性。总的看来，这些改写与原文偏离较大，如将"子温而厉"（7.38）中的"厉"译为"precise"，将"天之将丧斯文也"中的"文"译为"spirit of precision"，但也消除了一些概念的历史局限性，如去除了例（2）中"正名"的等级观念。

（二）文学性注释带来的改写

这一类的改写主要出现在辜鸿铭和利思的译本中，尤其是利思译本。值得注意的是，在辜译中，由文学观带来的改写也常常体现在注释中，只不过辜译中体现浪漫主义思想的注释中，大部分引用的是篇幅短小的警句，言简意赅、说理性强，只有一处的引用（19.19）比原文更具体形象、感情也更加充沛。为了清楚起见，笔者将此处的"文学性注释"定义为"通过引用文学作品为正文部分添加情感和（或）意象的注释"，从这个意义上说，辜译中的此类改写与第一类的改写并无多少

[1] Feng Lan, *Ezra Pound and Confucianism: Remaking Humanism in the Face of Modernity*, Toronto, Buffalo & London: University of Toronto Press, 2005, pp.56—62.

交集。

　　例如，在"子曰：'譬如为山，未成一篑，止，吾止也。譬如平地，虽覆一篑，进，吾往也。'"（9.19）一章中，辜译在注释中引用了歌德的小说《威廉·迈斯特》（Wilhelm Meister）中的一段话，大意为人人都是生活的建筑师，面对着巨大的采石场，我们应凭借内心的精神，将无形的材料化为有形，然而不幸的是，很多人不知自己的目标，或知目标而不能坚持，虽想构建一座高塔，却只打下了矮棚的地基。这段话较为符合原文劝人自强不息、积少成多的思想，也包含有"quarry""stones""tower"和"hut"等具体意象。只不过这章的原文本就带有普遍性的道理，西方读者接受起来似乎并无困难，所以这一注释不过是锦上添花，而非雪中送炭。

　　相比之下，利译中的这类注释要显得更有针对性，加注的原文涉及了孔子思想中较有特质的部分，尤其是在当代西方读者中可能会有争议的部分。如乡党篇中的"见齐衰者，虽狎，必变"（10.25），理雅各曾在其《论语》英译的绪论中指出，乡党篇中关于孔子言行举止的描写，很难给外国人留下好印象，似乎让人觉得孔子缺乏自由的精神。[1] 威利（Arthur Waley）也认为，乡党篇中记载的礼的细节并非孔子真正看重的，而是后人为迎合儒家思想之后的发展所添加的。[2] 利思在序言中也说，若将"礼"译为"rites"，一些西方读者可能会联想起微笑着不停作揖的东方人的形象，那么"礼"在孔子思想中的核心地位可能会让他们难以接受。利思一定意识到，该

---

[1]　James Legge, *The Chinese Classics with a Translation, Critical and Exegetical Notes, Prolegomena, and Copious Indexes*, Oxford: Clarendon Press, 1893, p.89.

[2]　Arthur Waley, *The Analects of Confucius*, New York: Random House, 1938, p.55.

章节记载的正是这种具体的礼节，所以他在这章的尾注中引了卡佛（Raymond Carver）的以对死亡态度为主题的短篇小说《离家这么近有这么多的水泊》（*So Much Water So Close to Home*），讲的是三个朋友周末去森林钓鱼时发现一具女尸，为不影响自己度周末，两天后离开时才报警，此时其中一人的妻子却突然想要参加这位素不相识之人的葬礼。利思指出，这说明，这章体现出的孔子对于死亡的尊重，正是现代文明正在逐渐丧失却不应失去的。通过借用小说中的情节和情感，利思巧妙地突出了蕴含在乡党篇中所记录的外在礼节中的内心情感。又如"父为子隐，子为父隐"（13.18），理雅各对这一章的评论是，"任何除了中国人之外的人都会认为孔子的看法不够全面"——事实上，中国人自己对此也颇有争议，如法家就认为这种将亲情至于国家利益之上的做法不可取。所以，利思在此章注释中大段引用了英国文学家福斯特（E. M. Forster）的散文，表示在面临公私冲突时，宁可背叛国家也不背叛朋友。不过就福斯特的这段话来看，虽然感情充沛，气势逼人，并引用但丁的神曲作为佐证（在诗中但丁鞭笞了为捍卫国家自由而选择背叛朋友恺撒大帝的布鲁图和卡修斯，并将他们打入九层地狱的最底层），但除此之外，并未提出其他实质性的论据。而且福斯特自己也承认，这一观点会让现代爱国的读者们难以接受。看来，利思正是巧妙利用了文学散文情理交融、以情服人的特点，将其作为强化孔子思想"薄弱环节"的最后武器。总的说来，利译中所加的文学性注释，还是在努力为孔子思想的普适性做辩护，尤其强调了孔子思想和西方文化中所重合的

"共同的人性"（"common humanity"）。[1]

（三）形象语言带来的改写

这一类的改写主要体现在译笔较为生动形象的赖发洛、庞德译本中。例如：

（3）……夫仁者，已欲立而立人，已欲达而达人。……（6.30）

赖译：...In seeking a foothold for self, love finds a foothold for others; seeking light for itself, it enlightens others also...

此章中的"立"和"达"虽还算不上核心概念词，但却一起阐发了孔子"仁之方"的重要思想。赖译通过使用"light"和"foothold"等形象之词，直观生动地阐释了原文。事实上，"立"和"达"的本义中就含有具体的形象。《广雅》说，达，通也，也就是在大道上通行无阻的意思，而"立"则为站立于地面。赖译所用形象和原文并不一致，因而也添加了新的意思。如"foothold"原指爬山时的落脚处，不如"立"字安稳，但却增添了迎难而上、不断前进的意义；而"light"的比喻义很广，"enlighten"则相应地可表示给予知识、智慧、理解力等，可以涵盖"通事理"，[2]只是用"光"代替了原文"路"的意象。

不过，真正把意象直接用在核心概念词本身的，只有对汉字使用"意象诠释法"的庞译。例如：

（4）子曰："吾未见好德如好色者也。"（9.18）

---

[1] Alice W. Cheang, "The Master's Voice: On Reading, Translating and Interpreting the 'Analects' of Confucius," in *The Review of Politics*, 62.3, 2000, p.577.

[2] 程树德：《论语集释》，中华书局，2013年，第439页。

庞译：I do not see love of looking into the mind and acting on what one sees there to match love of someone having beauty.

（5）（子张问行。）子曰："言忠信，（行笃敬，虽蛮貊之邦，行矣。……"）（15.6）

庞译：He said: Speak from the plumb centre of your mind, and keep your word...

纵观《论语》各英译本，能像庞德这样，将抽象的核心概念词翻得如此动感形象的，可谓前无古人、后无来者。正如王国维所说，"古人之说未必悉有条理……幸而其所用之语甚为广莫……故不觉不贯穿耳"，若译作外语，则很难找到一个意义等同原词，又可用在各处的词。所以为求贯穿统一，就不得不用意义更广之词，"然语意愈广者，其语愈虚，于是古人之说之特质渐不可见"。[1] 美国汉学家卜弼德（Peter A. Boodberg）也提出儒家核心词的译法需要更加精确，[2] 但如美国汉学家杜润德（Durrant）所说，卜弼德的提议对后来的译本未产生任何影响。[3] 的确，使用"虚"而"广"的词来译核心词是《论语》英译中较为常见的做法，虽然其原因不仅为求统一。庞译则不仅不刻意追求统一，更重要的是，还将对汉字的"图画式"的解读也用于核心词，"望"文生意、神驰遐

---

[1] 王国维：《书辜氏汤生英译〈中庸〉后》，收入罗新璋、陈应年选编《翻译论集》（修订本），商务印书馆，2009年，第262—263页。

[2] Peter A. Boodberg, "The Semasiology of Some Primary Confucian Concepts," in *Philosophy East and West,* 2.4, 1953, pp.317—332.

[3] Stephen W. Durrant, "On Translating Lun yü," in *Chinese Literature: Essays, Articles, Reviews,* 3.1, 1981) p.116.

想，给译文注入了鲜活的意象。这些意象虽未必符合原义，但由于不少汉字的确是会意字，其本义的确可追溯到某个偏旁，所以也时而"歪打正着"，形象地表现出概念词的某一部分内涵。如"德"的译法中，"acting"强调了德的实践性，"looking into the mind"和"what one sees there"一起强调了德的"得于己者"的内在性。而"忠"的译法中的"plumb"，来自"中"字中间的一竖，可指测垂直度的铅球，也有"垂直、笔直"之意，形象地表达了忠"中正不偏、去除私心"的内涵。

总之，这类改写将形象动感之词用于概念词甚至核心概念词，或强化、改变了原文的意象，或给原文增添了意象。不过，很多抽象的概念词都有较为具体的本义，而从词源学的角度看，其含义往往可以追溯到其汉字的某个具体意象的偏旁或偏旁的组合。所以，从这个角度看，这类改写实际上是一种回归，一种追本溯源。意象的使用不仅抵抗了核心词英译中"泛化"和"虚化"的普遍现象，而且，由于意象常常可以诉诸人类共同的体验，它的使用突破了历史和文化的壁垒、打破时空的限制，用一种人人懂得的语言重写了孔子思想。从这个意义上说，概念的形象化也正是孔子思想现代化的一种方式。

（四）表现孔子个性情感的改写

这类改写在林语堂和利思译本中较为突出。

林译中的这类改写主要涉及一些孔子自述的章节或孔子说话语气比较强烈的章节。前者如"发愤忘食，乐以忘忧"（7.19）中的"发愤"——林译将其译为"热情"（一般解释为"用功"），后者如"噫！斗筲之人，何足算也？"（13.20）中的"斗筲之人"、"饱食终日，无所用心，难矣哉！"（17.22）中的"难矣哉"——林译分别译为"酒囊饭桶"（一般解释为"器材小劣"之人）和"亏他们做得出来"（一般解释为"难以成功入德"），明显加强了原文的语气。这些改写，塑造出一个热情、霸气而率真的孔子形象。

利译中的这类改写也涉及了一些孔子自述的章节，除了和林译一样的"发愤忘食，乐以忘忧"（7.19），还有"文，莫吾犹人也"（7.33）、"不愤不启，不悱不发"（7.8）等。除了和林译一样将"发愤"译为"enthusiasm"，利译还将"文"（一般解释为"文献知识"）译为"zeal"，将"愤"和"悱"（一般解释为"学有不明、思而不得"）分别译作"enthusiastic"和"fervent"，刻画出一个充满激情和政治使命感的孔子。

此外，利译中的这类改写还涉及了某些一直备受争议的章节，如"由也好勇过我，无所取材"（5.7）——利译将"材"译为"做桴之材"，并认为孔子所说的"乘桴出海"并非戏言，以表明孔子是英勇有行动力之人。虽然也有少数评注者将"材"理解为"桴材"，如东汉的郑玄[1]和现代的钱穆[2]，不过他们都并不认为孔子真的要寻找"桴材"，只是取其比喻义。难怪史景迁也称利译此处的诠释"另类"（"idiosyncratic"）。[3]

基于孔子个性情感的改写，为我们诠释原文提供了全新的、解构性的思路。这种改写以译者心目中的孔子个性为主线，来统一对于原文理解上的分歧。年代的久远、语境的缺失、断片的呈现方式再加上古汉语内在的模糊性，给《论语》的诠释

---

[1]　李学勤：《论语注疏》，何晏注，邢昺疏，北京大学出版社，1999年，第57页。

[2]　钱穆：《论语新解》，九州出版社，2011年，第104页。

[3]　Jonathan D. Spence, "What Confucius said", in *The New York Review of Books*, 44.6, 1997, p.13.

留下较大空间。每位《论语》阐释者都会出于这样那样的原因，选择或是创造出自己认为合适的诠释。如朱熹将其理学化了，魏晋学者将其玄学化了，康有为还将其美化成了西方资本主义的民权书。[1] 正如顾颉刚所说，"各时代有各时代的孔子"。[2] 当然，译者心目中的孔子的个性和情感往往只是一种印象和感觉，是利思在译序中所说的 "psychological evidence"，[3] 正如史嘉柏批评的那样，是 "无法验证" 的。[4] 它固然带有一定的主观性，如陈荣捷就认为，孔子并无林语堂所说的那般幽默，孔子也不是像林语堂所说，因为对艺术的热爱才提出 "兴于诗，立于礼，成于乐"，而是更看重 "诗" "礼" 和 "乐" 的道德教化作用。[5] 不过，正是由于它无法验证，也就无须验证，它不会像很多非文学阐释译本那样，在各种考证之中得出相互矛盾的诠释或因史料不足而不置可否。只要不违背确凿的历史证据，就可以以孔子的个性为统一的标准，积极主动地选择甚至创造诠释，帮助读者对全文留下一个整体的印象。德国汉学家何莫邪就曾在林语堂《论孔子的幽默》一文的启发下，认为孔子性情中有一种微妙的自嘲和不拘于礼节的冲动，并从此角度给予了《论语》中不少有争议的章节较为创新的解释

[1] 蔡尚思：《论语导读》，中国国际广播出版社，2008年，第26—27页。

[2] Arthur Waley, *The Analects of Confucius*, New York: Random House, 1938, p.14.

[3] Simon Leys, *The Analects of Confucius*, New York/London: W. W. Norton & Company, 1997, p.XX.

[4] David Scharberg, "'Sell it! Sell it!'：Recent Translations of Lunyu," in *Chinese Literature: Essays, Articles, Reviews*, 23, 2001, p.128.

[5] Wing-Tsit Chan, "The Wisdom of Confucius by Lin Yutang", in *Pacific Affairs, University of British Columbia*, 13.4, 1940, p.485.

（1990：131—161）。[1]

　　此外，这种改写还可以将一些具有历史局限性的概念"个性化"，从而淡化其局限性。如林译中将表现孔子祭祀态度的四个章节（3.11、3.12、3.13和3.17）选入了第二部分"孔子之感情和艺术生活"之中，从而强调作为祭祀的"礼"的内在的心理活动。林译还将乡党篇中的两章（10.6和10.8）也放入该部分，把孔子日常遵守的礼节解释为艺术家对于生活的品位，突出了"礼"中的审美成分。这种微妙的改写，既没有直接改变"礼"的内容，又发掘了其中的现代性和普适性，令人回味。

四、结语

　　总的来说，《论语》虽然是一部思想性较强、以论述为主的历史作品，但也有一定的文学性。《论语》的文学阐释译本将原文视为一种人物传记、警句集和哲理散文，在挖掘原文的文学性的同时，对原文思想进行了较为明显的改写，包括译者的文学观带来的改写，文学性注释带来的改写，形象、动感的语言带来的改写，以及为表现孔子个性情感而带来的改写。总的来说，四种改写的共同主题是孔子思想从局限性到普适性的转化，即强调其中建立在共同人性基础上的情理，过滤其中有历史或文化局限性的部分。一方面，普适化的改写有可能丧失

---

[1] Christoph Harbsmeier, "Confucius Ridens: Humor in The Analects," in *Harvard Journal of Asiatic Studies*., 50.1, 1990, pp.131—161.

孔子思想中部分特质；另一方面，它也为孔子思想的现代转化提供了机会，可以充分发掘出其中既独特又具有现代价值的部分。此外，文学改写还可以以独特视角挖掘概念内涵，为原文思想增加情感和意象，为诠释原文提供心理依据，等等。这些功能，对于挖掘《论语》的现代意义以及《论语》在当代英语世界的传播都具有积极的意义。

"兴"概念的西方译介与阐释的两重格义

李志春　戴雨潇 [*]

　　思维、语言与生存方式之间具有某种同一性，从语言叙述的独特性入手可以见出一个民族的精神旨趣，当不同民族之间的旨趣发生对话、转译，"我注六经"与"六经注我"的阐释张力在异族与本族双向互嵌的视域融合中发生。"兴"概念从《诗》之时代起就构成了中国文化极具特色的一个方面，西方以自身的文化背景将其译介，20世纪后中方又不自觉的以西方的译介、文化背景为标尺，在反向格义的基础上理解自有文化中的"兴"概念，使得我们在一段时期内既不理解西方也不理解中国，落入理解的两难。

　　叶嘉莹先生曾以"比、兴"为中心比较中西文论间的差异，在《中西文论视域中的"赋、比、兴"》[1] 中，叶先生指出：西方的诗在创作上多出于理性安排，降低了"兴"在诗歌创作中的地位并因此成为不重要的一环。为了言说这一差异，叶先生

---

* 李志春，复旦大学哲学博士，同济大学浙江学院讲师，研究方向：中国哲学。戴雨潇，纽约大学天体物理硕士研究生。

[1]　叶嘉莹：《中西文论视域中的"赋、比、兴"》，载《河北学刊》2004年第3期，第116—122页。

从西方文论的"形象"（image）入手，对"形象"做了如下八种情况的概括，分别为：

1. 明喻：诸如"美人如花"。

2. 隐喻：诸如杜牧的赠别诗："娉娉袅袅十三余，豆蔻梢头二月初。"在不出现"像""似""如"等明显表示比喻义的汉字的情况下，把少女比作枝头初放的花朵。

3. 转喻：诸如"黄屋非尧意"。"黄屋"原本是指皇帝坐的车子，这里转借过来代表皇帝本人，意思是做皇帝并不是尧自己的意愿。

4. 象征：诸如"雪松"与顽强的生命力之间的关系。

5. 拟人：诸如红烛自己流泪。

6. 举隅：诸如"过尽千帆皆不是"，以船的局部"帆"代替船本身。

7. 寓托：诸如金灿灿的一轮朝阳再一次从东方升起，象征了对未来美好的期望。

8. objective correlative（外应物象）：不直截了当的表达情感，而全借外物来表达。诸如"锦瑟无端五十弦，一弦一柱思华年"。

通过对以上八种 image 的比较分析，叶先生发现这些西方文论中的"形象"在中国诗歌中都出现过，但是有一点非常不同，那便是："所有这八种情意与形象的关系，只类似中国诗歌赋、比、兴三种表现手法中的'比'……而中国所说的'兴'

的这种关系，在西方没有相当的一个字来表达……说明'兴'的作用在西方的诗歌创作中，不是重要的一环。他们（西方）内心的情意与形象的关系，主要是用理性的客体跟主体的安排和思索说出来的……可是，有时候'兴'却讲不出什么道理来……"[1] 通过叶先生的考察可以揭示出"兴"在《诗》中的特殊地位：它无法被具体的对象局限，以至于你无法找到明显、确定的对应关系。

"兴"之内涵在西方找不到相当的词进行表达，本质上反映出不同民族间不同的世界图式。正如洪堡在《论人类语言结构的差异及其对人类精神发展的影响》中认为一个民族的生活环境、宗教、社会建制一定程度上可以跟这个民族脱离开来，然而有一样东西是一个民族无论如何不能舍弃的，那就是它的语言。语言是一个民族的"呼吸"，是它的灵魂所在，一个民族的特性只有在其语言中才完整的铸刻下来。此书在第19章"诗歌与散文"部分写道："诗歌和散文，它们不仅极其突出地汇集了民族性与语言相互影响的全部细节，而且显示出一种整体的强烈影响，以致个别、具体的概念会失去其意义。"[2] 具体说来，之所以个别、具体的概念会失去意义，是因为语言不是人的工具，倒可以说人是语言的工具，因为人的语言就是人自身展开的世界，人的语言就是人赋予他的世界以色彩。海德格尔说："流行的观点把语言当作一种传达……然而语言不只是，而且并非首先是对要传达的东西的声音表达和文字表达。

---

[1] 叶嘉莹：《中西文论视域中的"赋、比、兴"》，载《河北学刊》2004年第3期，第116—122页。

[2] 洪堡著，姚小平译：《论人类语言结构的差异及其对人类精神发展的影响》，商务印书馆，2011年，第227页。

语言并非仅仅是把或明或暗如此这般的意思转运到词语和句子中去，而不如说惟语言才使存在者作为存在者进入敞开领域之中……语言第一次命名存在者，于是名称把存在者首次带入词语，带入现象。"[1]

命名将天地澄亮出来，原本混沌一片的世界因命名呈现出了模样，命名如同一束光把隐匿的黑暗世界打上光彩，但是打上光彩的同时也发生着遮蔽，语言文字的遮蔽维度显示着语言文字的某种限度，这一限度也就是使用语言文字的人的限度。混沌本身包含了无数的可能性，而语言产生的澄明对于这一混沌而言是一种"别异"，"别异"不可能同时穷尽所有的可能，因此对某物的别异同时就意味着对其他差异的视而不见。这种对于命名上的"别异"，同时也是思维方式、存在方式上的"别异"，因此萨皮尔指出："不同的社会所生活于其中的世界是不同的世界，不只是贴上不同的标签的同一个世界……我们确实可以看到、听到和体验到许许多多的东西，但这是因为我们这个社团的语言习惯预先给了我们解释世界的一些选择。"[2]这正如"river"与"stream"在英语世界中是按照河流自身的宽窄来区分的，但是在法语世界中，"fleuve"与"riviere"的分别在于它们是否流入大海；也正如福柯在看到了中国基于某部百科全书所做的对动物的相关分类后（皇帝所有的动物、有芳香的动物、乳猪、传说中的动物、刚刚打破水罐的动物……）只能遭受类似失语症的痛苦，因为他原本拥有的语

---

[1] 海德格尔著，孙周兴译：《林中路》，上海译文出版社，2004年，第61页。

[2] 萨皮尔著，瞿铁鹏译：《关于语言、文化和个性的论文选》，载霍克斯《结构主义和符号学》，上海译文出版社，1997年，第23页。

言据以分类的"图表"（tableau）和"句法"被摧毁了。[1]

这样，"兴"概念一方面保藏着中国文化的独特内涵，具有不同于西方的世界图式，另一方面中西文化的直面对话在19、20世纪不可避免地发生，作为图式间的转换，"兴"概念的西方译介具有重要意义与影响。

一

西方译介"兴"概念的文本主要基于《诗经》《论语》与《文心雕龙》。其中，对《诗经》的译介或是从翻译《毛诗序》中的"六义"概念来，或是在诗歌翻译时的解析、概述中体现；对《论语》的译介主要以"诗可以兴"（17.9），"兴于诗"（8.8）两句为主，它们与"六义"中"兴"概念内涵未必相同，但有内在关联（见下文）。《文心雕龙》的西方译介较晚出现，《比兴》篇的翻译在1950年代后逐渐开启。

近代早期东学西渐的文化传播传教士起了重要作用，理雅各（James Legge）是突出的一位。理雅各详细研究过"兴"概念并体现在其1871、1876与1879年的三处《诗经》译本中。在1871年的散译本中，理雅各将"兴"解释为：两句一组起始，在诗节中重复出现，成为诗歌的叠句或副歌。[2] 在1876年韵译本题解中，他将《诗经》的"赋、比、兴"解读为陈述

---

[1] 福柯著，莫伟民译：《词与物》，上海三联书店，2001年，第1—8页。

[2] James Legge, *The Chinese Classics: with a Translation, Critical and Exegetical Notes, Prolegomena, and Copious Indexes*, Hong Kong: The Author's, 1871.

（narrative）, 比喻（metaphorical）, 与暗指性（allusive）。[1]
对"比、兴"之别，理雅各认为，在"兴"后面的诗句作者直接陈述他要表达的主题，而"比"之后的内容与"比"之前相同，没有特征变化（the difference between an allusive and a metaphorical piece is, that in the lines following the allusive lines the author states directly the theme he is occupied with, Whereas the lines of the metaphorical piece are all of the same character.）。在1879年版绪言中他进一步说明"比兴"之别[2]：前者陈述脑海里的主题，后者则没有这样的暗指（the difference between an allusive and a metaphorical piece is this, —that in the former the writer proceeds to state the theme which his mind is occupied with, while no such intimation is given in the latter.）。[3]

苏州大学沈岚的博士论文《跨文化经典阐释：理雅各〈诗经〉译介研究》指出，理雅各以上述三者为区分（陈述、比喻、暗指）对《诗经》"赋、比、兴"做了新的统计，"理雅各认为，陈述性的诗篇占了半数以上，为55.4%；其次是暗指性，占了18%；第三是兼具暗指性和叙述性的诗篇，为8%；第四才是隐喻性的诗篇，为5.5%。"[4]理雅各的这一理解与传统《毛传》标注的116处"兴"不同；与朱熹《诗集传》注明"赋"有

---

[1]　James Legge, *The she king, or, The book of ancient poetry: translated in English verse with essays and note*, London: Trübner, 1876.

[2]　James Legge, *The Chinese Classics: Translated into English with Preliminary Essays and Explanatory Notes*, London: K.Paul, Trench, Trübner &Co. Ltd, 1895.

[3]　对三个《诗经》翻译本的详细阐述，参看苏州大学沈岚的博士论文《跨文化经典阐释：理雅各〈诗经〉译介研究》，2013年。

[4]　沈岚：《跨文化经典阐释：理雅各〈诗经〉译介研究》[D]，2013年。

272　　　　　　　　　　　　　　　　　　　复旦谈译录　（第二辑）

727处，"比"111处，"兴"274处也不同。[1]

除了《诗经》，理雅各对《论语》中的"兴"概念也进行了翻译[2]，其中"诗可以兴"（17.9）翻译为："The Odes serve to stimulate the mind."；"兴于诗"（8.8）翻译为："The Master said : It is by the Odes that the mind is aroused."两者都理解为"促发心志"。

"暗指性"（allusive）与"促发心志"（stimulate/arise the mind）构成了理雅各对"兴"概念的两种理解，此后，西方对"兴"概念的译介大体不出此二者。诸如，詹宁斯（William Jennings）1895翻译的《论语》[3]中把"诗可以兴"（17.9）翻译为："They are adapted to rouse（the mind）."；"兴于诗"（8.8）翻译为："From the Book of Odes（we receive）impulses."Ronmilly Allen 在1891年的《诗经》译本中对"赋、比、兴"做了介绍[4]，认为"Fu"是"Descriptive"、"Pi"是"Metaphorical"、"Hsing"是"Allusive"。

自理雅各将大量中国古典文献翻译给西方世界后，至清末民初中国人将汉籍译成外文并有国际影响力的人中辜鸿铭是佼佼者。他在1898年翻译《论语》[5]时将"诗可以

[1]　冼焜虹：《诗经论述》，山西人民出版社，1986年，第204页。

[2]　James Legge, *The Analects of Confucius*, See *The Chinese Classics* vol.1（Revised 2nd edition），Hong Kong: Hong Kong University Press，1960.

[3]　William Jennings, *Confucian Analects*, London: George Routledge And Sons, Ltd，1895.

[4]　Clement Francis Ronmilly Allen, *The Book of Chinese Poetry-The Shih Ching or Classic of Poetry*, London: Kegan Paul, Trench, Trübner & CO, Ltd，1891，p.v.

[5]　Hong-Ming Gu, *The Discourses And Saying Of Confucius: A New Special Translation Illustrated With Quotations From Goethe and Other Writers*, Shanghai: Kelly and Walsh, Ltd，1898.

兴"（17.9）翻译为："Poetry calls out the sentiment. It stimulates observation."；"兴于诗"（8.8）翻译为："Confucius remarked 'In education Sentiment is called out'"，并在翻译"兴于诗"时，添加了华兹华斯对诗的感言："Nourish the imagination in her growth, And give the mind that apprehensive power, Whereby she is made quick to recognize. The moral properties and scope of things."[1]

苏慧廉（Edward Soothill）评价辜鸿铭的《论语》译本时说："辜鸿铭的译本是为不熟悉汉语的英语读者服务的，这个译本在更大程度上是释义，而非翻译……"[2] 随之，苏慧廉在1910年翻译《论语》[3] 时将"诗可以兴"（17.9）翻译为："Poetry is able to stimulate the mind."；"兴于诗"（8.8）翻译为："The Master said：'Let the character be formed by the Poets.'"

20世纪后半叶，《文心雕龙》逐渐进入西方译介者的视野，英译本从1959年起陆续出现，西班牙、意大利语本在1995年出版，德语25篇1997年出版，法语5篇1964年出版，法语完整版由四川大学曹顺庆教授的博士生陈蜀玉于2006年完成。其中，《文心雕龙·比兴》在通行的英语译本中，施友忠先生（Vincent Yu-Chung Shih）将标题"比兴"译为"Metaphor"（暗喻）[4]；杨国斌先生译为"Comparison and Metaphor"（比

---

[1] 辜鸿铭著，黄兴涛等译：《辜鸿铭文集》（下卷），海口出版社，1996年，第401页。

[2] Soothill William E, *The Analects of Confucius*, The Presbyterian Mission Press: Yokohama, 1910, pp.2—3.

[3] Ibid.

[4] Vincent Yu-Chung Shih, *The Literary Mind and the Carving of Dragons*, Taibei: Cave Bookstore Co, Ltd, 1970.

较和暗喻）[1]；宇文所安的译文是"Comparison and Affective Image"（比较和情感的形象比喻）[2]；法语全译本的翻译是"La Comparaison et la Metaphore"；德语的译文是"Metapher und Allegorie"（暗喻和类比）。[3]

在20世纪后半叶的《论语》翻译中，"兴"概念在延续了前人翻译思路的同时明确指出促发心志的情感审美与道德教化的不同。刘殿爵（D.C. Lau）将"诗可以兴"（17.9）翻译为："An apt quotation from the Odes may serve to stimulate the imagination."；"兴于诗"（8.8）翻译为："The master said:'Be stimulated by the Odes'."[4] 安乐哲与罗思文（Roger T. Ames & Henry Rosemont）翻译为："The Master said,'I find Inspiration by intoning the songs.'"[5] 这种将"兴"翻译为"stimulate""inspire"的理解，华裔美籍学者刘若愚先生在《中国文学理论》中指出："兴"可以分为两派，一派将"兴"解释为唤起、激发，另一派把它当作专门术语。在前者中，有人认为激发或激起的对象是情感；有人认为是道德意向或情怀。若是情感，那么他对诗的概念，看来有一部分是审美的；若是后者，那么他的概念就完全是实用的。刘先生赞

[1]   Yang Guobin, 30 *chapters of Wenxin Diaolong in a new English translation with a critical introduction*, Beijing: Beijing Foreign Studies University, 1992.

[2]   Stephen Owen, *Readings in Chinese Literary Thought*, Cambridge, Massachusetts and London: Harvard University Press, 1992.

[3]   见陈蜀玉《〈文心雕龙〉法语全译及其研究》[D]，2006年。

[4]   D.C. Lau, *The Analects* (*Penguin Classics*), New York: Penguin Classics, 1998.

[5]   Roger T. Ames & Henry Rosemont (Jr), *The Analects of Confucius*: *A Philosophical Translation*, New York: Ballantine books, 1999.

同后者，他将"兴"评论为"实用理论"[1]，即认为文学是达到政治、社会、道德或教育目的的手段，这是因为刘先生认为孔子是从读者的角度，而非作者的观点来论诗的，"可以"（"诗可以兴"）表示孔子所关切的是诗的功用，而不是诗的起源或性质。[2] 与之相应，美国学者海伦娜（Helena Wan）在其博士论文《孔子的教育思想》中认为"兴于诗，立于礼，成于乐"是孔子最为重视的情感教育（affective education），可以使人的感受（sentiments）与情感（emotions）得到适当宣泄，使之趋于缓和并向合乎规范的方向发展。[3] 英国汉学家雷蒙德·道森（Raymond Dawson）在《孔子》一书中认为孔子的诗教观是实用性的，对于《诗经》孔子关注的并非审美趣味（aesthetic appeal）而是实用目的（practical purpose）[4]，"兴、观、群、怨"可以丰富人的感受力（sensibilities），使其更好地履行社会职责（social duties）。[5] 美国汉学家范佐伦（Steven Van Zoeren）在《诗与人格：中国传统经解与阐释学》中梳理了《论语》中孔子论《诗》的三个发展阶段，以时间为序依次为音乐、修辞、学习的对象[6]，并指出"兴、观、群、怨"是其晚期的思想，其中"兴"指的是通过适时地应用《诗经》作为道德教

---

[1] 刘若愚著，杜国清译：《中国文学理论》，江苏教育出版社，2006年，第160页。

[2] 同上。

[3] Helena Wan, *The Educational Thought of Confucius*[D]，Chicago: Loyola University of Chicago, 1980.

[4] Raymond Dawson, *Confucius*, New York: Hill and Wang, a division of farrar, Straus and Ciroux, 1981, p.22.

[5] Ibid.p.23.

[6] Steven Van Zoeren, *Poetry and Personality*: *Reading*, *Exegesisi*, *and Hermeneutics in Traditional China*, Stanford: Stanford University Press, 1991, p.48.

育的素材来激起一种道德感。[1]

除了著作翻译，近几十年来西方对"兴"概念的文论研究也颇有成果。

哈佛燕京学社引得编撰处对"兴"在部分先秦文献中是"内动字"还是"外动字"做过统计，数据如下[2]：

	纯内动字	次内动字	次外动字	纯外动字
《诗经》	9	3	2	
《周易》	4	1	1	
《论语》	7		3	
《春秋经传》	41	25	4	
《孟子》	12	1		
《墨子》	10	5	23	
《庄子》	6		5	
《荀子》	6	3	4	
总计（%）	95（53.7%）	40（22.6%）	42（23.7%）	

所谓"纯内动字"是指"兴"字后面不接宾语，比如夙兴夜寐。"次内动字"是指"兴"字后面接宾语，但宾语作为施动方出现，比如兴师动众。"次外动字"是"兴"字后面虽然出现宾语，但是这个宾语实际并不需要"共举"，比如兴利除害。"纯外动字"是指"兴"字后的宾语既是被动方，又是人共举的对象，比如大兴土木。从这份统计中我们发现，在先秦文献中，"兴"在大多数场合下是做内动字出现的（"纯内动字"加上"次内动字"达到了76.3%），而"纯外动字"一次都未

---

[1] Steven Van Zoeren, *Poetry and Personality: Reading, Exegesisi, and Hermeneutics in Traditional China*, Stanford: Stanford University Press, 1991, p.50.

[2] 哈佛燕京学社引得编撰处，燕京引得，上海古籍出版社，1986年。

出现，在出现的42次"次外动字"中，宾语全都未以共举的对象出现。如此看来，在先秦文献中"兴"更多地指向施动者，表现出的是主体自身向外生发、引发，这一施予行为。

华裔学者陈世骧认为表示"起""共举"之意的"兴"概念是一种"非现实的、模拟性质的表演"[1]，它描绘的或是人在祭祀活动中举起重物的行为，或是劳动者在劳动时的呼喊行为。对照哈佛燕京引得编撰处的统计，"兴"在祭祀活动中可以理解为施动方并不真在举起一个沉重的物体，而是通过这一模拟现实的行为表达出自己内心的虔敬、肃穆。而对于劳动中的共举、呼喊行为，陈先生说："快活的劳动和节庆的游戏是产生呼喊的原动力，这种呼喊带有节奏的因素，而且变化无穷。"[2] 这样，所谓的共举之"兴"所要表现的仍然不是一群人真实地举起某物，而是施动方自身的情志与意义传达。

与著作翻译相似，在文论研究中暗指性相关的各类喻性分析与对促发心志（情）的探讨是主流。

德国汉学家卜松山（Karl-Heinz Pohl）认为："比"和"兴"较难区分，"'比'是一种'清晰、明确的'（显），而'兴'则是'不明确的'（阴）比喻……《毛诗》称诗的前两句为"兴"（暗示或隐喻）。这里所描写的无疑是自然景象，然而与同样也经常运用自然景象的'比'不同的是，这里的景象（喻体）与人类世界（本体）之间的关系并非清晰明确，而是间接的，晦暗不明的，确切地说，它们之间的关系大多来自一种理解习惯或阐释传统。换言之，它们常常被经学者们首先冠以隐喻的

---

[1]　陈世骧：《原兴：兼论中国文学的特质》，载叶维廉《中国现代文学批评集》，联经出版事业公司，1976年，第21页。

[2]　同上书，第22页。

含义，……因此'兴'也就被理解为'间接比喻'或者'隐喻'。"[1] 与之类似的说法，卜松山指出另有高辛勇（Karl S.Y. Kao）:《修辞》（*Rhetoric*）[2]，于连 :《隐喻价值》（*La valeur allusive*）[3]。

进一步把作为修辞手段（隐喻）的"兴"放在诗的开头，"且常常使用重叠的方法（该汉字诸多含义中的一个就是'开始'或'激发'）。就这一点而言，它所指的其实是诗歌的一种暗示、启发或者激励性的起始方式"[4]。对此"促发"义的理解，卜松山指出又可见余宝琳（Pauline Yu）《中国诗歌传统中的意象的解读》。[5] 再将此形式深入探索，会发现之所以它能开启全诗，是因为"兴"描述的是人心与外物世界的情感关系，"在'比'与'兴'这两种修辞手法中表现出一种自然界与人类世界以及人类情感世界之间的某种富于启示的相关性。"[6] 这可见于顾彬《中国诗歌史》[7] 引论部分；程抱一（Francois Cheng）:《中国诗歌写作》（*Chinese Poetic Writing*）[8]；宇文所

---

[1] 卜松山著，向开译 :《中国的美学和文学理论》，华东师范大学出版社，2010年，第 28—29 页。

[2] See William H. Nienhauser, *The Indiana Companion to Traditional Chinese Literature*, Bloomington: Indiana University Press, 1986, p.127.

[3] Julian S, *La valeur allusive*, Paris: Ecole Francaised' Extreme-Orient, 1985.

[4] 卜松山，向开译 :《中国的美学和文学理论》，华东师范大学出版社，2010年，第 29 页。

[5] Pauline Yu, *The Reading of Imagery in the Chinese Poetic Tradition*, New Jersey: Princeton University Press, 1987, pp.44—83.

[6] 卜松山，向开译 :《中国的美学和文学理论》，华东师范大学出版社，2010年，第 29 页。

[7] Gu bin, *Die chinesische Dichtkunst*, Munich: Saur, 2002.

[8] Cheng francois, *Chinese Poetic Writing*, Bloomington: Indiana University Press, 1982.

安：《中国传统诗歌与诗学》（*Traditional Chinese Poetry and Poetics. Omen of the World*）[1]，以及葛瑞汉（A.C.Graham）：《阴阳及关联性思维的实质》（*Yin-Yang and Nature of Correlative Thinking*）[2]。

人心与外物的情感关系不仅交融，也通向着更高的精神世界。卜松山指出，情境关系其实"已经包括了'意境'及'境界'的某些内容"[3]。在分析钟嵘的《诗品序》时，卜松山说："在《大序》中著名的三种表达方式中，作者赋予'兴'以最高意义，因为它具备一种启示、隐喻的功能——'文已尽而意有余'。"[4] 从而把"兴"与"意境""境界"的关系解释了出来，而在分析王国维的境界论时，卜松山从"兴"之隐喻说起，指出"人们始终在努力创造一种富有暗示效果的诗意（poetische Idee），而这种诗意通常产生于诗歌里形象生动的'景'与人类的'情'的交融。从这个意义上看，'境界'这一概念虽然简单说来是要求诗歌中的景物和语句生动形象、合乎情感，以求打动读者，但它更追求一种'艺术完美性'（Kunstlerische Vollkommenheit）或整体性（Totalitat）。"[5] 对"兴"指向的完满性与整体性的理解，卜松山认为现代西方研究与之有类似

---

[1] Stephen Owen，*Traditional Chinese Poetry and Poetics*. See *Omen of the World*，Madison: University of Wisconsin press，1985.

[2] A.C.Graham，*Yin-Yang and Nature of Correlative Thinking*，Singapore: Institute of East Asian Philosophies，1986.

[3] 卜松山，向开译：《中国的美学和文学理论》，华东师范大学出版社，2010年，第29页。

[4] 同上书，第97页。

[5] 同上书，第344页。

课题的理论家有英伽登（Ingarden）[1] 和伊瑟尔（Iser），伊瑟尔使用了在卜松山看来相似的术语，比如 Vorsellungsbild、Leerstellen、Suggestivitat，详见伊瑟尔:《阅读行为》[2]（*Der Akt des Lesens*）。

"兴"与情景交融的相关除上文导向境界说的研究，也有学者将此"情境"解读为一种历史语境，是历史语境下的文化传统与习惯。余宝琳指出，西方的"比喻"不能用来概括"兴"所建立的自然界与道德意义上的关联。她认为，古代评论家在自然事件和人类事件之间看到一种基于"呼应"（Korrespondenz）原理而产生的相似性，就是说，在以前的批评家眼里，诗歌中所描述的自然界发生的事件和人世间发生的事件是没有区别的：它们属于同一范畴（类）。所以，可以将诗歌看作对历史现实（历史背景）的隐晦的描述。[3]

现任美国比较文学学会会长苏源熙（Haun Saussy）同样将"兴"概念放在"喻性"系统中，他将之解释为"讽寓"（allegory），但与众不同的是苏源熙的"讽寓"概念师承老师

---

[1]　卜松山并未指出英伽登的何种理论与整体性类似，根据我的判断应该是英伽登的"形而上质"概念。英伽登认为文学作品有四个层次：语音、语义、多重图式层、再现客体层，形而上质不属于这四个基本层次，但英伽登认为形而上质是最本质的因素，特别是在伟大的作品中。它具体指：读者可以从文学作品中感受到一种氛围、情调、特质。例如崇高、悲剧性、神圣等。"这些性质并不是通常意义上的事物的'属性'，也不是一般所说的某种心理状态的'特点'，而往往是在复杂而又迥异的情境或事件中显示为一种氛围的东西。这种氛围凌驾于这些情境所包含的人和事物之上，用它的光辉穿透并照亮一切。"（见朱立元主编《西方美学思想史》下卷，上海人民出版社，2009年，第1379—1380页。）

[2]　Wolfgang Iser，*Der Akt des Lesens*，Munich: Wihelm Fink press，1976.

[3]　Pauline Yu，*The Reading of Imagery in the Chinese Poetic Tradition*，New Jersey: Princeton University Press，1987，pp.44—83.

德曼，而与其他学者均不同。

　　传统把《诗经》之"兴"作"讽寓性"解释的以法国汉学家葛兰言（Marcel Granet）和英国汉学家魏理（Arthur Waley）为代表。对葛兰言来说，"讽寓"是一种"象征""道德"，他认为传统对之道德性的解说是"荒唐"行为，对此他采取摒弃的态度并探求其他解释。[1] 而魏理认为儒家学者的这种注释方式是发挥诗歌的道德功能，这与西方对《圣经》的道德诠释相似。[2] 两人的相同点在于都认为"讽寓"是意在言外，但彼此对意在言外采取的态度截然相反。

　　苏源熙的讽寓含义师承老师德曼，德曼对讽寓的重视与阐发通过对浪漫主义重象征轻讽寓的批评揭示出来。他说："在象征世界里，意象与实体可能是合一的，因为实体及其表征在本质上并无差别，所不同的仅是其各自的外延：它们是同一范畴中的部分与整体，它们之间的关系是共时性的，因而实际上在类别上是空间性的，即使有时间的介入也是十分偶然的。但是，在讽寓的世界里，时间是其最早的构成性的范畴，讽寓符号及其意义之间的关系并不由某种教条来规定……在讽寓中我们所拥有的仅仅是符号与符号之间的关系，其中，符号所指涉的意义已变成次要的……"[3] 苏源熙的讽寓含义由此与一般所谓的"言此意彼"不同，可以看成连续的、扩展的隐喻构成了苏源熙的"讽寓"。"言此意彼"的讽寓概念可见《新普

---

[1]　葛兰言著，赵丙祥、张宏明译：《古代中国的节庆与歌谣》，广西师范大学出版社，2005年，第5页。

[2]　Arthur Waley, *The book of songs*, New York: Grove Press, 1960, pp.335—336.

[3]　Paul de Man, *Blindness and Insight: Essays in the Rhetoric of Contemporary Criticism*, Minneapolis: University of Minnesota Press, 1983, p.207.

林斯顿诗学辞典》的"讽寓"词条:"讽寓性的创作是指创作出的作品的表面意义指向一种'另外的'意涵。讽寓性的阐释是指把作品视为其指向'另外的'意义的结构来阐释"。[1] 苏源熙则从西塞罗、昆体良等人的文本中寻找依据,"见西塞罗(Cicero)《论演讲者,并献给布鲁图》(*Orator ad M. Brutum*)27/94;以及昆体良《雄辩术原理》,VIII.6.14 [('隐喻的'连续使用形成讽寓及谜语)以及44('一系列的隐喻产生出最早类型的讽寓')……米歇尔·查尔斯(Michel Charles)搁置了大多数修辞学者陈陈相因的观点,称讽寓为一种加强的隐喻,是"作为修辞的话语",载《文学修辞》(*Rhetorique de la lecture*,页147,压缩杜马尔赛(Dumarsais)的评论)]。"[2]

由此苏源熙不把"讽寓"视为狭义的修辞方式,而是对文学作品无止境的意义生发。在历史的不断解读中,"它会依次产生一种替补式的比喻叠加,用以说明先前叙述的不可读性。"[3] 如此,"兴"作为一种讽寓,它不是一种修辞方式,而是一种阅读、分析的方式。

之所以"兴"是历史迭代中的比喻叠加(讽寓)是因为在苏源熙认为,从文献可证的最早的"诗歌应用"历史上看,《诗经》字面以外的意义就是诗歌交流场合中被应用的意义,它们先在地规定了解读诗歌的原则和目就是道德、教化,同时这种诗歌的应用是整体解读结构的法则,而不是在具体注释中偶然散发的意识形态色彩,这就使得用"讽寓义"来理解具有可

---

[1]   Alex Preminger and T. V. F. Brogan(ed.),*The New Priceton Encyclopedia of Poetry and Poetics*,New Jersey: Princeton University Press,1993,p.31.

[2]   苏源熙著,卞东波译:《中国美学问题》,江苏人民出版社,2009年,第28页。

[3]   同上书,第19页。

行性。

由于苏源熙重视历史的整体叙述，因而在"赋、比、兴"三者中，他更看重"赋"，认为"比、兴"只是"构成赋的可能的情境材料"[1]。而"兴"作为辅助性的情境材料是让自然物赋予各种意义，这从苏源熙分析郑玄注解《沔水》中"比、兴"的不合理性可以见出。郑玄认为，这首诗里"沔彼流水，朝宗于海"，苏源熙认为如果水的意象，是作为诸侯的一种"比"而存在的，则说明这句诗仅仅是描绘了水流于海的画面，是一个完全没有其他含义的自然意象：水就是水，不是其他别的什么，但《毛传》的注释却说水"犹有所朝宗"，意味着水不仅是自然而然流入大海的水，它还是一种"朝宗"的水。苏源熙认为这一行诗已把什么东西加入自然之中了，意味着诗歌的创造性语言"朝宗"使得它不仅是自然中的水，还同时生发出别的意味。[2]

二

当保有着中国文化密码的"兴"概念不可避免地在19、20世纪与西方直面对话，西语世界的译介成为重要桥梁，而当语言背后的世界图式之差异影响理解与阐释时，"我注六经"的方式不可避免，它表现在西语世界以自身文化背景来阐发对"兴"概念的认识。这样的阐释一方面丰富了"兴"概念的内涵，

---

[1] 苏源熙著，卞东波译：《中国美学问题》，江苏人民出版社，2009 年，第156页。

[2] 同上书，第148页。

另一方面与理解中国的目的有所背离。

传教士身份的理雅各在译介的过程中意识到不能简单以西释中，他在《易经》英译本绪言中提道："译者参与作者的思维，译者要用心灵的眼睛读出原文的根本核心内涵。"[1] 为此，"理雅各每治一经，必先广泛搜集历代评注，详加对比、分析，在此基础上做出自己的判断"[2]。但即便如此，理雅各对"赋、比、兴"的理解（赋 [narrative]，比喻 [metaphorical]，与暗指性 [allusive]）仍然是阐释《圣经》的方法与习惯用语，这实际上是"用另一种文化、另一种语言、另一种文本、另一种能指来解释、补充或替换原来的文化、语言、文本和能指。这是一个开放的过程。他需要将词和意义分离，然后跨越意义进入另一种语言，进行重新组合。"[3]

无论是"暗指性"还是"隐喻"都从属于西方的喻性传统。它们不仅是诗歌的特征，也是语言、思想乃至文明的特征。经验世界短暂、偶然，唯有背后的理念、本质永恒常存，对经验世界的模仿与写照、分析与综合并非单纯的复刻而是对本真、神性的形上追求。由此，隐喻是西方绕不开的话题，无论是赞同如亚里士多德"善于使用隐喻是天才的表现"[4]，还是批评如洛克"隐喻只是花言巧语……与真理南辕北辙"[5]，都在是否照

[1]　Norman J. Girardot, *The Victorian Translation of China: James Legge's Oriental Pilgrimage*, Berkeley: Universtiy of California Press, 2002, p.336.

[2]　王辉：《理雅各英译儒经的特色与得失》，载深圳大学学报（人文社会科学版）2003年第4期，第5页。

[3]　李庆本：《中华文化的跨文化阐释与传播》，载《人民日报》2008第3期，第8页。

[4]　亚里士多德著，郝久新译：《诗艺》，九州出版社，2007年，第80页。

[5]　John Locke, *An essay Concerning Human Understanding*, see Abrams, *M.H.A Glossary of Literary Terms*, Beijing: Foreign Language Teaching and Research Press,

见形上之真的原则下展开讨论。

宇文所安意识到这一问题并给出与众不同的翻译。当其他人看到《文心雕龙·比兴》所说的"兴则环譬以托讽……观夫兴托喻，婉而成章，称名也小，取类也大"，将刘勰承接孔安国、郑玄等汉儒们的思想（以"譬"释"兴"）之"譬"与西方"喻性"传统等价时，宇文所安没有采纳，因为这样的解释正如范文澜先生所言："题云比兴，实则注比。"[1]——"兴"义自身的独特性没有得到彰显。实际上刘勰在不否定"托事于物"旧说的基础上，注意到"兴"的"物感"因素，一句"兴者，起也"将人的情志与物相连。刘勰说："起情者，依微以拟议"，以"微"的隐幽、不可测道说"兴"，它表明人在自然世界中的感发不是现成的客观事物对人的直接刺激。钟嵘说："文已尽而意有余，兴也。"[2] 当"兴"与"文已尽而意有余"关联，其"隐微"之"微"关涉的就不再是本体、喻体清晰不清晰的问题，而是导向"道体"本身，它在西方视域之外。宇文所安对此说道："仔细考察，固然可以在'兴'（有感而发的形象）里发现某种隐喻（前面翻成暗喻）基础，但中国传统文学思想中的'兴'处在西方隐喻理论领域之外：'兴'不是一个言辞如何从其'本来的'意思被带到一个新意思，它是某物在语言中的表现如何能够神秘地兴发某种反应或唤起某种情绪。这样的反应，就像它的发生一样，是前反思的（prereflective），超出知性范围……对'兴'的经典解释大国喜欢用'托'这个词，

2004，p.156.

[1] 詹锳:《文心雕龙义证》卷八，上海古籍出版社，1989年，第1331页。

[2] 曹旭笺:《诗品笺注》，人民文学出版社，2009年，第25页。

也就是'托物寄情'说，被托之物浸满作家的感情，一经阅读的碰撞，这些情感就发泄出来。"[1] 这也就是宇文所安为什么将《比兴》篇中的"兴"翻译为"affective image"的原因。

宇文所安试图绕开"喻性"传统的西方基地，注意到"兴"概念的内涵在西方隐喻领域"之外"，"之外"不是说与"隐喻"领域不同，而是说整个的不在西方的世界图式这一根目录下。它"前反思"的表现在"情物"关系中，这一"情物"关系是"自然"而"真实"的，宇文所安说："在中国文学传统中，一般都认为诗是非虚构的（nonfictional）：其陈述被认为是相当真实的。以某种隐喻的方式是发现不了意义的，因为在隐喻的方式中，文本的词语指言外之物。"[2] 言外之物的隐喻指向形上之本，这种言说方式"消解"了经验之物的积极因素，即作为真实存在的事物本身。情物关系之所以具有不同于西方的自我真实，是因为在中国文化的系统中境不离心，心外无境，心是能指，境是所指，能指并不是空洞的，一定有其内容，所指也并不是一个独立的客体，一定要受到能指的影响，共同构成心与境的统一。牟宗三先生说："在自由自律的无限心之圆觉圆照下，或在知体明觉之神感神应下，一切存在皆是'在其自己'之存在……它们是内生的自在相，即如相：如相一相，所谓无相，即是实相。"[3] 无限心也就是道德之心，是神感神应的，

---

[1] 宇文所安著、王柏华、陶庆梅译：《中国文论：英译与评论》，上海社会科学院出版社，2003年，第267页。

[2] Stephen Owen, *Traditional Chinese Poetry and Poetics*: *Owen of the World*, Madison: The University of Wisconsin Press, 1985, p.34.

[3] 牟宗三：《现象与物自身》，载《牟宗三先生全集》第21卷，联经出版事业有限公司，2003年，第116页。

即不通过逻辑理性的方式宰割事物（前反思），在与事物打交道（生存展开）的过程中，呈现事物自身。

宇文所安在情物关系上找到"兴"概念不同于西方的独特内涵，注意到"前反思"的维度，这比其他汉学家对"兴"概念的阐发都更接近、更尊重中国文化，然而由于其西方文化背景，纵使宇文所安极力还原"兴"概念的本貌，但仍旧不自觉地陷入了以西方文化格义的怪圈。这表现在宇文所安将"情物关系"中的"物"囿于意识中，成为意识建构出的"智思物"，而非"外离"于意识的存在。须知，《文心雕龙·神思》篇宇文所安将它翻译为"Spirit Thought"，《物色》篇宇文所安翻译为"the Sensuous Colors of Physical Things"（有形的可感色彩）。

"神思"的渊源，庄子"以神遇而不以目视"之"庖丁解牛"的过程体现了人对世界（事物）之整体的关照；曹植"拊神思而造象"亦是在此基础上呈现人与物在打交道过程中无执滞的双向自然呈现；陆机《文赋》将之在创作中凸显出来；至刘勰，"神思"在《文心雕龙》中独立一篇。顺此文脉，"神思"并非人脑中的思维活动，而是人与物在打交道中的物我整体之领会，是心与物的不相分离，又绽出在物与情（"神与物游"）、物与言（"物沿耳目，而辞令管其枢机"），情与言（"登山则情满于山，观海则意溢于海"）中。这种不通过康德意义上人之纯直观时空形式与逻辑范畴的宰割，而与事物在自然中打交道的原初生发的统一，才是"神思"的要旨。换句话说，没有"物物无碍"的前提，就没有"物与情"的关系发生，而"物与情"的关系体现的也是人与自然之间的原发共生状态，非西方"人类中心"论与"意识建构"物。

反观宇文所安以"Spirit Thought"理解"神思"，将"物"装进了"意识建构"的口袋，它暗含着柏拉图的"灵魂"对理念世界的关照；笛卡尔的"我思"对自我意识之自明；黑格尔的"绝对精神"囿于意识中的自身辩证的运动……在此框架下，物质之物是"思想"的建构物，体现在宇文所安的理解中，"物色"之"物"成了"the Sensuous Colors of Physical Things（有形的可感色彩）"，把物之呈现和人的感觉（意识）联系在一起。这种"意识创造"物的理解，同样出现在余宝琳的阐发中，虽然余先生承认中国文化与西方二元论世界观不同："中国固有的哲学传统认同一种本质性的一元宇宙观……真正的现实不是超凡的，而是此时此在的，而且在这个世界中，宇宙图式（文）、运动与人类文化的图式、运动之间及其内部存在着根本对应。由此《诗序》假定，内在的东西（感情）自然会找到一些相应的外在形式或活动。"[1]"意义并不是外在地随意附着于意象的，而在逻辑上遵循传统上相信对象与情境属于一个或多个并不互相排斥的、先验的及自然的类属的事实……上古思想家们的判断，即由于不同背景间类的关联，意象不但反映而且事实上也体现了[伦理的]准则。"[2]"内在感情"的对应、"先验"及"类的关联"等用语，暴露了余宝琳"意识活动"建构事物的西方传统。事实上，正如海德格尔所说："'物'并非在意识中，而是在世界（对于意识而言，世界自身又不是内在的了）中有它的位置。反之胡塞尔却仍然把意向性包含在内在性之中……《笛卡尔式的沉思》就是这一立场的

---

[1]　Pauline Yu, *The Reading of Imagery in the Chinese Poetic Tradition*, New Jersey: Princeton University Press, 1987, pp.32—33.

[2]　Ibid. p.43.

结果。"[1]

　　至于将"情景交融"当作当时人的现实情境，通过诗歌阐发道德价值与历史现实的思路除了《圣经》的解释学传统外，我们还能想起维科的"诗史观"，此处不再多言。值得说明的是上文中提到的西方译介的两类方向，即注意到促发心志的情感审美与道德教化的不同，这一不同在西方学者眼中或是非此即彼，或是层次、境界的递进，前者如刘若愚选择道德教化而不赞同审美，后者如范佐伦关注《论语》中孔子论《诗》的三个发展阶段。事实上二者需要分别讨论——内在关联，但不能放在一起阐发。关于两者的分别，成复旺先生在《艺文理论志·神思·感兴》中说："起初，有两个'兴'。一个是'赋、比、兴'的'兴'，一个是'兴、观、群、怨'的'兴'。这两组概念中的两个'兴'，读音不同，前者读去声，后者读平声；含义也不同，前者托物起辞，后者兴起人的情志。甚至词性也不同，前者是一种修辞方式，是名词；后者是一种文艺功能，是动词。但细按其义，托物起辞与兴起情志又含有某种微妙的联系。"[2] 而关于两者的联系，体现在道德之心"自觉"与"觉他"的关系中，它不在西方译介者的视域范围内。在儒家传统中，"自觉"指的是"道德之心"遇事总会表现自己——发出道德的要求，听从良心的要求顺此去做就能成就道德；"觉他"指的是"道德之心"不仅遇事表现自己，同时还将其"意义"染到事物上，在"充其极"中使得宇宙万物（一草一木）皆有价值色彩。由于"道德之心"同时具有"自觉"与"觉他"的

---

[1]　海德格尔著，丁耘摘译：《晚期海德格尔的三天讨论班纪要》，载《哲学译丛》2001年第3期，第52—59页。

[2]　成复旺：《艺文理论志》，上海人民出版社，1998年，第33页。

双重功能，因此明心见性，体察到自己的"道德之心"是关键。通过学习《诗》把握真实不枉的心志与情感，从而照见本心（道德之心），再由对本心的照见，进一步体会心物一体的"觉他"内涵，理解"情物"关系在本原处的共构生发，实现从"成己"到"成物"的转渡。由此，"兴"的两重内涵本质上是一种存在方式的两种表现（一体两面）。

而上述西方对"兴"概念的理解，译介与阐释者或是站在审美、情感一边（卜松山、宇文所安等），或是站在"道德实用"一边（刘若愚、海伦娜、道森等），既看不到两者如成复旺先生所言有区别不能混同讨论，也看不到两者虽有区别，但有"内在理路"上的一以贯之，令人遗憾。

三

20世纪以来，从拼音到语法、启蒙到理性，中国人无不受着西方文化的影响，对中国传统文化的理解也避不开西方话语的力量，当西方人格义着中国文化中的"兴"概念时，我们又不自觉地以西方的理解来理解中国的传统概念，造成我们既不理解西方，也不理解中国，在反向格义的基础上与中国文化渐行渐远。将西学中的思维逻辑，套用在对中国独有的"兴"概念上，这使得"兴"概念有大致如下几种理解：

其一，神话学理解（作为历史叙事）。作为古典学的分支，神话学有它的积极意义，施特劳斯认为《圣经》是集体无意识的创造，从神话中可以见出历史的真实内核，这种《诗经》解释学式的释义方式，前期在以理雅各为代表的西方译介者中不自觉的出现，后在余宝琳等西方学者中以与现实结合找到理论变形。与之相关，闻一多先生试图找寻"先言他物"之"他物"与"所咏之辞"间在神话学上的意义关联。在闻一多先生看来，《诗》中的"他物"是有神话内涵的，这种内涵原本与"所咏之词"间有密切关联，后来由于宗教、神话观念的衰弱，两者的意义关系逐渐消失——诸如闻一多先生把以鸟类起兴和原始图腾崇拜相联系，把以鱼类起兴同生殖崇拜相联系，认为它们在最初有意义关联，只是随着历史演进这种关联渐渐淡化退出了意义世界的舞台，成果在《诗经通义》《神话与诗》中有体现。顺此思路，之后的赵沛霖先生继承了闻一多的研究方法并做出了更深入的研究，见《兴的源起——成史积淀与诗歌艺术》。其他与之类似的研究，还有社会学、民俗学等，它们试图揭示出"隐语"背后古代人的"文化心理""历史风貌"。

可问题是虽然从神话学等角度入手可以发现其中某些"兴象"与神话崇拜有意义上的关系，但要说《诗》中的每一"兴象"都和原始神话有关就牵强了，比如《关雎》说的是男女之爱，这和闻一多认为鸟类起兴表示原始图腾崇拜不一致。之所以会有这样的问题，是因为闻一多、赵沛霖他们只考虑了"兴"关于神话传说的内涵部分，但没有考虑这种神话内涵实际上必须在当时人的神话世界（打交道的生活世界）中才是合理的。在原初的神话世界（生活世界），创作者首先具有的是浸深在世界中的"生存理解"，在"生存理解"中创作者遵循的不是今天意义上事物间的确定关系，而是取决于一种"神秘的互渗"（生存的理解），也就是说只有在神话世界的生存方式中的人们才能理解它的意义与创生。由此，即使现在与过去面对的是同一事物，但它们完全可能具有截然不同的意义——两者本就不在一个意义世界中。与之类似，社会学、民俗学等试图寻找某种"确定性"的逻辑也只能是徒劳。

　　陈世骧与周策纵注意到了这种缺陷，并试图克服它。他们克服的方式是把"兴"理解为一种人在神话世界中的思维方式或宗教活动方式。虽然这样的解释能在一定程度上弥补闻一多与赵沛霖以来神话学等路径中解释的不足，但陈周两位先生的解释仍有局限，因为他们的说法只能解释在宗教氛围下的"兴"及其展开的可能性，却不能解释与宗教氛围无关的"兴"。实际上即使没有宗教或神话世界的语境人们也能理解"兴"。如果不是这样的话，那我们就不能解释孔子是怎样从"兴于诗"开始，经过礼乐，升华至"从心所欲不逾矩"的了。甚至对于孔子来说"兴"能脱离神话与宗教的语境，从更为一般的意义上去理解更为重要。须知，好的诗歌并不仅仅只有在神话世界、宗教氛围中才显示出"兴"的特质，在与神话宗教无关的意义上，诗歌也同样在兴发着。

　　其二，修辞手法理解。除了神话学理解，以修辞手法理解"兴"概念也长盛不衰，正如上文西方译介者与文论阐释者以"隐喻""讽寓"等西方"喻性"传统为背景。这般阐释除了谢无量《诗经研究》、黎锦熙《修辞学比兴篇》等研究论著外，它更广泛出现于现今的语文教科书中，可问题是将"兴"概念以修辞手法来理解是否合适？如果"兴"是修辞手法的话，那么"兴"就不可能只是诗歌的专利，而应成为所有文学样式中的语言表达方式，可我们又分明在绝大部分场合下只在诗歌里见到它的身影，这一现象如何解释？同时在西方文化背景中，修辞与智者、雄辩术联系在一起，至文艺复兴成为人之为人（be human）所应掌握的七艺之一，因此当我们说"兴"是一种修辞时，"兴"概念被凭空添上了西方自古希腊以来的政治色彩（雄辩术）。或许有人会以汉代"兴"作为美刺功能的效验与之对应，这一美刺功能以"谲谏"（绕一个弯子）的形式出现，具有一定的语言艺术，可这与其说是对"兴"的理解，不如说是对"诗之用"的理解——上文提到的刘若愚、海伦娜、道森、范佐伦等人的译介与阐释是其范例。在这方面，虽然孔子、朱熹诗教也能显出"用诗"的特质（道德实用的目的），然而正如上文所言，此道德实用的目的是在"成己""成物"思维方式上来说的，体现着"道德之心"在"自觉""觉他"时的直接性（不经过康德义上的纯直观形式与逻辑范畴），与"兴"语言背后彰显的人与万物之关系的存在方式相关（心物关系），它在西方学者讨论的视域范围外。退一步说，即便承认汉代"兴"的政治功能，它也仅作为一种言说方式出现，与西方更注重人在现实中的政治实践不同。

把"兴"作为修辞手法的另一阐发是将其与西方"喻性"传统相连，正如上文所言，西方"喻性"传统与追求"形上之质"相关，它不在中国人的视域范围内。或许两者在形式上有雷同，但在内涵上大相径庭。这方面王国维是典型，他将"比、兴"与叔本华的"讽喻"（allegory）概念联系在一起。对此清华大学罗钢先生说："在叔本华的美学里，'讽喻'唯一合理的功用是赋予某种抽象的观念以具体可感的形象……所以在讽寓的喻意和喻旨之间，一端是某一抽象和普遍的观念，另一端则是体现这种观念的个别的具体的形象。讽喻的双重结构，主要由这种一般和个别的关系构成……它'从观念开始，然后努力去找到一个具体的意象来表现它'。"[1] 王国维看到了两者

---

[1] 罗钢：《当'讽喻'遭遇'比兴'——一个西方诗学观念的中国之旅》，载《北京师范大学学报》（哲学社会科学版），2013年第3期，第5页。

在形式上的相似，却没能在彼此文化背景的差异上看到内容与性质的分别，中国人"心外无物"，并不存在一个自在自为的形上实体。

其三，形象思维、隐喻思维（作为思维方式）。1970、1980年代以朱光潜先生为代表的一批学者认为"兴"是一种形象思维。朱先生的这一说法与维科《新科学》中的"诗性智慧"有关，认为"兴"是一种原始人的隐喻，他说："隐喻就是我国古代诗论家说的'赋比兴'三体中的'兴'……'比'和'兴'都是'附托外物'，不同在'比显而兴隐'；'兴者起也，取譬引类，起发己心，诗文诸举草木鸟兽以见意者皆兴辞也'，这里的解释又微有不同，着重的是'托物见意'，不像维科所着重的是以己度物；但是都把这种现象看作隐喻，也都认为隐喻与诗人的形象思维有密切的联系。"[1] 在维科这里，诗性智慧说的是原始人因为无知所以他会对自己不认识的一切把自己当作衡量的标准，加之其抽象思维能力偏弱，因而在解释世界的过程中常常出现用形象鲜明的具体事例来代表同类事物的现象，比如在《会饮篇》中，爱神是由"完美"之神与"缺乏"之神结合而生。在这类以西学为背景的解释中，学者注意到的是"引譬连类"中"类"与"类"的提取（抽象）与联结，比如叶舒宪认为孔安国对"兴"的理解最得要领，"兴"就是引譬连类的一种隐喻式的思维方式。[2]

维科"诗史观"与《圣经》解释学传统有渊源，其影响中国学者对"兴"概念的理解已在上文指出。而如果说上文结合

---

[1] 朱光潜：《西方美学史》（上卷），人民文学出版社，1979年，第342页。

[2] 叶舒宪：《诗经的文化阐释——中国诗歌的发生研究》，湖北人民出版社，1994年，第424—436页。

《圣经》解释学对中国学者的影响在内容上以神话学、社会学、人类学等方式展开的话，那么在形式上，即在思维方式上，它与修辞之西方"喻性"传统结合，对中国学者阐释"兴"概念并造成误解具有更大的杀伤力。事实上，更多的学者并不与朱光潜先生一样从维科那获得形象思维的启发，而是错将"兴"之思维方式放入西方"喻性"传统的话语框架，想当然地以形象思维代说之。上文已阐释了西方"喻性"传统在内容上与中国文化的差异，而就思维方式形式上的差异未能说明。事实上，真正造成中国人将两者替换的本质性因素是对两种思维方式长期起来的等价误读。

诚然，把"兴"理解为一种形象思维、隐喻思维比把"兴"理解为修辞手法是一种进步，因为它挖掘到了修辞手法背后的本质问题——思维方式，可是这种思维方式的阐释依然不令人满意，因为从思维方式上来看如果"兴"是形象思维，那么它就与"比"没有本质区别。我们可以说"比"是形象思维，这样两者间的界限变得模糊，"兴"之"是其所是"彰显不出，囿在了西方"喻性"传统之想象力提取、链接的思维方式中了（"比"之特征）。

事实上，"比""兴"在思维方式上有本质区别，前者以想象力的"提取""联结"功能为主，后者是想象力的原初综合，只有以后者为奠基，想象力的"提取""联结"才有可能。而这又再一次跃出了西方学者的视域——也跃出了绝大部分现当代中国学者的视域，造成了以西释中的格义困局。

对此问题参见拙文《从想象力思维方式的两层构造看"引譬连类"中的"兴"概念》（见《认知诗学》2017 第 4 辑）。简略言之，康德区分出了两种想象力 [1]，经验的想象力与先验的想象力，差异在于前者依靠经验，由感官经验提供内容，进而通过联想律把先前经验过的内容提交于意识；后者是一种自发的、生产性的先验构造 [2]（不依赖经验，又是经验想象得以可能的前提）。胡塞尔在《内时间意识现象学》中以旋律"保持"、"滞留"（Retention）与"预持"、"前摄"（Protention）的特征来说明这种"内时间"的原发生 [3]。在音乐中人并非先听到一个个瞬时的物理单音印象，然后通过联想的方式将这些单音连接起来形成连贯的旋律，实际的情况是当一个单音在物理时刻上刚刚过去，人的内直觉将它"保持"下来，这个"以前"的单音就此成为"现在"的映射，以此类推，每一个单音都在边缘处前拉后扯，在保持与预持被统握的一气相通处以晕圈状综合体的形式被直观到。近年来在认知科学中关于"语义记忆""历时记忆"的研究成果对哲学中"想象力"的两重区分起到了证承作用。"语义记忆"伴随着理智的意识自觉（noetic conscious awareness），将世界表象、概念化而不要求对生存体验本身有自觉；"历时记忆"具有"语义记忆"的所有功能，并同时伴随着自识意识自觉（autonoetic conscious

---

[1]　此处对康德想象力的两重区分基于康德《纯粹理性批判》第一版的论述，而不采用第二版。在第二版中康德出现理论上的退缩，其原因是康德在第一版中多次强调统觉作为本源是一切知识的可能性的根据，这与他在第一版中认为"先验想象力"的原发再生性"先于统觉"形成矛盾，作为主体化唯心主义的维护者，康德放弃了第一版的理路，但由此带来的思想光辉为未来的哲学发展提供了方向。参见海德格尔著，王庆节译：《康德与形而上学疑难》，上海译文出版社，2011年。

[2]　康德著，邓晓芒译：《纯粹理性批判》，人民出版社，2004年，第101页。

[3]　胡塞尔著，倪梁康译：《内时间意识现象学》，商务印书馆，2014年，第68、96页。

awareness），从而能"自觉"到曾经的往事。[1] 通过哲学认识论与认知科学研究成果的比较，可以发现"喻性"传统中的想象联想之所以能促成类与类的联结，是因为想象力在更深处有原本、自发的综合，两层结构紧密联系在一起。基于以上结论，"比、兴"之别的思维方式得以区分。

与西方形象思维（提取、联结）形成鲜明对照的，是台湾郑毓瑜先生2017年出版的论文集《引譬连类：文学研究的关键词》。郑先生注意到"引譬连类"背后"隐微"的原初发生，他从体气关系出发，探讨了在原初发生构造中人如何与万物发生联系，[2] 并基于中国古人对此原初发生的高度自觉，注意到"类"概念在中国人思维方式中能逆回至当初形成类概念的发生境域（经历中）[3]，进而讨论了各种具有"引譬连类"特质的语言构造[4] 如何将人从对象化的日用伦常中还原出来，跃入人与万物一气相通的前对象化中。郑先生的阐释确实找到了

---

[1]　Endel Tulving, *Episodic Memory and Autonoesis: Uniquely Human?*, See H.S.Terrace and J.Metcalfe（ed）, *The Missing Link in Cognition Origins of Self-Reflective Consciousness*, New York: Oxford University Press, 2005, pp.3—56.

[2]　郑毓瑜先生指出："借助概念譬喻所源初的身体经验"可以看出："任何感知恐怕都不是孤立现象，而是属于一种经验'域'或甚至融会两个以上的经验'域'……借助'譬类'……让底层深处不可见的相互贯通浮现出可以沟通与理解的形式……浸润出整全厚实的生存所在。"（载郑毓瑜《引譬连类：文学研究的关键词》导言，生活·读书·新知三联书店，2017年，第12—14页）"'身心'与'物'的相互迎应之间是超越个体两段而重新召唤出一个人与万物共存共感，相互应发也同步显现的'相似所在'——那就是宇宙间阴阳消长、四时迭代的气化流行。"（载郑毓瑜《引譬连类：文学研究的关键词》，生活·读书·新知三联书店，2017年，第9页）

[3]　见《讽诵与嗜欲体验的传译》，载郑毓瑜《引譬连类：文学研究的关键词》，生活·读书·新知三联书店，2017年，第62—94页。

[4]　重复语音对复归人与万物一体之原初发生的可能性，见《重复短语与风土譬喻》，载郑毓瑜《引譬连类：文学研究的关键词》，生活·读书·新知三联书店，2017年，第94—105页。

中国文化中"引譬连类"的独特内涵，但由于他没区分"引譬连类"中想象力的双层结构，因而没能区分"比""兴"之别，继而将原本属于"兴"的内涵笼统地算在了"引譬连类"头上，无意中将原本在解释上"兴"是"比"之附庸的面向转变成了"比"是"兴"之附庸的另一维。然而可喜的是，这一遮蔽"无心插柳柳成荫"地将"兴"的本质特征放回到了中国人自己的生活世界中，并加以生存论式的阐释。这一阐释注意到了与西方理性主导的形象思维不同的"感性"特质，这里的感性并非"方可方不可""五色""五味"般的经验世界与感官刺激，而是一种体知方式，一种存在状态，它不再以对象化的目光衡量世间的一切，而将人类的精神沉入自然，在物与物的敞开、交织中"诗化"出除经验世界，而又不离经验世界的意蕴世界。在那里，物的意义、世界的意义生动起来，呈现出一派"自由"的景象，构成了对"兴"义内涵的复归。

多语译者苏安莲对于《道德经》中"圣人"的理解

黄垚馨 *

一、《道德经》的主要关怀

　　《道德经》以玄奥的语言对"道"进行根源性的探问；随之而来的，是相关研究庞大且复杂的学术系谱，如此，《道德经》研究在经过长时间的积淀后，很有可能走向无以名状的反复与循环之中。面对这样的现实情境，我们或许不须坚持找出"绝对的诠释"，而将《道德经》视作一部开放的，可以不断丰富其意义的经典。返回比较简朴的设想，《道德经》出于先秦，而这部经典的核心关怀必然离不开它所处的时代，"圣人"一方面代表着中国古代思想中人格的最高境界；另一方面，圣人也担负着维系社群结构，建立理想社会的关键核心。《道

---

*　黄垚馨，中山大学国际翻译学院博士后，主要研究领域为比较文学。近期发表的会议论文有"The Cardenio Project's loveassuming"（Inaugural Conference of the Asian Shakespeare Association "Shakespearean Journeys", 2014）、"Looking for "True Love" in Cardenio and The Cardenio Project"（Transcultural Identity Constructions in a Changing World, 2014）、《亚里士多德与老子——以《道德经》五十一章为例》（台湾哲学学会2015年会，2015)

德经》直接对于"圣人"的讨论，最少占据全八十一章的四分之一，老学或先秦思想的研究者，大致也不反对，"如何成为圣人"是《道德经》主要关怀之一。然而，《道德经》的表达方式是"迂回"的，某种层面而言，这部经典甚至欲透过特定的反面陈述，从语言文字的"丰富性"来展开其独特的洞察，这也促使读者进一步地反省生活世界里的各样事件；借赖锡三在《当代新道家——多音复调与视域融合》对于"道"的一段说明，或能帮助我们厘清这般语言操作的早慧："《老子》的'道（体）'之一字，与其说是定于一义、有精确指涉意义的'概念'，不如强调它的多义丰盈之'隐喻性'；也就是说，当《老子》将不可言说者勉强'字之曰道'后，它更需要一番'强为之容'，而'容'的语言功夫，便富含多义性的隐喻妙用在其中。"[1] 阅读相关"圣人"的篇章，自然也会察觉《道德经》比较曲折的"诡辞"或是"正言若反"的使用，像是二章"圣人处无为之事，行不言之教"、五章"圣人不仁，以百姓为刍狗"、七章"圣人后其身而身先；外其身而身存"或是四十七章"圣人不行而知，不见而明，不为而成"，莫不如此。[2]

---

[1]　赖锡三：《当代新道家——多音复调与视域融合》，台湾大学出版中心，2011年，第339页。

[2]　除非特别注明，本文所选用《道德经》的文本，依据王弼撰、楼宇烈校释的《老子道德经注校释》。王弼本《老子》，曾是《道德经》唯一留传，直到1973年马王堆帛书及1993年郭店竹简出土，才有不同版本的比对排版，经过专家学者的修订，而有现今的帛书老子、郭店老子释出，但对历代影响最大仍是王弼本，楼宇烈的《老子道德经注校释》则是目前公认最重要的校勘注释本之一。

二、何谓"圣人"

对于《道德经》而言，"圣人"或许不能利用一套规范来"捕捉"，"圣人"的合理性也并非透过任何机制得到"认可"，《道德经》从未具体以某一历史人物或是神祇来指涉"圣人"；那究竟什么是"圣人"？我们不仅要避免落入成规语言的限制，往返于经典且反复从中提取意义，也是同等或是"更加重要"的；在真实生活里，还要将这些对于"圣人"的体悟，借由不同的个人体验、认识与修养来思量，比较像是把它当作一种"境界"去追寻、臆度。因此，就本文题旨的需求，我们且按照《道德经》相关"圣人"的章文叙述，在此把握"圣人"最简要、朴素的解释，向外开放"圣人"的形象，以聚拢更多的可能隐喻："圣人"体会道法自然，因此自然地"为无为"，依物之性，使其自生自成，例如三章"为无为，则无不治"、五章"圣人不仁，以百姓为刍狗"、五十七章的"圣人云：'我无为，而民自化；我好静，而民自正；我无事，而民自富；我无欲，而民自朴'"；"圣人"对于百姓无所偏爱，尊重每一独立生命，因此没有不被照顾到的，例如二十七章"圣人常善救人，故无弃人"以及四十九章"圣人无常心，以百姓心为心"；"圣人"的治理之道源于自身修养功夫，过着恬淡适切的生活，不让心灵一味追随欲望，例如十二章"圣人为腹不为目，故去彼取此"以及二十九章"圣人去甚，去奢，去泰"，其以虚静心觉察内外，因此能够体悟大道，例如四十七章"圣人不行而知，不见而明，不为而成"，并且不自恃、不以自己为大、功成弗居，例如七十七章"圣人为而不恃，功成而不处，其不欲见贤"；因此"圣人"在五十八章里"方而不割，廉而不刿，直而不肆，光而不耀"，承担百姓且辅物自然，例如六十四章

"圣人欲不欲，不贵难得之货；学不学，复众人之所过。以辅万物之自然，而不敢为"。

三、多语译者苏安莲对于《道德经》的翻译进路

尽管"圣人"作为一种隐伏的追寻、臆度，或是一种"境界"，看似"可道则非常道"，当我们回到《道德经》文本，仍有一些线索带着我们寻觅，"圣人"的某种氛围，与其治理政事的核心价值；终究《道德经》做了许多间接／迂回的描述，如何缝合这些字句和联想，则凭赖读者往返文本多方参酌后的诠释。忠实的读者／译者，或能让"圣人"收聚更多的可能隐喻，阅读译作的外语读者，或也能从经典的翻译而有所启发。在此，本文欲借苏安莲（Anne-Hélène Suárez, 1960—　），这位"特殊"的西班牙译者，现任巴塞罗那自治大学（UAB）中国语文文学与翻译的教授，由她对《道德经》的直译作品，来尝试讨论"圣人"的西班牙文翻译。苏安莲是一名"多语译者"，其工作语言包括俄、法、中、英、西文还有加泰罗尼亚语（Catalunya）；她的译作量与译作类型都相当丰富，除了思想、学术专书，还含括诗词、小说和影视翻译；她的翻译策略也颇为鲜明，以中文—西班牙文的翻译而言，她善从语言学和文字学理解、认识作品，且尽量都"翻译"出来。她于1998年出版的《道与德的思想》（*Libro del curso y de la virtud, Dao de jing*），将《道德经》全八十一章"意译"，包括所有特殊的概念词汇，例如将"道"译为"Curso"[1]，相较西班

---

[1] 根据西班牙皇家学院（Real Academia Española）在线字典，它有"流水的运

牙《道德经》的其他直译本 [1]，她是唯一这么做的。根据《道
与德的思想》的前言解释，苏安莲的选择有一个很重要的理
由，她认为"德"或"阴阳"等概念词汇并不是《道德经》独
有的，这些是中国哲学共通的概念，只是《道德经》既使用
这些字词，同时要告诉我们什么是应该追寻的"道"。另一方
面，苏安莲考虑到西语读者或没有任何汉学背景，她希望西
语读者能够在他们的语言中找到"路"（camino）或是"善"
（bondad）的意思，而不是面对完全陌生的"外来字"（palabras
exóticas）（即其他译者选择的"音译"）。尽管《道德经》的字
词的确无法找到对等的西班牙文来代换，同样的，对于那些对
中国哲学一无所知的中文读者而言，就算他们无法理解《道德
经》中的概念词汇，或它在中国哲学的脉络究竟有何意义，至
少让他们能够将"道"理解成"路"，将"德"看作"善"（18）。

四、多语译者苏安莲对于"圣人"的解释

　　法国汉学家于连（François Jullien，1951— ）为《道与
德的思想》撰序中说道："《老子》并非'通往'而是'由此'

动""轨道""进程""课程"等意思。（Real Academia Española, "Curso", http://dle.
rae.es/？ id=BkpVETm）

[1]　西班牙文直译本的《道德经》的译者有杜善牧（Carmelo Elorduy）、毕隐涯（Iñaki
Preciado Idoeta）、雷孟笃（José Ramón Álvarez）、苏安莲（Anne-Hélène Suárez）
以及增若镜（Tseng Juo-ching）与 Ángel Fdez. De Castro 的师徒合作，直译版本众
多，本处暂不罗列。（参见 J. R. Álvarez, "Traducciones directas del *Tao Te Ching* en
español", in José Ramón Álvarez ed., *Encuentros en Catay*. Taipei: Casa de España en
Taiwán, 2012.）雷孟笃 2012 年发表在《会晤在中国》（*Encuentros en Catay*）的"西
班牙文直译的《道德经》"（Traducciones directas del *Tao Te Ching* en español）。

之述：由于如此，那个真实顺其自然，生命得以生生不息。"[1]

（11）承前所述，从诠释学的角度而言，翻译即是诠释，《道德经》的译作能否合宜地示现《道德经》所侧重、关怀的面向，让外语读者"由此"获得其所传达的生命智慧，便端看作为媒介的译者如何去翻译／诠释《道德经》。首先让我们来认识《道与德的思想》这部译作如何来翻译"圣人"：苏安莲将"圣人"译为"Santo"，根据西班牙皇家学院（Real Academia Española）在线字典对"Santo"的解释，这个词汇若作为形容词，它有"完美的"、"无任何罪的"[2]以及天主教世界里"封圣的"[3]等意思，作为名词则是"圣人的形象"[4]，尽管天主教义的"无罪"、"圣人"有特别指涉，《道德经》也并未凸显"圣人"无罪、完美的特质，但以"Santo"来意译"圣人"，大抵还是通情达理的，因为对外语读者来说，"Santo"可以让他们立刻捕取"有德之人"的意思。苏安莲也特别对"圣人"一词做了"某种定义式"的解释，她说这是〔中国文化〕里古老共通的"概念语言"（término），"圣人"不仅是作为典范的完美之人，更居中连系了不可言喻的另一层次以及现象世界（el mundo conocido）（23）。这个解释虽然简单清楚，但无论是《论

---

[1] 原文为 "*Lao zi* no es un curso que *lleva a*, sino el curso *por donde*: por donde lo real no deja de pasar, ni la vida de renovarse.（Jullien 11）"

[2] 原文为 "Perfecto y libre de toda culpa."（Real Academia Española, "Santo", http://dle.rae.es/？id=XGGB4k6）

[3] 原文为 "En el mundo cristiano, dicho de una persona: Declarada santa por la Iglesia,que manda que se le dé culto universalmente."（Real Academia Española, "Santo", http://dle.rae.es/？id=XGGB4k6）

[4] 原文为 "Imagen de un santo."（Real Academia Española, "Santo", http://dle.rae.es/？id=XGGB4k6）

语》还是《道德经》中的"圣人",或许不是百姓心目中的"典范",可能也不是"完美之人"。上述这种解释比较接近天主教意义下的"圣人"。若要对"中国文化的圣人"做"某种定义式"的说明,那么"维持生命不下坠"、"止于至善"(不执着于"善"与"不善")或许是比较周延的。除了上述"圣人"的定义,苏安莲描述了"圣"这一字体在古老与现代的模样:最初的"圣"是一个有"异常大"或是很大的耳朵与很小嘴巴的人,我们现在使用的"圣",包含了"耳"和"口"的语义,以及很有可能代表语音和语义另一部分的"壬",这个字就像一个人站在小山上头一般。苏安莲就强调"耳"的语义,或是敏锐的听觉、感知世界的能力,通常与"才智"(inteligencia)有关(23)。若从外语读者的角度来说,依其对"圣"一字的描绘,我们可以由此察觉中国文化的"圣人",是为"多听少讲""站在高处"且"贯通天地"之人,"圣"字也许就聚拢了许多"象征";这段对于"圣"字的直接描写,就好似译者阅读《道德经》时产生的"Illusion"(想象),这样的联想相当正面,这不仅是容易被中文读者忽略的部分,而且对于外语或中文读者来说,也特别有启发性。此外,苏安莲参考了于连在《过程或创造:中国文人思想导论》(*Procès ou création. Une introduction à la pensée des lettrés chinois*)中的说法,谈述了《道德经》里"圣人"的"无为"("ni actúa"ni habla):没有掺涉个人主义(individualismo)、特殊意图、特定计划,因此"圣人"拥抱"道"(curso),像"天"(Cielo)那般对世上不断地作用化育(23—24)。

五、《道与德的思想》的译文分析

接续讨论相关"圣人"的翻译章句，本文将缩限于《道德经》的二章、三章、五章来讨论"为无为"，这几章和"圣人"的治理有关，再进一步从五十八章、二十二章和四十七章理解"圣人"的性格与修养；期盼可以透过这几章经文的选句，大致了解《道德经》里的"圣人"，在翻译后所呈现的"内圣外王"形象。

首先是二章选句"是以圣人处无为之事，行不言之教；万物作焉而不辞，生而不有，为而不恃，功成而弗居。夫唯弗居，是以不去"，苏安莲的断句与翻译如下：

是以，圣人	Así, el santo
处无为之事，	permanece en estado de inacción,
行不言之教，	practica la enseñanza sin habla,
万物作焉而不为始。	y todos los seres se crean sin que él los origine.
生而不有。	Los genera sin tenerlos por suyos.
为而不恃。	Los realiza sin ufanarse.
功成而弗居。	Cumple su obra sin complacencia.
夫，唯弗居〔在其作品〕，	Así, no complaciéndose [en su obra],
是以不去。	ésta no se desvanece.（33）

我们可以透过二章的选句，进一步了解"圣人"之"为无为"的可能意涵，首先是"圣人"的行事顺应自然，并非按照一套人为规定来教导百姓。"圣人"理解"道"对世间的作用，万物能够生生不息的原因，就在于"道"生万物却不干预，长而不宰治，也不因此自恃，所以能够长长久久保藏，"圣人"的治理就像是"道"化育万物一样。从译文而言，苏安莲的断句稍与王弼本不同，也将"不辞"替换为帛书版本的"不

为始"[1]，并加进〔在其作品〕的修饰语。这些调整让译文的句型更接近西班牙文，易读而且清楚。她将"处无为之事，行不言之教"诠释为"处在无为的状态，实行教导〔而〕没有讲话"，几个重要词汇如"恃"译为"Ufanarse"（得意、自夸），"居"译为"complacencia"（满意），"不去"译为"no se desvanece"（不消散）。这般翻译凸显了"圣人"的"无心"或是"上善若水"的性格，"圣人"任自然行事，不认为自己有功劳，就中文与西文对译的角度看来，这是颇为"对等"的翻译。值得一提的是，苏安莲在其相应的解释提到，"无为"是传统中国思想共通的概念。她举《论语·卫灵公》为例："无为而治者，其舜也与？夫何为哉，恭己正南面而已矣"，指出"无为"是"圣人／王"的特质；另外她也从《论语·阳货》来对比"不言之教"："天何言哉？四时行焉，百物生焉，天何言哉？"（32，34），我们可以理解"圣人之教"就如同"天"，虽然没有说话，却运行四季生万物；孔夫子不想说话，却不停地实践其对学生的教导。

三章全文"不尚贤，使民不争；不贵难得之货，使民不为盗；不见可欲，使民心不乱。是以圣人之治，虚其心，实其腹；弱其志，强其骨。常使民无知无欲。使夫智者不敢为也。为无为，则无不治"，译文如下：

---

[1] 根据王邦雄的说法，"不辞"与"不为始"的义理相通，都有"不主宰"的意思。（王邦雄：《老子道德经的现代解读》，台北远流出版公司，2010年，第22—23页）。

不尚贤，	Si no prefieres los hombres de talento,
使民不争。	el pueblo no rivalizará.
不贵难得之货，	Si no aprecias los bienes inasequibles,
使民不为盗。	el pueblo no robará.
不见可欲，	Si no exhibes nada deseable,
使民心不乱。	la mente del pueblo no se turbará.
是以，他的治理，圣人	Así, en su gobierno, el santo
虚其心，	vacía las mentes,
实其腹，	llena los vientres,
弱其志，	debilita las voluntades,
强其骨，	fortalece los huesos,
常使民无知无欲，	para que el pueblo carezca siempre de saber y de deseos,
使夫智者不敢为也。	para que los sabios no osen actuar.
为无为，	Actúa sin acción,
则无不治。	y nada hay que no regule. (35)

透过三章的文本，我们可以了解社会问题来自一套僵化的标准，无论是将人还是将事物区分级别，这些分别只会滋长人的欲望；圣人的治理是一种"为无为"的态度，"圣人"让百姓满足其自然的需求，不鼓吹人们追求"巧诈"的知识，因此没有人可以利用百姓，也就没有什么问题不能够被解决。从译文而言，苏安莲将"不尚贤、不贵难得之货、不见可欲"的"不"之前都加上了"si"（如果），因此不需要翻译"使民不争、使民不为盗、使民心不乱"的"使"，这个做法不仅保留原文的意思，也让这些句子在西班牙文法里头是成立的。这一章更动了"他的治理，圣人"这句话的顺序，如此能直接以第三人称顺译"虚其心，实其腹，弱其志，强其骨"，且将这四句的"心、腹、志与骨"写成复数，因此前三句的"心、腹、志"有一样的韵母"es"，再者"t"、"tr"、"d"的拼音接近，这段章句读起来和中文相仿，有其节奏与韵律，整体说来，是

相当流畅达义的翻译。另一方面，苏安莲在解释三章"不尚贤"时，特别提到了儒家与墨家，她认为两家学说都倡导因材施教，但《道德经》却有另一个层次的关怀，即"不尚贤"。《道德经》所面对的时代，过于凸显"才能"反而会激发人们的欲望与权力之争，因此她在解读"使夫智者不敢为也"的"智者"时，认为原本博学的"智者"最终也受限于自身的学说而走向混乱。对于这句话背后的含义，她倾向于于连在《过程或创造：中国文人思想导论》的说法，即"为为"是执着于自身的经验与认识，随着时间推进越来越不满足，最后陷溺于纷杂之中（34—35）。

五章选句"天地不仁，以万物为刍狗；圣人不仁，以百姓为刍狗"，译文如下：

天地不仁， 以万物为刍狗。 圣人不仁， 以百姓为刍狗。	El cielo y la tierra no son humanos, tratan a los seres como perros de paja. El santo no es humano, trata a los hombres como perros de paja.（39）

"刍狗"是祭祀用的道具，它由喂养牲畜的草料制成，祭祀完就放回草丛。天地与"圣人"对待万物和百姓的方式便是如此，让他们回归原本属于他们的地方，任其自然而生而长。换言之，"天地"对万物无所偏爱，"天地"不会惩罚或嘉奖特定的生命，"天地"更非受人敬拜的神祇或是超自然力量，《道德经》的思想是要破除"迷信"、取消"人为造作"的，同样的，"圣人"对百姓无所偏爱，因此可以照顾到所有的人，是以，"为无为"的治理就是顺应自然。以译文而言，苏安莲将"仁"译为"humano"（人的／人），我们可以理解这个翻译为，《道

德经》的"天"，没有"人格天"的意思，因此无喜怒哀乐或是生老病死等"人"应有的情绪与状态。此外，"humano"除了"人的／人"的解释，也有"仁慈，对他人不幸有所感"的意思[1]，因此，若《道德经》的"天"并没有"仁慈心"，何来任何偏爱、怜悯？苏安莲以"humano"的"人"与"仁"来翻译《道德经》（也可以是其他中国思想）的"仁"，将"仁，人也"不同层面的意思翻译出来，最终指出"天地"与"圣人"是"无意图"的，"善"或是"德"都和"好的意图"无关，也和其他意图无关。另一方面，她解释"仁"若根据孔子思想，是人要修养的德性，而"圣人"的"仁"与生俱来，但一般人必须要努力追求；但《道德经》说"天地"和"圣人"都没有"仁"（38）。作为译文的读者，我认为此处孔子与《道德经》的对比，除了凸显《道德经》对于"美善"的反省（斯善斯不善矣），也点出儒、道思想互为补充。

五十八章的选句"是以圣人方而不割，廉而不刿，直而不肆，光而不耀"，译文如下：

---

[1] 察觉"humano"也可以指涉"仁慈，对他人不幸有所感"，其实是受益于苏安莲所提供的补充说明。她拨冗阅读过本文的初稿，告诉我"humano"也意味"qué posee humanidad, que es sensible al infortunio ajeno"（何谓人，对他人之不幸有所感），她是要以"humano"的双层含意来翻译"仁"的，并且举例提到"Martín I de Aragón"（1356—1410）（马蒂诺二世），这位旧时的西班牙国王，因其对宗教的虔诚以及对战争消极的态度，又称为"Marín I el Humano"（人道者马丁），因此"Humano"在西班牙文里同时意味着"人"与"仁"。

是以，圣人	Por eso, el santo
方而不割，	es cuadrado sin ser cortante,
廉而不刿，	aristado sin ser punzante,
直而不肆，	recto sin ser inmoderado,
光而不耀。	luminoso sin ser deslumbrante. (145)

　　"圣人"做人正直且光明，但却不以此压迫人；王邦雄说"若少了自我解消的工夫，会带来自我毁坏的后果，因为正面会带出它的反面，方正一定割裂，廉洁一定伤害，正直一定放肆，光明一定耀眼。'不'是作用层的化解，不是实有层的否定，老子的'无'的大智慧，不在毁弃人间的既有理序，而在保存人间的本来美好"[1]。我们或能从这段引述，更进一步理解前文提到的"文字的丰富性"，若不是从"不"这个"否定字"，进一步探问种种我们肯定的价值，来活化人们僵固的结构，社会很可能会有"酷吏"或是"暴力正义"的问题。从译文而言，苏安莲将这些句翻为"方形而不锋利"，"有棱而不刺人"，"正直而不过度"以及"光亮而不耀眼"，其中的"廉"字，她没有选择王弼注的"清廉"[2]，而是如同易顺鼎和许多注解者对"廉"取"廉隅"（有棱角）之义[3]。大抵上，苏安莲将这些"圣人"的性格都如原文"意译"出来，由于这些性格描述和我们平时习惯的不同，或留给西语读者思考、咀嚼的空间。苏安莲为读者解释，《道德经》以某种几何学的方式，"方而不割"及后二句的"廉而不刿""直而不肆"，来表达"正直"（la rectitud）、"廉洁"（la incorruptibilidad）和"完

---

[1] 王邦雄：《老子道德经的现代解读》，第268页。

[2] 王弼撰，楼宇烈校释：《老子道德经注校释》，中华书局，2008年，第152页

[3] 同上书，第154页。

整"（la integridad），而"圣人"的"正直"从来不是极端的（extrema），其坚定不移（su inquebrantabilidad）来自弹性（su flexibilidad）和不下定义（indefinición），此外，她用了相当美好的比喻来解释"廉"，即"玉"雕刻过后有棱有角，但它的触感温润（144）。

二十二章的选句"曲则全，枉则直，洼则盈，敝则新，少则得，多则惑。是以圣人抱一为天下式"，译文如下：

曲则全，	Lo doblegado queda íntegro,
枉则直，	lo inclinado se endereza,
洼则盈，	lo hondo se llena,
敝则新，	lo usado se renueva,
少则得，	lo escaso basta,
多则惑。	lo abundante ofusca.
是以，	Así,
圣人抱一，	el santo abraza la unidad,
为天下式。	y es pauta de cuanto hay bajo el cielo.（73）

如同前文五十八章的解释，"圣人"的思考不单是看见事物的一面，而是觉察万事万物各有不同面向，看似负面的却有正面的意义，看似对立的却互为补充，因此，"圣人"了解世上的造化都来自于"道"的作用，都是"一"，"抱一"便是"执道"。从译文而言，苏安莲稍微增加了断句，但忠于原文地，将这些本来代表"正／反"的词汇都翻译出来。她解释"曲则全"时，特别提到了"枉尺直寻"这一成语，字面义为"曲折一尺却可以伸直八尺"，隐含了"忍让一点会令结果更好"（72）。此处我认为读者该是了解"忍让"这个部分的，但"曲折一尺却可以伸直八尺"在西译里，是以"pie"（脚）来翻译"尺"，西文中"脚"的确也是测量单位，但因为没有特别注解，

很容易读成"把一只脚折起来，另外八只脚可以伸直"，苏安莲应该在这里稍加解释，并将出处《孟子·滕文公》标示出来，因为这个成语背后的故事或可让读者感兴趣（可以查阅现有的《孟子》西班牙文译本）。

四十七章的选句"是以圣人不行而知，不见而名，不为而成"，译文如下：

是以，圣人	Por eso, el santo
不行而知，	conoce sin viajar,
不见而明，	intuye sin ver,
不为而成。	realiza sin actuar.

"圣人"如何能够有五十八章"以方导物，却不以方割物"[1]并如二十二章般觉察事物的不同面向，且发觉一切来自"一"，便要考虑到四十七章所说的"虚静"工夫即不往外求（不行、不见、不为），而向内修养，一旦内心清澈平静，自然就能照现万物，了解宇宙、人世奥妙的道理。苏安莲将"不行"翻作"不旅行"、"不见"作"不看"、"不为"作"不为"，几乎将原文对等地托付于西班牙文。值得注意的是，苏安莲将"名"替换成"明"，并巧妙用了"intuir"这个动词来翻译"明"，根据牛津西班牙文（Oxford Dictionaries）在线字典，这个词的定义为"Conocer, comprender o percibir algo de manera clara e inmediata sin la intervención de la razón"（以一种理性不作干预，澄明且直接的方式来认识、了解或是感

---

[1] 此处参考王弼注的说法。（王弼撰，楼宇烈校释：《老子道德经注校释》，第152页。）

知）[1]，是以，她相当利落地成全"明"在这个段落隐含的意思。她自己也特别解释为何没有用王弼注的"名"而取"明"，最主要是"明"对"名"而言是"同音异义"（homófono），在《道德经》也有取其"明亮的"意思，但根据三十三章"知人者智，自知者明"，"明"的"认识"义，更能凸显这二十二章虚静内观的工夫涵养（122），陈鼓应和许多老学研究者也支持将"名"改为"明"[2]；我则认为就在于"intuir"一词的使用，让读者可以比较清楚地了解这一章的梗概。

六、多语译者苏安莲的学涯及其译文特色

本文前述仅将译文做简略陈述，目的在于快速地通过相关"圣人"的章文，让文本的讨论具有某种收摄性。目前我们已经看过《道与德的思想》二章、三章、五章、二十二章、四十七章和五十八章的选句，这些章文都和"圣人"有关，我们的分析也尽量围绕于最能凸显"圣人之治"的"为无为"，以及"圣人"的内在修养工夫之上；即便缺乏全面性对于文本的解构，但足以展现出《道德经》内部对于"圣人"，以及译介者对于"圣人"的内涵的诸多想象。果如前述，《道德经》的"圣人"在不同文化语境中再现，那么，本文在此将进入下一阶段的工作，也就是对于读者／译者的背景反思，分析"圣人"在更广义的跨文化互动里，如何被译者阅读、接受，以及

---

[1]　Oxford Dictionaries, "Intuir", http://www.oxforddictionaries.com/definition/spanish/intuir.

[2]　陈鼓应：《老子今注今译及评介》（三版），台湾商务印书馆，2009年，第223页。

西语读者在转译与阅读的过程中，可能获得的启发。前文曾提到苏安莲是一名"多语译者"，其工作语言众多，译作量与译作类型都相当丰富，根据著作目录与C.V.[1]，她的青少年期间在巴塞罗那私立法文学校（LFB）就读，青年时期有四年的时间，在马德里的语言官方学校、马德里的普希金俄语学院以及巴黎第七大学学习俄文，后进入巴黎第七大学专攻东方语言（中国语言和文明），并拿到两年的奖学金赴北京大学进修中国语言学。重要的学位论文包括对张贤亮的研究及其作品《土牢情话》的中—法翻译，以及巴塞罗那自治大学的跨文化翻译与研究的博士论文《汉学与翻译：中国古诗的翻译问题——八部杜甫诗作》（2009）；她的译作来源语有西班牙文、法文、加泰罗尼亚语、中文、英文和俄文，目的语有中文和法文。以下仅列举中—西的部分译作：个人专著的题材包括李白、苏东坡、王维、白居易、杜甫等人的作品，以及中国古典文学和诗词黄金时代的研究，并与其他人合作编译101首唐代绝句以及39首绝句与六首四行诗（《鲁拜集》[*Rubaiyat of Omar Khayyam*]）等东方古典诗词；中译西的个人作品有余华的《活着》《许三观卖血记》《在细雨中呼喊》、阎连科的《丁庄梦》、莫言的《变》以及张爱玲的《倾城之恋》，合作的译作有老舍的《老张的哲学》、杜甫的《无家别》、王羲之的《兰亭序》、陈从周的《说园》、米芾的《砚史》、杜牧和唐代诗词的选译；二十多部电影作品，包括《霸王别姬》《卧虎藏龙》和《英雄》；中国思想的部分，除了《道德经》以外，也翻译了《论语》，并从其他语言翻译了华裔法国汉学家程艾兰（Anne Cheng）

---

[1] 苏安莲私人提供。

的《中国思想史》(*Historia del pensamiento chino*)和日本学者井筒俊彦(Toshihiko Izutsu)的《苏非派与道家：哲学关键概念的比较研究》(*Sufismo y taoismo: estudio comparativo de conceptos filosóficos clave*)。

由此可知，苏安莲的研究与作品并不限于特定文化与文体，她本身就是一名跨文化的翻译旅行者。因此她对于《道德经》的翻译，并不囿限于中文或是西班牙文的《道德经》翻译或是老学研究数据，她可以博览中西方汉学的著作。我们就在她的书中发现法国汉学家于连的踪迹，另外也看见她参考英国汉学家葛瑞汉(A. C. Graham)、加拿大汉学家安乐哲(Roger Ames)以及孔维雅(Livia Kohn)和拉法格(Michael Lafargue)等中国哲学研究者的专书论文[1]，且从她对于《中国思想史》的阅读与翻译，她或将《道德经》看作中国传统中的"哲学思想"，在《道与德的思想》译文解释里，便时常将《道德经》的"术语"对比《论语》来思考，强调许多术语是中国古代思想共通的概念。是以，根据前文讨论相关"圣人"的篇章，她对"圣人"的理解，不仅是依据《道德经》，也参佐墨家、儒家的想法，也从西方汉学世界得到灵感。另外由于她很早就接触了不同语文的诗词，除了认识古诗古词以外，还逐步翻译了这些作品，因此有更多的语汇（不限于西班牙文）能够帮助她找到比较适切的字词或解释，来翻译富有韵律之美的《道德经》。她自身对于中国文字、语言学的造诣，也使得她可以从句法、文字的本义来思考《道德经》的意涵。作为翻译学教授的苏安莲也比一般人了解翻译理论与实务，如何恰当地呈现原

---

[1] 参见 Suárez. A. H, *Libro del Curso y de la Virtud*, Madrid: Ediciones Siruela, 1998.

文作品，她该有自己的一番理解。前文曾提到她的翻译策略是尽量都"意译"出来，而实际上，《道与德的思想》这本书的编排是相对简单的，最开始是于连的序言、苏安莲对《道德经》背景的简介、几个特殊概念的解释，接着便是右手边《道德经》译文，左手边为该章特定几句的延伸解释。就读者第一印象而言，《道与德的思想》不仅考虑了西语读者面对陌生"外来字"的焦虑，某种层面而言，它也不是一部生涩厚重的作品；此外，推论说来，无论是在《道与德的思想》出版之前或是之后，她对于《道德经》的"圣人"或是其他概念的理解，也将从她阅读／翻译的中国小说与电影获得启发，或是反过来，帮助她阅读／翻译中国小说与电影（甚至是其他语言作品的输出），小说与电影或许是比较受外语世界欢迎的[1]，透过更多人间接地认识中国思想或是《道德经》的智慧，或能够召唤更多人愿意接触这些古籍作品，而生发更多新的想法与诠释，得以不断丰富经典的意义；若特别就电影作品的翻译而言，苏安莲是一相当合适的人选，除了她本身的语言、文学的造诣以外，她的父亲贡萨罗·苏阿雷（Gonzalo Suárez Morilla, 1934— ）是西班牙当代最重要的作家与电影导演，她的家庭背景本身就和电影艺术密切相关。整体而言，《道与德的思想》，开辟了另一种《道德经》的阅读，相较于需要更多专业领域知识才能够阅读的其他西文直译本，这部"深入浅出"的翻译诠释，更能向读者大众敞开，这般贡献因此而格外重要。

---

[1]　譬如苏安莲译作之一的《英雄》，这部张艺谋的导演作品非常卖座，其讲述的"英雄"为何？我认为或许有别于西方的英雄，此处或也可与中国思想里的"圣人"做一对比、联想，而有一番新的解释。

七、小结

　　"如何成为圣人"不仅仅是《道德经》的主要关怀，也是长久以来中国哲学家们的核心关怀；"如何成为圣人"也是其他文化疆界里，哲人、神父、祭司……，任何在乎世界和平、生命向上的心灵，他们所关心的大问题。《道德经》向我们揭示，"圣人"体会道法自然，因此任其自然地"为无为"，顺物之性使其自生自成；"圣人"对于百姓没有分别心，因此没有人为造作的纷扰；"圣人"的治理之道源于自身修养功夫，以虚静心觉察内外，因此照现万物；"圣人"唯一追寻的是"道"，从不间断地走在得道的路上，其人正直、光明，却不因而锋芒毕露，担负百姓而不是压迫他们，顺任万物以自然。对于关心"如何成为圣人"的西语读者而言，能否从《道德经》西文诠释里的"圣人"形象，获得某种启发、解放，还关乎其自身对于不同事物、不同学说的包容度，以及自身的意志与联想：譬如天主教的"圣人"和《道德经》的"圣人"有别，"圣人"的身体或可能出现基督受难时的"圣伤"（Stigmata），世上唯有教宗可以封圣，不过天主教的"圣人"和《道德经》的"圣人"或许也有相似的地方，都强调自身向内的修养。无论我们的信仰、背景、种族、性别、年纪，《道德经》该是向所有人开放的经典，这部经典的意义与诠释可能是无尽的，作为中文读者，它领导我开启生命的智慧，作为西班牙老学诠释的研究者，我希望西语读者也可以向它咨询、探问，而《道与德的思想》是值得推荐的《道德经》直译版本。

译者雅言与雅集

迟到的祈请

——译诗一首敬悼余光中先生 [*]

彭镜禧 **

在2017年6月29日，香港城市大学翻译与语言学系举办的"2017翻译研究、实践与教学法研讨会"上，我提出一篇报告，讨论狄兰·托马斯（Dylan Thomas, 1914—1953）"Do Not Go Gentle into That Good Night"一诗的中文翻译。该诗写于1945年，但直到1952年他的父亲过世后才出版。这首诗被誉为"英语文学中对父子关系最动人的歌颂"，而其诗艺方面的高度成就"或可称为最伟大的英语十九行二韵体诗（villanelle）"。此一诗体分为六节（stanza）；前五节每节三行，末节四行，共十九行。首节的第一行重复出现于第二节、第四节以及最末节的第三行；首节的第三行重复出现于第三节、第五节的第三行以及最末节的第四行。各节第一、三行叶韵，第二行及最末节第四行另叶一韵，因此全诗只有两个尾韵。

也许是本诗内容的关系，论文撰写期间，余光中老师的

---

*　本文转载自2017年12月22日台湾《联合报》副刊。

**　彭镜禧，台湾大学教授，辅仁大学客座教授，翻译家。研究领域为莎士比亚研究、比较文学、文学翻译。

身影不断浮现脑海。老师曾因跌倒住院，虽已在康复中，据说行动已经不如往常矫健。苏其康兄和其他几位学长年初即已筹划出版庆祝老师九十大寿的论文集，本想提交这篇论文共襄盛举，踌躇再三，终觉不甚妥当。心境或许近似托马斯写作当时。研讨会之后，应上海《东方翻译》之邀，把文章翻译成中文，也附上该诗的拙译，全文刊于该刊2017年第四期。现在我把译诗略加修订，谨以此迟到的祈请，敬悼中华文坛、译坛、杏坛的仙品。

绝不温驯地进入那良宵

绝不温驯地进入那良宵——
老者应于日暮时炽热、狂嚷；
怒斥，怒斥光明之渐消。

智者临终，明知黑暗来得正好，
但因所立之言未如闪电发光，
绝不温驯地进入那良宵。

善者，最后一波打来，号叫
微德原可于绿湾婆娑荡漾，
怒斥，怒斥光明之渐消。

狂者捕捉飞奔烈日，颂歌逍遥，
太迟方觉悟，一路徒留哀伤，
绝不温驯地进入那良宵。

忧者将亡，近盲的炫目见到
盲眼能灿烂如流星，神采飞扬，
怒斥，怒斥光明之渐消。

而您，我的父亲，何其悲怆，
求您诅咒、祝福我，热泪夺眶。
绝不温驯地进入那良宵。
怒斥，怒斥光明之渐消。

迟到的祈请   325

忠实与通顺可兼得焉？

——夏目漱石《明与暗》英译者自述 *

约翰·内森

郑　晔　译

　　译者按：美国著名日本文学文化研究学者、翻译家约翰·内森（John Nathan）教授在英译日本文学方面的成就，可与美国汉学家葛浩文（Howard Goldblatt）英译中国文学的成就媲美。他于1974年获得哈佛大学博士学位，主修英国文学和远东语言，现执教于加州大学圣塔芭芭拉分校东亚系。他是1994年诺贝尔文学奖获得者日本作家大江健三郎的译者，先后翻译并出版其小说《个人体验》（又译作《私事》，*A Personal Matter*，1967）、《教我们长大成熟，不再疯狂》（*Teach Us To Outgrow Our Madness*，1977）和《醒悟吧，啊，新时代的青年们！》（*Rouse Up O Young Men of the New Age*，2002）。他最早翻译出版的是三岛由纪夫的《午后的曳航》（*The Sailor Who Fell from*

---

*　作者为加州大学圣塔芭芭拉分校东亚系教授，译者是上海外国语大学高级翻译学院讲师、加州大学圣塔芭芭拉分校东亚系访问学者（2015—2016）。本文得到作者约翰·内森教授授权翻译，并受国家留学基金资助，为上海外国语大学青年教师创新团队项目"语料库、双语认知与文学翻译"（项目号 QJTD14TYS01）的阶段性研究成果。

Grace with the Sea，1965），2014年哥伦比亚大学出版社又推出了其新译夏目漱石未完成的遗著《明与暗》（又译《明暗》，*Light and Dark*），本文便译自内森教授写于该书正文前的"译者注"（"A Note by the Translator"）部分。夏目漱石的这部作品语言晦涩难懂，甚至连日本本土的研究者都难以回答内森教授在翻译过程中提出的许多问题。为了再现原作的语言特色，译者似乎应该采取忠实于原文的翻译原则，但这样英语读者就将面临极大的阅读挑战，并且也违背了出版商和评论家对译作读起来应该流畅透明的要求。那么，面对语言如此独特的文本，译者在忠实与通顺之间会做出何种考虑？

我写了一封信请教东京的一位研究夏目漱石（Soseki）的学者，里面列举了我翻译时遇到的一些问题，他一开始是这样回答我的："再次阅读你标注的这些篇章段落，我发现它们充满了不易回答的难题。你提的问题让我意识到，细读《明与暗》这篇文本，即使于我而言，其语言也是复杂至深不可测。"我惊讶于此，同时也再次肯定了，自己作为一位读者遇到的困难，并不都是由于自己对文本掌握不深而造成的。后来我又陆续询问了其他人，注意到他们纷纷摇头，我才对自己得出的结论感到放心。夏目的《明与暗》语言艰深，以至于对原语读者来说，在理解上也是一种挑战。当然，他的语言有时候有一个清晰的焦点，像沐浴在晨光中的内陆风景那样呈现出来；有时候却模糊不清，读者需要用尽全力坚持下去，正如夏目那样，透过晦涩接近他一直探寻的深意。

那些日本人称之为"心理描写"的叙述性篇章段落，尤为如此。夏目赋予语言以特殊的含义，带着强烈的个人色彩。他的句法并非不确定至折磨人的程度：句子聚合成篇章，但从未指出其中的意思。夏目在最后的这部小说中，似乎是用一种自己并不熟练的描写方式来实验并批判自己的语言，有意打乱自己擅长的表达方式，结果便让人觉得其语言风格前后不一，一会儿清晰可辨，一会儿晦涩难懂。

我必须插一段，这本小说内容丰富，充满了智慧反讽，笔调拿捏有度，充分揭露出人物的特点，甚至比他惯常使用的那些手法更令人称赞，以至于有时像在读一本戏剧。书中鲜活的对话，疯狂平和的表面下那种悸动，这本身便难以产生可被接受的译文。还有一个挑战是，该书写于一百年前，本土读者能够感知到其塑造出的老旧时代风尚，但这个特点在翻译中几乎不可能保留下来。《明与暗》中的大家族所使用的是1916年中产阶级上层人士的语言，他们在谈话过程中痛斥着对方并揭露着自己。当时的日本读者听起来感受如何，如今的本土读者的耳朵又会受到何种冲击，我对此形成了一种想法，尽管模糊，但却重要。这让我在翻译成英文对话时，为了创造出语言的微妙之处，时常陷入挣扎之中。必须提及的是，在我试图"拯救"我的翻译时，我不得不求助于亨利·詹姆斯（Henry James），从他的遣词造句中收获颇多，他的语言让我想起《明与暗》描述的那个时代。

回到贯穿反映小说的对话叙述上，《明与暗》的译者面临着双重挑战。我曾经表明我经历了文本上的理解困难，但是要想明白几分夏目的意图，却只是个开端而已。为了英语读者的利益，我是否应该尽力驯化他的语言，翻译得浅显易懂一些？

抑或，我必须用抵抗式的翻译方法，使译文如同日语原文般难以理解？后者体现了我对译者任务的基本看法：为英语读者提供与日语源语读者对等的阅读体验。然而，这种翻译方法太难了。即便假设我拥有达到这种对等的能力，仍需要勇气敢于挑战读者期待的"流畅"的翻译。

这种期待的向心力不容低估——至少可以解释多数文学翻译看起来都比较平淡的部分原因——我并不想假装我从未屈服过。或许一个例子就足以说明。下面的引文说的是，津田（Tsuda）反思与小林（Kobayashi）想象的一次激烈争吵。这段话真是难住了我，当我拿给一位热心的夏目的忠实读者看时，同为作家的她大喊："这太可怕了！他简直太丢人了！"先来一段英语直译：

> But his critique could not proceed beyond that point. Dishonoring himself vis-à-vis another person, if ever he should perpetrate such a thing how terrible that would be! This alone lay at the base of his ethical view. On closer inspection one had no choice but to reduce this to scandal. Accordingly, the bad guy was Kobayashi alone.[1]

下面这段有点过度阐释的版本是 V. H. 维格利埃尔默（V. H. Viglielmo）1971年的译文：

---

[1] 中译：但是他的批评并不能超越那个点。面对另外一个人，他就不诚实，就好像他应该做一件会多么可怕的事情！这仅是他道德观的基底。进一步来看，除了把这个化成小说成丑闻之外，别无选择。所以，坏人便是小林自己。

And yet his assessment of such a hypothetical scene could not go beyond that point. If ever he should lose face in front of others, it would be dreadful. This was all there at the root of all his ethical views. If one tried to express this simple, one could reduce it to the simple fact that he feared scandal. Therefore the only person in the wrong would be Kobayashi.[1]

在我请教的源语读者的推测指引下，我的译文表达如下：

But he was unable to develop his critique beyond this. To disgrace himself in the eyes of others was more than he could contemplate. Saving face was the fundament of his ethics. His only thought was that appearances must be preserved, scandal above all avoided. By that token, the villain of the piece was Kobayashi.[2]

我相信这才是夏目想要表达的意思，但是因为文本并不抗拒阐释，这代表一种折中的处理。我也并不是在翻译中一贯都

---

[1] 中译：然而，他对这个假设的场景的评估超越不了那个点。如果他会在其他人面前丢脸的话，那太可怕了。这些全部都是他道德观的根基。如果要把这个表达得更为简单一些，那就应该把这件事归纳成简单的事实，即他害怕丑闻。因此，做错事的人便是小林。

[2] 中译：但是他并不能把他的批评超越这个范围。在别人眼里丢脸，远远超出他的思考。要面子是他的道德底线。他唯一的想法是保存脸面，尤其要避免丑闻。由于这些原因，小林才是整件事的恶人。

迫于归化翻译的压力。恰恰相反，我把自己注意到的夏目日语原文里的种种难点，都颇费心思地保留在英译中。

或许小说的最后一句话能够解释我所说的那种为了完全弄明白作者的意思而经历的痛苦。最后的结尾安排是："On the way back to his room, Tsuda attempted to explain the meaning of [Kiyoko's] smile."[1] 这句话读起来浅显易懂，但是此处我省译了一个副词短语"hitori de"，常见意思是"by himself / myself"[2]。例如"我自己去看电影"，或有时带有"我自己能做"的潜在含义。我第一次读到这句话时，对这个短语便觉得不舒服，好似它有些格格不入，所以最后决定把它从我的定稿中删去。后来我有机会在东京查看夏目的原始手稿，翻到最后一句，看到"hitori de"是他后来插入进去的，这个词被画了一个圆圈并打了一个箭头，应该说，是他特意加上去的。他亲自用笔强调似的更正了这个地方，让我觉得不能选择忽视它。于是，我修改了我的译文："On the way back to his room, Tsuda attempted alone with himself to explain the meaning of [Kiyoko's] smile."[3] 我不否认这个改动有些扭曲原义，好像眼皮底下藏了沙子一样难受。但是，如果修改后只能依靠夏目本人的努力才能揭开这个秘密，那么这个译文就更加接近日语读者阅读原句的效果了。至少，暂时来说，我的版本达到了忠实。

---

[1] 中译：津田走回房间的时候，试图弄明白（清子）微笑的含义。

[2] 中译：(由 / 被) 他 / 我自己。

[3] 中译：津田走回房间的时候，暗自思忖着（清子）微笑的含义。

忠实与通顺可兼得焉？

从译之妙合到审美启蒙
—— 译艺与诗艺三题

龚　刚 *

一、译求妙合，诗可破格

翻译是为了打破语言障碍，信是第一位的。要做到信，不光要还原本意，还要还原风格，当雅则雅，当俗则俗，当文则文，当白则白。兵无常势，水无常形，运用之妙，存乎一心。严复有信达雅说，钱锺书有化境论，顾彬（Kubin）有超越原文论，诺奖得主布罗茨基（Joseph Brodsky）有诗化论（poetry is what is gained in translation），我之翻译观或可称为妙合论。

《暮光之城》（*Twilight*）有如下台词：

> I only love three things in the world, the sun, the moon and you. The sun for the day, the moon for the night and you, forever.

试依诗化论和超越原文论翻译如下：

---

* 龚刚，澳门大学教授，诗人，文艺评论家，新性灵主义创始者。

吾爱者三，日月与卿。

日存于昼，月存于夜。

汝存于心，至死不渝。

日暮惜落霞

晓来辞月华

吾意最怜卿

情深永无涯

　　诗与哲学都以创造性使用语法的方式表达特殊意涵。如美国诗人狄金森（Emily Dickinson）的诗歌喜欢违反语法常规使用大写：

Experiment to me

Is every one I meet

If it contain a Kernel？

The Figure of a Nut

Presents upon a Tree

Equally plausibly

But Meat within，is requisite

To Squirrels and to Me

　　又如弗兰克·扎帕（Frank Zappa）的专辑名为"You Are What You is"，其中的 is 不合常规语法，但如果从存在主义哲学的角度看，is 对应于 being（在），而你之在，是独一无二的，在此处，you 被客观化了。这是诗化的表达，突破了常规语法。

西安外国语大学的吴烨洲认为："兰波的 je est un autre（I is an another）就是故意这样写，有自己独特的哲学意识在里面，按照目前我们学的语法，表面上看可能是错的，但深层次想表达的情感就是依靠这特殊的句式体现的。"

俄国形式主义又称语言诗学，主张突破常规表达与日常语言，令人发现习焉不察的常见事物的本真面目。什克洛夫斯基认为，奇异化的文学语言的功能就是让石头成为石头。雅各布布森则进一步强调陌生化效果。Robbins 的诗观也是什、雅一脉，他所谓 fucking around with the syntax，可译为操弄句法。

从中西诗歌与哲学的大量语用实例可见，个性化或诗化的表达常常有意突破语法常规。Garry 认为，如果你是 rap artist，"Then all rules go out the door, and 'you is' becomes acceptable."。

二、审美启蒙与重写《小河》

古典诗歌重视音韵之美。中国传统诗歌尤其是近体诗十分讲究格律，在押韵、平仄、对仗等方面有许多规则。西方古典诗歌同样有格式上的限制，例如早期被音译为"商籁体"，后被意译为"十四行诗"的 Sonnet，主要格式有彼特拉克体（Petrarchan sonnet）和莎士比亚体（Shakespearean sonnet），每一行都有特定的韵律，且行与行之间也有固定的押韵格式。较为重要的诗体还有英雄双韵体（Heroic Couplet），由抑扬格五音步的诗行构成，韵脚落在诗行末尾的重读音节上。

在新诗的创作中，以闻一多、徐志摩、朱湘等为代表的新月派同样提倡格律诗。闻一多提出"诗歌三美"的理论，即新诗应包含"音乐美""绘画美"和"建筑美"。"音乐美"即音韵之美，强调诗歌应有音尺、平仄和韵脚；"绘画美"强调意境，诗歌能够通过文字表现出画面；"建筑美"强调"节的匀称，句的均齐"。（闻一多：《诗的格律》）

现在看来，"音乐美"和"绘画美"仍有其可取之处。以徐志摩《再别康桥》为例，全诗共七节，每行两顿或三顿，严守二、四押韵，而且几乎每节都以色彩较为绚丽的词语营造出一个画面，给人以视觉上美的感印。但过分追求"建筑美"往往会拘泥于格式上的整齐而影响诗歌的内容，是不值得提倡的，如某些"宝塔诗"的写作。

戏剧、诗歌与散文作为三种不同的文类，三者间既互相区别又可互相借鉴。其中，戏剧善于描写动作和对话，与散文、诗歌的不同较为明显。而关于诗歌与散文的不同，新批评派的代表性人物布鲁克斯提出了诗歌的隐喻特征。诗歌是跳跃性的思维，具有隐喻性；散文是线性的思维。

依据新批评的观点，可以进一步区分诗语与日常语言：日常语言是在线性思维下的具有常规时空意识的语言，而诗语则是在跳跃性思维下的具有暗示性的语言，讲究留白、用晦，"诗可以隐"。

俄国形式主义在诗歌与散文的区分上贡献很大，主要包括什克洛夫斯基提出的"陌生化理论"和雅各布布森提出的"相似性原则"与"毗连性原则"。关于"陌生化"（或译"奇异化"）这一概念，什克洛夫斯基在《作为手法的艺术》等文章中认为，艺术之所以存在，就是为使人恢复对生活的感觉，就是为使人感受事物，使石头显出石头的质感。"陌生化"是与"自动化"相对立的。自动化语言是那种久用成习惯或习惯成自然的缺乏原创性和新鲜感的语言，这在日常语言中是司空见惯的。而"陌生化"就是力求运用新鲜的语言或奇异的语言，去破除这种自动化语言的壁垒，给读者带来新奇的阅读体验。雅各布布森认为，人们对语言符号的选择具有相似性和隐喻特征；在对语言符号的组合过程中具有毗连性和换喻特征。由于人们对语言符号的选择具有共时性的向度，而组合具有历时性的向度，因此隐喻和换喻对理解诗语言中的作者对语言符号的共时选择和历时组合具有很重要的意义。他进一步指出，诗歌中隐喻多于换喻，散文中换喻多于隐喻。诗歌中占支配地位的是相似性原则，无论在格律，还是在音律、音韵等方面；而散文中占支配地位的是毗连性原则，换喻在其中起了很大的作用。

正因为自动化语言既深刻影响了我们的言说，也深刻影响了我们的思维，所以我们需要审美的启蒙，也就是要对已经习惯的一切认知方式和表达方式进行反思，并能有意识地区分日常语言和诗性语言。

诗人眼中的世界与普通人在日常生活中看到的世界并不相同，诗人对于景物的感受也异于常人。例如，济慈的《夜莺颂》，雪莱的《致云雀》，戴望舒的《雨巷》等，描写的都不是稀奇的景物，但这些景物在他们的诗笔之下变得奇丽动人，意蕴悠长。如果我们想理解诗人的创作状态，可以尝试换一个观察角度和换一种感受方式来思考、体验身边的事物。通过重写周作人的新诗《小河》，就能够彰显诗歌语言与日常语言，以及诗歌与其他文类的差异。

作为中国现代文学名家，周作人的散文有相当高的造诣。除了散文，周作人也曾尝试写作多首新诗，其新诗《小河》前三句为：

一条小河，稳稳地向前流动。

经过的地方，两面全是乌黑的土；

生满了红的花，碧绿的叶，黄的果实。

很显然，作者仍用线性的思维进行写作，逻辑性的语言和常规的时空意识都使得这首诗像极了散文。如果将诗语与日常语言加以区别，即可将这三句诗重写为：

一条小河缓缓向前

流淌着花的气息

听见了果实的成熟

三、海子陷阱与中西诗歌

长诗与诗的本质相冲突。史诗，长篇叙事诗，以及《浮士德》式的诗剧，就像散文诗，本质上是跨文类。Burns is better than Chaucer in the name of poetry（就诗而论，彭斯胜过乔叟）。后者的《坎特伯雷故事集》明明就是 tales narrated in the poetic form（以诗的形式叙述的故事）。屈原的《离骚》、杜甫的《咏怀五百字》、李白的《蜀道难》、白居易的《长恨歌》，够长了，也不必再长，不能再长。张若虚《春江花月夜》孤篇冠唐，才多少字？海子的《祖国，或以梦为马》、穆旦的《诗八章》，算长了，也不必再长，不能再长。海子尝试写长诗《太阳·七部书》，结果失败了。当今有什么成功的长诗吗？好像没有。跨文类的不算。很多诗人没搞明白，长诗不等于大诗，包括海子。大诗就是以精短诗行涵盖一种精神、一个时代，甚至一部历史，如顾城的《一代人》。对长诗的执迷，可以称为海子陷阱，译成英文是 Haizi's trap。

文饭诗酒。淘把米，煮一煮，就是饭。把米酿成酒，需要漫长积淀。酒是粮食的精华，令灵魂燃烧。哪有那么多火？还是那句话，闪电没有抓住你的手，就不要写诗。

最近读了一位荆楚名家的诗，语言很成熟，情绪控制恰当，部分诗句颇具巧思，但尚无一首令我震撼。震撼不是指情感有多强烈，而是指表现力。问题就在这里，语言操练娴熟，但没有闪电式的照亮。广东诗人杨克的《人民》震撼人心，那种宏阔的涵盖力、朴素锐利的生活质感与扎实的反讽，是与现实的交锋，也是对现实的照亮。必须把诗与散文区别开来，闪电没有抓住你的手，就不要写诗。

海子的语言太舒服了，像自然生长出来的。有些玩旧诗的说新诗不行，纯粹无知。李白、杜甫不可能写得出《大自然》这种诗，张若虚也不行，语感不同，生活世界不同，认知与体验方式也不同。有人说，海子出名是因为自杀。这种说法不是因为无知，就是出于忌妒。木心也值得关注。木心的诗，谦卑优雅中透着对俗世的不屑，很酷。他和海子构成奇异的对照。海子是天成的，木心是厚积的，诗语区别明显，但都出招奇诡，不可逆料。

很多长诗其实是短诗的组合。诗性语言源于灵感、兴会，而两者不常有，更难持续。

法国象征派诗人瓦雷里（Paul Valery）说："一百次产生灵感的瞬间也构不成一首长诗，因为长诗是一种延续性的发展，如同随时间变化的容貌，纯自然的诗情只是在心灵中产生的庞杂的形象和声音的意外相会。"

瓦氏的看法从反面印证了长诗（几百行或以上）不合诗性，

因为，没有产生灵感的瞬间，不可能有诗，英国浪漫派诗人华兹华斯（William Wordsworth）所谓诗于沉静中回味得之的前提是，要有这个被闪电抓住的瞬间，要把上百次闪电以逻辑贯串之，几乎是不可能的。当年柯勒律治写长诗 Kubla Khan（忽必烈汗），思路被打断，闪电消失了，诗也就写不下去了。

古希腊史诗《奥德赛》是成功的经典。但史诗是跨文类，不是纯诗。读《奥德赛》，主要当故事看，包括拜伦、普希金的长篇诗体小说《唐璜》和《叶甫盖尼·奥涅金》。

华兹华斯的《序曲》为自传长诗，其性质是长篇散文诗，也不是纯诗。读此作，主要看故事、经历及其人生哲学，其中也有警策之句，但单就诗艺而言，不如其短短一首《水仙花》（*The Daffodils*）甚至更短的《我心雀跃》（*My Heart Leaps Up*）：

> My heart leaps up when I behold
> A rainbow in the sky：
> So was it when my life began；
> So is it now I am a man；
> So be it when I shall grow old，
> Or let me die!
> The Child is father of the Man；
> And I could wish my days to be
> Bound each to each by natural piety

短短九行道尽浪漫主义自然哲学精义和生之喜悦、死之坦然，语言大巧若拙，堪称大诗。

第三岸：出发与抵达*

杨　炼**

王　骁　译

　　非常感谢柏华的介绍。演讲之前，我必须恳请各位原谅我的"杨氏英语"。我只在周游时借与讲英语的诗友交谈，或应该这样说，交流，而拾得一些英语的皮毛。我的演讲题目是"第三岸：出发与抵达"。

　　"第三岸"这一说法出自《大海的第三岸：中英诗人互译诗选》这本书。题目指一个工作坊，诗人们在此互译彼此的诗作，以期达成更深入的交流。

　　回到艾米莉·狄金森。（1994年发生什么呢？）作为诗人，我很愿意拜访艾米莉·狄金森的故居。事实上我去过两次，但不知道为什么，都是闭馆。我只能透过窗户看看里面，好像还看到了她的鬼魂。两次均无功而返，我猜这就是她和我之间交流的一种特殊方式。这样一来，我必须得更刻苦地钻研她的作

---

*　本文为2014年复旦大学文学翻译中心和美国艾米莉·狄金森国际学会（Emily Dickinson International Society）联合发起的"狄金森在中国——翻译的可能性与跨文化视野"国际研讨会闭幕式主旨演讲。

**　杨炼，著名旅英诗人。

品来理解她。那是一段美妙的经历。我没有写关于她的诗，而是（大概在湖州？）写了一篇散文。或许这次会议之后我会写首诗。终于幸运地，我到了那里。

还有"第三岸"。我选它作为诗集题目是受瓦尔特·本雅明的启发，他说，"诗是第三种语言"。它不同于源语言和译入语，而是由两者共同创造的第三种语言。还有一句话我喜爱非常，"世上最庞大的语言是翻译"。但这"最庞大的语言"同样可以变得单调和商业化，因此会摧毁而不是去支撑思想。我希望这本由诗人间的交流而成的书可以给这个"最庞大的语言"提供一个新的维度。对我们来说，更重要的是要知道，在全球文化交流的大背景下，诗歌翻译可以让这个语言保持深度，并且应该给它方向。这是一本中国当代诗歌及其英译的诗集。W. N. 赫伯特是一位英语和苏格兰语诗人，作为编辑之一，他在本书上用功已逾四年，试图为中国当代诗歌，或者说中国当代思想绘制一幅地图。希望你们会喜欢。

至于英语语言和汉语语言，具体来说，他们各自都有其特点。比如汉语语言的一大谜就是汉字的起源。基本上没有证据证明3300年以前汉字系统就已存在。后来在商朝晚期，这个系统突然出现在兽骨或龟甲上。那个时期的人们想要表达的渴望可想而知。接下来的2000年见证了汉字以及汉语诗歌的演化。当然英语同样有其精彩的历史。因此公正地说，英汉之间的交流是跨越时空的对话。在成书项目中，最精彩的时刻之一就是汉语声调系统和非洲的传统音乐系统之间的对话，而后者孕育了许多优美的诗歌。

用汉语来翻译和阅读艾米莉·狄金森并非易事。在理解的过程中，问题在于从何处出发，于何处抵达。要翻译她的诗歌，译者必须要处理隐喻。这个解码的过程不是砍倒一棵树而是栽种一颗全新的树。当我和其他两位朋友翻译狄金森的诗歌时，我发现艾米莉兼有英诗的传统和美国诗歌的清教特征。除此之外，她还是一位个性化的诗人。她的作品富有创造性，标志着现代主义的开端。这种文化和历史的传统就是我们的出发之地，也是读者在翻译中希望看到的。第二岸就是中国文化。汉语语言自20世纪伊始寻求转变后就有了长足发展。在字形方面汉字很大程度上遵循着传统。但在词语方面却受到欧洲及日本的概念影响，例如科学和民主，完全是借来的概念。译者想以翻译来发展中国文化，历史证明这不啻为一项挑战。最后的第三岸可以构建在对前两岸的存在的意识之上。在我们的翻译队伍中，有太多的例子可以证实我所言非虚。我无意赘述细节，但我认为我们的翻译有四项基本原则。首要是重建视觉效果。比如我用粗体字来表现艾米莉·狄金森的大写。其次是重建声音效果。正如我们的翻译中所展现的，我用不同颜色的 A 和 B 来表达原诗中的头韵。第三是重建时间。比如我用"迢遥"来翻译"so far"。借助古典语言有助于强化"时间"感。第四是重建空间。为达这一目的我呈现了同一首诗的不同译文。我认为重现她的诗歌原貌很重要，因为其中或许包含了她的诸多考虑。

最后，我必须要说这一合作项目为我们今天需要什么样的翻译模式树立了一个很好的榜样。全球化把世界连在了一起，但主要是经济和商业上的。某种程度上，我们是这个潮流的反面。T. S. 艾略特曾说埃兹拉·庞德为我们发明了汉语诗歌，但对于我，"发明"这个词是积极的。如何发明译文而不失原意就意味着我们如何出发和抵达第三岸。诗歌是我们独特的母语。这一母语让我们可以与包括屈原、杜甫、但丁，当然还有艾米莉·狄金森在内的诗人对话。如果你想知道出发之处在哪儿，我只能告诉你它就在你认为你刚刚抵达的地方。

感谢诸位！

附　录

英文标题与摘要

English Titles and Abstracts

Foreign Dissemination of Chinese Literature: Opportunities and Reflections

‖ 蒋向艳（Jiang Xiangyan）

‖ To Enlighten the Other Text with the Light of Translation:
   An Analysis of the French Translation of Eight Odes from
   The Book of Odes by Joseph de Prémare S.J.（p.146）

This essay attemps to have a preliminary analysis of eight poems from *the Book of Odes* translated into French by the French Jesuit Joseph de Prémare in early 18th century, and to explore how the religious culture in ancient China symbioses with the Christian theology in the hermeneutic translation of the Jesuit scholar. The French translation of the poems contributes to the establishing of the images of the ancient China and her wise king in Europe of the eighteenth century, and to promote the spreading of the ancient

Chinese thought in Europe.

‖ 叶嘉（Ye Jia）

‖ 不拒经典，不要主义：
   民初杂志翻译中通俗与精英的互动（p.161）

The paper offers a historical study of translation in four popular literary magazines published in the early Republican period of China, namely *The Short Story Magazine* (1910—1920), The Grand Magazine (1915—1921), *The Saturday* (1914—1916; 1921—1923) and *The Story World* (1923—1929). The discussion focuses on the translation practice among the more tradition-minded, "popular" literary groups in response to the emerging canons of the "elite" May Fourth literature. By examining the orientations in source text selection, translation strategies as well as the journalistic discourse on translation in these magazines, the paper observes great similarities between the popular and May Fourth literary groups, and among them a strong urge for mutual differentiation .Translation in the magazines is thus presented as a site for dialog and self-positioning between these coexisting bodies of literature. Such a view emphasizes the interaction among concurrent literary groups, and challenges the "new-versus-old" paradigm in understanding the intelligentsia of early modern China which interprets May Fourth as a complete rupture with and an automatic replacement of literary traditions. Drawing on the concept of canonization in the ongoing critique of the "grand-narrative" of Chinese modernity and in the system theories of translation studies, the paper rediscovers the dynamism surrounding translation between May Fourth and popular literary groups, and offers an alternative to the evolutionist historiography of Chinese modernity. With these efforts, the paper seeks to shed new light on the role on translation in the literary field in the early Republican China, and play a part in the continued reassessment of the May Fourth era.

‖ Kim Myeong-ho（김명호 / 金明昊）

‖ An Attempting Discussion on the Translation of *The Collection of Yeon-am*（연암집 燕巖集）（p.199）

Among the works of Yeon-am (Park Ji-won 朴趾源 박지원), the movable-type-printed version of the Anthology of Yeon-am edited by Park Young-chul（朴荣喆 박영철）enjoys the greatest popularity. It includes not only *Travel Notes in Yeolha*（열하일기 熱河日記）and *Notes on Farming*（과농소초 課農小抄）, but also 42 Chinese poems and 237 proses. However, there are many problems in the translations of Yeon-am's works. Firstly, the number of translatable texts is very small despite the large quantity of his works. Secondly, it is shown that the text contents are not thoroughly studied based on the analysis of the translated texts and explanatory notes for the readers. To overcome the problems mentioned, more works should be translated with an aim to cover all the poetries and proses of Yeon-am, while more academic researches should also be referred to in the meantime. That is, it is worthy of our efforts to achieve an academic and professional translation.

The author emendated and annotated the translated texts orally told by Sin Ho-yeol (辛镐烈 신호열), and has recently finished the translation of Yeon-am's poems and proses. Many versions of the anthology have been studied to realize an academically-based translation with professionalism, which adds credibility to the author's emendated translation. In addition, the translation contains annotations, introductions of the creating backgrounds, explanations of difficult words and sentences and author's understanding of the texts, providing a comprehensive explanation of Yeon-am's poems and proses. This article not only reviews numerous literatures read by the author in collation, but also presents the difficulties in adding notes and other impressive examples.

‖ 强晓（Qiang Xiao）
‖ 海外《论语》英译文学阐释译本之思想改写（p.244）

As a Confucian classic famous for its ideas and thoughts, *Lunyu* also enjoys some features of a literary work. The English translations of *Lunyu* with a literary orientation see the original work as a biography or a collection of aphorisms and philosophical essays. In their attempt to preserve the literariness in *Lunyu*, they have made obvious adaptations to the ideas of *Lunyu*, either through the use of literary notes and vivid, dynamic language, or as a result of a recreation of Confucius as a person. The translator's literary perceptions have also in some cases influenced the philosophical interpretations of the original. By emphasizing a humanity that is universal across cultures, these adaptations have helped to modernize some Confucian ideas. They have also visualized and enriched some Confucian ideas, providing some new psychological evidence to the interpretation of *Lunyu*.

‖ 李志春 戴雨潇（Li Zhichun, Dai Yuxiao）

‖ The double interpretations in the medio-translatology and hermeneutic of the concept of "Xing"（p.267）

The concept of "Xing" is rarely seen in the traditional western expressions. By comparing the "image" concept in Chinese and Western literary theories, Ye Jiaying maintains that while the relations between image and emotion in Western literature are analogous to techniques of expression "Bi" and "Fu" in Chinese poetics, there is no equivalent to "Xing" in the former. The differences in language and expressions are based on the differences in thinking and living which have generated the distinctive world view and cultural lens for Western translators to domesticate "Xing" in their own cultural tradition since the ninetieth century. Their interpretations were limited by the traditions of Biblical hermeneutics, metaphorical usage and the construction of consciousness, thus neglecting the existing preconditions and the original meaning of "Xing". Since the beginning of the twentieth century, China has been so profoundly impacted by the West that the interpretation of traditional Chinese culture becomes trapped in the Western discourse. The Western perspective and cultural background for interpreting the concept of "Xing" was unconsciously introduced into the Chinese interpretation of the traditional concept, which misled both the comprehension and interpretation of the concept of "Xing".

‖ 黄垚馨 (Huang Yaoxin)

‖ The Interpretation of "Saint" in *Daode jing* by Multilingual-translator Anne-Hélène Suárez（p.300）

The word "Saint" (sheng ren) represents the highest frame of personality in Chinese ancient philosophies, and "how to become a Saint" is one of the major concerns in *Daode jing*; however, when explaining the text of *Daode jing* by literal meanings, we often find ourselves confused by its particular usage of language; what does "teaching without words" mean in its second chapter？ And what is "Saint"？ On the other hand, when the translators have to translate "saint" into another language, by which "Saint" are they referring to ? Up until now, in comparison to other Spanish versions of *Daode jing*, Anne-Hélène Suárez is the sole translator that made all ideas and particular vocabulary in *Daode jing* as "sense-for-sense translation". Observing her C.V., we could notice that she has many working languages, including Russian, French, Chinese, English, Spanish and Catalan; her translated works are also abundant in categories, not only in academic and philosophical books, but also in poems, novels and films. Therefore, rather than going through the *Daode jing* by words, this essay focuses on the background of Anne-Hélène Suárez and certain chapters of her version of *Daode jing, El Libro del curso y de la virtud*. We go in depth to understand how she defines the word of "Saint" in broader meanings of transcultural interaction.

征稿简则（Call for Papers）

　　癸巳肇造，承筐以求周行，三载之交，琴瑟和乐且湛。值此中外交流之盛世，复旦大学文学翻译研究中心获学校以及中文系大力资助于2013年建立，其间亦获其他人文系科和外校名家提携。今推出《复旦谈译录》，其愿无他，惟望承复旦百年文脉，为海内外学者与译者提供一交流的平台，借此促进译学进步和中外文学译业繁荣。

　　《复旦谈译录》第一辑主要展现复旦大学文学翻译研究中心过去三年成果，在刊登部分成员未发表论文之外，主要转载中心成员已发表研究。从第二辑始，《复旦谈译录》主要转向海内外征集未曾发表之文学翻译研究论文兼转载获作者授权的翻译研究中重大成果，并将结合当代译学和译介趋势以及重大历史纪念活动不定期推出专辑组稿。

　　惟此一心，祈集健者一晤，伏聆一言，他日精诚断金。

《复旦谈译录》编者 敬启

附：投稿指南

《复旦谈译录》希望与作者一起成长，以稿件质量为唯一选稿标准，尤其鼓励各高校青年教师和研究生投稿。本刊欢迎翻译理论研究、跨学科视野中的翻译研究以及中外文学文化交流中翻译个例研究。稿件一经收悉，将在一月之内电子邮件通知作者是否外送匿名评阅。凡外送匿名评阅之稿件，无论是否通过，都将在三个月之内将匿名评阅信息专呈作者，以供修改刊登或转投其他期刊。

投稿者请发送匿名论文和包含作者、机构、联系方式和论文标题的个人简介各一份。本刊现主要接受中英双语投稿（英文稿件将译为中文刊登），国内学者一般建议以中文投稿，如以其他语言投稿，本刊将视能否聘请匿名评阅人和翻译决定是否接受。稿件格式请遵循《外国文学评论》格式。

本刊投稿电子邮箱为 fudantranslation@fudan.edu.cn，投稿时请在电子邮件标题中标明"单位名＋作者姓名＋《复旦谈译录》"投稿。

本刊草创之初，经费和编辑人手极为有限，请作者务必阅读指南后投稿。本刊和其他任何机构无任何联系，不收取任何版面费。稿件一经刊登，即赠两本当期样刊。如刊登之稿件系在《复旦谈译录》首发，将支付作者一定稿酬。

Call for Submissions

As is said in Book of Poetry, "The baskets of offerings are presented to them./ The men love me, /And will show me the perfect path. (translated by James)" Founded at Fudan University on December 5th, 2013, Fudan Center for Literary Translation Studies is an integral part of Fudan's long established endeavor to encourage translation and translation studies. In 2017, the Center inaugurated *Translogopoeia: A Fudan Journal of Translation Studies*, with a mission to bring translation scholars, translators and other relevant researchers together to illuminate new paths for a vibrant discipline that needs to be further defined and explored in an age of (anti-)globalization.

Translogopoeia welcomes submissions from both emerging and established scholars and translators. It publishes essays on translation theory, translation in interdisciplinary perspectives and case studies of translation in intercultural communication. All the submissions should be in either Chinese (12,000-20,000 characters) or English (6,000-9,000 words). If you wish to submit an essay in another language, contact the editors before the submission. The receipt of your essay depends on the availability of the reviewer and the translator.

All the submissions are first internally reviewed by the editors. The submitters are notified within one month upon the receipt of their submissions of their eligibility for blind review. If a submission is sent for blind review, the anonymous reviewer's feedback and the editors' decision will be forwarded to the author in another two months.

A submission should include an anonymous essay in Word or pdf and an abstract headed with the title of the essay, the author's name, institutional affiliation, and contact information. Send submission to fudantranslation@fudan.edu.cn.

In preparing submission, the submitter should use footnotes that conform to the following format:

Book

Phillip F. Herring, *Joyce's Uncertainty Principle*, Princeton: Princeton University Press, 1987, p. 203.

Essay or Chapter in a Book

Lawrence Venuti, "Invisibility (II)", in *Selected Readings of Contemporary Western Translation Theories*. Eds. Ma Huijuan, et al. Beijing: Foreign Language Teaching and Research Press, 2009, p. 193.

Article in a Journal

David C. S. Li, "Chinese as a Lingua Franca in Greater China", *in Annual Review of Applied Linguistics* 26 (2006), p. 152.

Editor

Douwe Fokkema et al., eds. *Approaching Postmodernism.* Amsterdam and Philadelphia: John Benjamins Publishing Company, 1986, pp. 92, 94.

Translation

Jaques Derrida, *Of Grammatology*, trans. Gayatri Chakravorty Spivak, Baltimore: John Hopkins University Press, 1967, p. 372.

图书在版编目（CIP）数据

复旦谈译录．第二辑／范若恩，戴从容主编．
—上海：上海三联书店，2020.6
ISBN 978-7-5426-6964-3

Ⅰ．①复… Ⅱ．①范…②戴… Ⅲ．①翻译－研究 Ⅳ．①H059
中国版本图书馆CIP数据核字（2020）第013342号

复旦谈译录（第二辑）

主　　编／范若恩　戴从容

责任编辑／朱静蔚
特约编辑／李志卿　王卓娅
装帧设计／微言视觉｜苗庆东
监　　制／姚　军
责任校对／夏　青

出版发行／上海三联书店
　　　　　（200030）中国上海市徐汇区漕溪北路331号中金国际广场A座6楼
邮购电话／021-22895557
印　　刷／山东临沂新华印刷物流集团有限责任公司

版　　次／2020年6月第1版
印　　次／2020年6月第1次印刷
开　　本／889×1194　1/32
字　　数／273千字
印　　张／11.75
书　　号／ISBN 978-7-5426-6964-3／H·88
定　　价／88.00元

敬启读者，如发现本书有印装质量问题，请与印刷厂联系0539-2925680。